CARE MANAGER'S WORKBOOK

JN094440

ケアマネジャー
基本問題集'24

上巻

介護支援分野

九訂『基本テキスト』準拠

介護支援研究会 監修

**2024年度
法改正対応!**

晶文社

は じ め に

2000年4月にスタートした介護保険制度は、2005年、2011年、2014年、2017年、2020年、2023年の法改正を経て、大幅に改革されてきました。介護保険法施行以来22年の間に、介護給付費の増大など制度上の問題点も論議されてきました。そのような流れのなかで、介護保険制度運営の中心的な役割を果たす介護支援専門員の職務の重要性はますます高まるものと思われます。

試験は年々難しくなり、15％以下の合格率が出たこともありました。2015年度からは解答免除もなくなり、各分野の実務をこなしながら受験の準備をされる方々は、なかなか大変であろうと推察いたします。本書は、これらの認識のうえに次の点に留意して編集しました。

●介護支援専門員として十分な知識と視点を身につけること

介護支援専門員実務研修受講試験は、試験の難易度が高くなり、合格もなかなか大変になりました。その上、合格して実務研修を受けただけで介護支援専門員として完璧であると保証されるわけではありません。実務を通じて、また現任者研修や主任ケアマネジャー研修を通じて、より高いレベルの能力が期待されています。しっかりした基本を身につけて、先々まで役立つような制度全体の理解、広い社会的視野をもつことができるよう、問題の配列と解説に意を注ぎました。

●実務をこなしながら学習する方のために配慮すること

いつでも、どこでも学習できるように、判型とページ数に配慮し、必要十分な量の問題と解説を、Ａ５判上下２巻にまとめ「携帯判」としました。

また、日常の業務の合間や通勤の途上の10分でも20分でも、まとまった学習ができるよう、１ページ１問完結の構成としました。

以上が、本書の編者の思いであり、狙いでもあります。

本書を活用され、みごと合格され、よき介護支援専門員としてご活躍されることを心より祈念いたします。

介護支援研究会 代表・編集委員長

中島　健一

◆監修者の略歴

「介護支援研究会」
高齢者介護分野の調査・研究・出版を行う目的で設立された研究会。事務所を㈱福祉総研内におく。本書は、下記の委員の監修によった。

研究会代表・編集委員長
中島健一（なかしま けんいち）
九州大学大学院教育学研究科博士後期課程教育心理学専攻を修了。日本社会事業大学社会事業研究所専任講師、厚生省老人保健福祉局老人福祉専門官を経て、前日本社会事業大学・大学院教授、認知症介護研究研修東京センター副所長、学校法人日本社会事業大学常務理事：学部長・研究所長・通信教育科長等を歴任。著書に『ケアワーカーを育てる「生活支援」実践法』（中央法規出版）『高齢者動作法』（誠信書房）ほか。

研究委員・監修担当
竹田真規子（たけだ まきこ）
九州大学文学部卒。日本社会事業大学大学院社会福祉学研究科修了。社会福祉士、管理栄養士、介護支援専門員。社会福祉法人若竹大寿会介護老人保健施設リハリゾートわかたけ副施設長。法人本部副本部長。

大牟田佳織（おおむた かおり）
看護師、介護支援専門員。看護と介護の現場の経験を経て、読売理工医療福祉専門学校介護福祉学科専任教員。国際医療福祉大学大学院医療福祉学研究科。

研究幹事
島田　肇（しまだ はじめ）
中部学院大学大学院人間福祉学研究科博士課程修了。社会福祉学博士。東海学園大学スポーツ健康科学部教授。著書に『福祉オンブズパーソンの研究』（福村出版）『社会福祉の情（こころ）』（福村出版）ほか。

本書の使い方

◆　本書の問題は、模擬試験スタイルの問題とは異なり、必修の基本事項をていねいに学習していくために、比較的せまい範囲の内容で構成された正誤問題を提出しています。正答の問題文の記述とポイント解説による補足の記述によって、必修の重要事項をすべてクリアできるようになっています。

　　そのため、問題が解けたかどうかにこだわるよりも、問題文とポイント解説の精読を心がけてください。この学習法を何度も繰り返すことにより、介護保険制度の全体像が自然に把握できて、本試験に合格することはもとより、介護支援専門員としての基本的な視点を身につけることができます。

◆　本書の記述内容は、基本的には長寿社会開発センター発行の九訂『介護支援専門員基本テキスト』の記述をもとに作成しています。基本テキストの本文に記述はないが、過去の本試験問題や旧版の基本テキストの記述で重要と思われるものも加えて、独自に構成しています。

　　 ポイント解説 の行末の📖マークは、長寿社会開発センター発行の九訂『介護支援専門員基本テキスト』の参照ページを表しています。

　　（📖上は上巻、📖下は下巻）

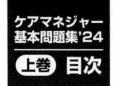

第1章　介護保険制度の導入と変遷

第2章　介護保険制度の概要

第3章　事業者および施設

第4章　ケアマネジメントと居宅介護支援

読 者 特 典

本書の読者へ
過去問解説（9年分）を
無料プレゼント！

平成27年から令和5年まで、
9年分の過去問解説をプレゼントします。
電子書籍版ですが、PDFでのダウンロードも可能です。
本書と並行して学習することで、
より効果を上げることができます。

無料プレゼントを入手するにはコチラへアクセスしてください。
https://care.shobunsha.co.jp/pastexam2024/

＊無料プレゼントはWed上で公開するものであり、
冊子などをお送りするものではありません。
＊無料プレゼントのご提供は予告なく終了となる場合がございます。
あらかじめご了承ください。

令和3年6月発行『九訂 基本テキスト』（上巻）との対応表

令和3年6月発行『九訂 基本テキスト』（下巻）との対応表

第1章

介護保険制度の導入と変遷

高齢化の進展と将来予測⑴

> **問題 1**　高齢化の進展について、正しいものを3つ選べ。
>
> ⑴　65歳以上の者を高齢者といい、75歳以上の者を後期高齢者という。
>
> ⑵　出生率の低下による総人口の減少と平均寿命の伸長により、2025年には高齢化率が30％に達するものと予測されている。
>
> ⑶　要介護等の認定率が高い75歳以上の高齢者の割合が増加する2025年には、介護保険制度の持続性の確保が深刻な問題となる。
>
> ⑷　2025年には、75歳以上の高齢者1人を、20〜64歳の稼働年齢層の4人で支える構造になる。
>
> ⑸　高齢化の進展をもたらす人口構造の変化は、全国一律に進行する。

ポイント解説　　　　　　　　　　　　　　　　　📖 上－ P.4〜5

⑴　○　65歳以上の者を**高齢者**といい、65歳以上75歳未満の者を**前期高齢者**、75歳以上の者を**後期高齢者**という。

⑵　○　総人口に占める65歳以上の高齢者人口の割合を**高齢化率**という。国立社会保障・人口問題研究所が2017（平成29）年に公表した「日本の将来推計人口」によれば、高齢化率は2025年に30.0％になると予測されている。

⑶　○　総人口に占める75歳以上の高齢者の割合は、2015年には12.8％であったが、団塊の世代が75歳以上になる2025年には17.8％になり、保険給付費の急激な増大が予測され、**制度の持続性の確保**の観点からさまざまな施策が行われている。

⑷　×　2015年には稼働年齢層の4.4人で後期高齢者1人を支える構造であったが、2025年には**3.0人で支える**ことになり、2045年には2.3人になると予測されている。また、深刻な人手不足により、高齢者の医療・介護を支える人材の確保が大きな課題である。

⑸　×　人口構造の変化は、**全国一律ではない**。都市部と農漁村部では大きく異なり、地域包括ケアシステムの構築においても、地域の実情に応じた対策が求められている。

正解　⑴⑵⑶

高齢化の進展と将来予測⑵

> **問題 2**　高齢者の状況について、正しいものを 2 つ選べ。
> (1)　世帯主の年齢階級別に世帯の状況をみると、今後、75歳以上の世帯数が増加し、なかでも単独または夫婦のみの世帯の増加が著しい。
> (2)　要介護認定・要支援認定を受けた高齢者の割合は、高齢者人口の25%を超えている。
> (3)　要介護者になった主な原因の第 1 位は、脳血管疾患（脳卒中）である。
> (4)　認知症の有病率を男女で比較すると、各年代で男性の有病率が高くなっている。
> (5)　認知症の将来推計によると、2025年には認知症高齢者は約700万人になるとされ、これは高齢者人口の約20%にあたる。

ポイント解説　　　　　　　　📖 上－ P.6〜7、下－ P.212〜213

(1)　**○**　世帯主が75歳以上で単独または夫婦のみの世帯は、2015年には610万世帯（11.4%）であったが、2025年には858万世帯（15.9%）になり、以後も増加すると推計されている。家族の介護力は低下するため、**「介護の社会化」**がますます求められていく。

(2)　**✕**　令和 4 年 3 月末の「介護保険事業状況報告〈年報〉」によると、**高齢者全体の認定率は18.9%**である。**認定率は加齢に伴って急激に上昇**し、75歳以上では 3 割、85歳以上ではおよそ 6 割の人が認定を受けている。

(3)　**✕**　国民生活基礎調査（2022年）によれば、要介護者になった主な原因の第 1 位は**認知症**（23.6%）であり、次いで脳血管疾患（19.0%）となっている。なお、要支援者では、関節疾患（19.3%）、高齢による衰弱（17.4%）の順である。

(4)　**✕**　各年代ともに**女性の有病率が高く**、高年齢になるほどその差が大きい。

(5)　**○**　認知症の有病率は、40歳代から 5 歳長生きするごとにほぼ倍増する傾向にあり、今後、長寿・高齢化に伴い認知症高齢者の増加が確実視される。

正解　(1)(5)

地域包括ケアシステムと地域共生社会(1)

問題 3 地域包括ケアシステムについて、正しいものを3つ選べ。

(1) 地域包括ケアシステムは、著しい少子・高齢化の進展を背景に、高齢者が住み慣れた地域で安心して生活を継続できる仕組みとして構想された。

(2) 高齢者が住み慣れた「住まい」を中心として構想されているので、住替えや施設への入所などはシステムの構想には入らない。

(3) 医療改革では、病院完結型の医療の構築をめざす。

(4) 要支援者に対する介護予防および生活支援は、地域支援事業を軸にシステムに組み込まれている。

(5) 地域包括ケアシステムは、おおむね中学校区を単位として構築する。

ポイント解説　　　　　　　　　　　　　　　　　　📖 上− P.8〜13

(1) **○** **地域包括ケアシステム**は、「地域の実情に応じて、高齢者が可能な限り、住み慣れた地域でその有する能力に応じ自立した日常生活を営むことができるよう、医療、介護、介護予防、住まいおよび自立した日常生活の支援が包括的に確保される体制」と定義される。

(2) **✕** 介護や医療が必要になったときに、十分な支援が受けられない地域の住まいや、自立した生活が困難な住まいに居住する人には、**住替えが可能**な住宅や施設が用意されなければならない。

(3) **✕** 医療については、「病院完結型」の医療から、かかりつけ医や地域の連携病院を含む地域全体で治し、支える「**地域完結型**」の医療への転換をめざす。

(4) **○** 地域支援事業で行う介護予防・日常生活支援総合事業などによる公的なサービスや、地域住民を含む多様な提供主体が提供するサービスが行われる。

(5) **○** おおむね**30分以内に必要なサービスが提供される**日常生活圏域の単位として、具体的には中学校区が想定されている。

正 解 (1)(4)(5)

地域包括ケアシステムと地域共生社会⑵

問題 4　地域共生社会について、正しいものを 3 つ選べ。

(1)　地域共生社会とは、社会構造の変化によるニーズの複合化・複雑化による諸問題の解決に、地域住民や地域の多様な主体が参画して、地域づくりを行う取組みである。

(2)　社会福祉法に規定する「地域生活課題」とは、福祉サービスを利用している地域住民が抱える日常生活上の課題である。

(3)　「8050問題」や「ダブルケア」など、社会的孤立の解決や社会参加の確保も地域生活課題に含まれる。

(4)　市町村は、地域共生社会の実現のために、市町村地域福祉計画を策定するように努めなければならない。

(5)　市町村介護保険事業計画は、市町村地域福祉計画、要介護者等の保健医療、福祉または居住に関する事項を定めるものと一体のものとして定めなければならない。

ポイント解説　　　　　　　　　　　　　　　📖 上－ P.14～20

(1)　**○**　**地域共生社会**は、地域の高齢者への支援を包括的に提供する地域包括ケアシステムを、障害のある人、子どもなどへの支援にも広げていく取組みであるといえる。

(2)　**✕**　**地域生活課題**は、介護、保健医療などのサービス利用上の問題に限らず、住まいや就労、教育など地域住民およびその世帯が抱える**日常生活上の広範な問題を対象**としている。

(3)　**○**　「8050問題」は、80代の親が50代の無職・独身の子を支えている世帯の問題、「ダブルケア」は、育児と親の介護を併行して行わなければならない世帯の問題である。

(4)　**○**　高齢者や障害者、児童等の福祉に関する共通事項を定める**市町村地域福祉計画**の策定は、市町村の努力義務とされている。

(5)　**✕**　「一体のものとして定めなければならない」ではなく、「**調和が保たれたものでなければならない**」である（介護保険法117条10項）。

正解　(1)(3)(4)

介護保険制度創設のねらい

問題 5　介護保険制度創設のねらいについて、正しいものを 3 つ選べ。

(1)　介護保険制度は、高齢者介護を社会全体で支える仕組みを構築し、介護不安を解消しようとするものである。

(2)　介護サービス等の費用は、国民の相互扶助の精神に基づいて支えていくという考え方から、租税を財源とする社会扶助方式で賄う。

(3)　サービスの利用方式を、市町村による措置から利用者と事業者の契約を基本とする方式に切り替える。

(4)　被保険者の範囲を受給者の範囲と一致させるという考えから、65歳以上の高齢者のみを被保険者として位置づける。

(5)　介護保険制度の創設を、社会保障構造改革の第一歩と位置づける。

ポイント解説　　　　　　　　　　　　　　　　　　📖 上－ P.22～23

(1)　**○**　**介護の社会化**を図ることにより、高齢期の最大の不安である介護不安を解消し、安心して生活できる社会をつくることをめざしている。これは同時に介護にあたる家族等の負担を軽減することにもなる。

(2)　**✕**　介護保険制度は、租税（公費）を財源とする**社会扶助方式ではなく**、保険料を主な財源とする**社会保険方式**で運営される。

(3)　**○**　**措置**とは行政機関が福祉サービスの必要性を判断して提供する方式で、介護保険創設以前の老人福祉制度では市町村の「措置」によりサービス提供が行われていた。これに対して介護保険では、利用者とサービス提供事業者との**契約**を基本とする方式がとられている。**措置から契約へ**と切り替えることによって、**多様なサービス事業者の参入を促す**ことになり、利用者の選択の幅も広がることになる。

(4)　**✕**　65歳以上の高齢者のみに保険料負担を求めると、保険料の水準が高くなりすぎることから、若年者にも負担を求めることになり、**40歳以上を被保険者の範囲とした。**

(5)　**○**　介護保険制度の創設は、医療制度を傷病の治療という本来の姿に戻すとともに、年金・社会福祉などの他の社会保障制度の改革にもつなげようとするものである。

正解　(1) (3) (5)

日本の社会保障制度

問題 6　わが国の社会保障制度について、正しいものを3つ選べ。

(1)　社会保障制度とは、国民の生活の安定が損なわれた場合に、国が最低限度の生活を保障する仕組みのことである。

(2)　わが国の現在の社会保障制度は、大きく分けて社会保険、公的扶助、社会福祉の3つである。

(3)　わが国の社会保障制度は、財源を公費で賄う社会扶助方式を中心に築かれてきた。

(4)　社会保険の財源は社会保険料によって賄われ、公費負担が行われることはない。

(5)　社会保障制度における給付には、金銭給付とサービスの提供という2つの形態がある。

ポイント解説　　　　　　　　　　　　　　　　　📖 上－ P.23〜25

(1)　**○**　**社会保障制度**は、生存権に基づいて**国民の最低限度の生活を国が保障**するとともに、**国民の生活を健やかで安心できる**ものにしようとするものである。

(2)　**○**　**社会保険**には介護保険・医療保険・年金保険など、**公的扶助**には生活保護、**社会福祉**には児童福祉・障害者福祉・高齢者福祉などがある。

(3)　**✕**　わが国の医療や年金など社会保障制度の重要な部分は、財源を主に保険料で賄う**社会保険方式**によって築かれてきた。介護保険制度も、その延長線上にある。

(4)　**✕**　社会保険の主な財源は社会保険料であるが、**公費（租税）が投入される**こともある。介護保険では、財源の50%を公費負担するのが原則になっている。

(5)　**○**　考え方の根本は**金銭給付**で、年金や生活保護などはこの形であるが、実際の運用上はサービスを提供する形（**現物給付**）をとることも多い。医療保険では、被保険者に医療サービスを提供し、利用者負担分を除いた費用が病院などに支給される仕組みになっており、介護保険でも**現物給付**が大部分を占めている。

正解　(1)(2)(5)

日本の社会保険

問題 7 わが国の社会保険について、正しいものを２つ選べ。

(1) 社会保険は、国民の生活保障という公共的な目的をもち、保険者・被保険者、保険料、保険事故と保険給付などの要件や内容が法令で定められている。

(2) 保険事故は社会保険の種類によって異なり、雇用保険は失業を保険事故とする。

(3) わが国の医療費保障制度は、すべて社会保険である医療保険制度で行われている。

(4) 医療保険は、業務外の事由による疾病、負傷等を保険事故として、医療費の金銭給付を主に行う。

(5) 介護保険は、地域保険、長期保険である。

ポイント解説 　　　　　　　　　　　　　　📖 上－ P.25〜26

(1) **○** **社会保険**は、すべて法令の規定に基づいて運用される。保険者は地方公共団体などの公的機関で、営利性をもたない。

(2) **○** 雇用保険は、被保険者が失業した場合に所得を保障し、再就職を促進するものであるため、失業保険と呼ばれることもある。なお、**介護保険の保険事故**は、**被保険者が要介護状態等になること**である。

(3) **✕** 健康保険や国民健康保険などの**医療保険制度が中核**ではあるが、障害者総合支援法や感染症の予防及び感染症の患者に対する医療に関する法律、生活保護法などに基づく**公費負担医療**も行われている。

(4) **✕** 記述の前段は正しいが、保険給付は金銭給付ではなく主に**現物給付**で行われる。なお、業務上の疾病、負傷等を保険事故とするのは、労働者災害補償保険である。

(5) **✕** 介護保険は、市町村の区域内の被保険者を対象とする**地域保険**であるが、基本的に単年度で収支のバランスを図り、加入期間と保険給付は連動しないから、**短期保険**である。

正解 (1)(2)

介護保険制度改正の経緯(1)

> **問題 8**　介護保険制度の改正について、正しいものを３つ選べ。
>
> (1)　要介護認定等の大きな見直しは、制度創設以来一度も行われていない。
>
> (2)　2005年改正の予防給付の見直し、地域支援事業と地域包括支援センターの創設により、予防重視型システムへの転換が行われた。
>
> (3)　特定入所者介護サービス費等の低所得者対象の補足給付は、2005年改正で、介護保険施設の食費・居住費が利用者負担になるのに伴って設けられた。
>
> (4)　地域密着型サービスが創設されたのは、2011年改正である。
>
> (5)　最大手の居宅サービス事業者の不正事案をきっかけとして、業務管理体制の整備、指定・指定更新の欠格事由の見直し、処分逃れ対策などの改正が行われたのは、2008年改正である。

ポイント解説　　　　　　　　　　　　　　　📖 上－ P.27〜29

(1)　**✕**　制度創設当時は、要支援、要介護１〜５の６段階の認定が行われていた。2005年改正により**要支援を２段階とし、要介護１の一部を要支援２とする**大きな見直しが行われ、現在に至っている。

(2)　**〇**　解説(1)の新予防給付、地域支援事業と地域包括支援センターの創設は、**介護予防を重視**する施策として導入されたものである。

(3)　**〇**　施設入所者の**食費・居住費**が保険給付から除外されたのは、居宅サービスの利用者との公平を図るためである。この改正に伴って、特定入所者介護サービス費等が設けられ、低所得者の介護保険施設利用の継続が可能になった。

(4)　**✕**　市町村の区域内の被保険者を利用者とし、市町村長の指定、指導・監督のもとに事業を運営する**地域密着型サービス**が創設されたのは、**2005年改正**である。2011年改正では、定期巡回・随時対応型訪問介護看護、看護小規模多機能型居宅介護がこれに加わった。

(5)　**〇**　広域に事業を展開する最大手の事業者の不正や人員基準違反が明らかになり、それをきっかけに大幅な法改正が行われた。

正解　(2)(3)(5)

介護保険制度改正の経緯(2)

問題 9　介護保険制度の改正について、正しいものを３つ選べ。

(1)　「地域包括ケアシステム構築の推進」が、初めて目標に掲げられたのは、2011年改正である。

(2)　2011年改正で、介護予防・日常生活支援総合事業が地域支援事業に位置づけられ、2012年度からすべての市町村で実施することになった。

(3)　サービス利用時の利用者負担の一部に応能負担の仕組みが導入されたのは、2014年改正と2017年改正である。

(4)　介護老人福祉施設・地域密着型介護老人福祉施設の新規入所は、2015年４月１日から、要介護３以上の者に限ることになった。

(5)　2014年改正で、市町村は介護給付費の適正化のための会議を置いて、ケアプランを検証しなければならないとされた。

ポイント解説　　　　　　　　　　　　📖 上－ P.27～29

(1)　**○**　高齢者が地域で自立した生活を営むことを可能にするために、医療、介護、予防、住まい、生活支援サービスを切れ目なく提供する「地域包括ケアシステム」の実現をめざすこととなった。

(2)　**✕**　**介護予防・日常生活支援総合事業**を地域支援事業に位置づけたのは2011年改正であるが、**市町村の判断で行う**ものとされ、新総合事業として**すべての市町村で行う**こととなったのは、**2014年改正**である。

(3)　**○**　定率１割の利用者負担を、一定の所得がある利用者については２割とする改正が行われたのは2014年改正である。2017年改正では、特に所得の高い者を３割負担とすることになった。

(4)　**○**　ただし、要介護１・２であっても、介護老人福祉施設以外での生活が困難である場合は、特例入所が認められることもある。

(5)　**✕**　市町村は**会議**を置くように努めなければならないとされたが、これは、以前から行われていた**地域ケア会議**が介護保険法に新たに規定されたもので、介護給付費の適正化とは関係しない。

正解　(1) (3) (4)

2017年改正の概要

問題 10 2017（平成29）年の法律改正について、正しいものを3つ選べ。

(1) 地域包括ケアシステムの推進、介護保険制度の持続可能性の確保を主眼とする改正が行われた。

(2) 自立支援・重度化防止に取り組むため、保険者機能を強化して、適切な指標によってその実績を評価し、財政的インセンティブを付与することを制度化した。

(3) 新たな介護保険施設として介護医療院を創設し、営利法人も介護保険施設を開設できるようにした。

(4) 共生型サービス事業所の創設によって、高齢者と障害児者が同一の事業所でサービスを受けやすくなった。

(5) 2014年改正によって2割負担となった所得層の利用者負担が、3割に引き上げられた。

ポイント解説　　　　　　　　　　　　　　　　　　　　📖 上－ P.29

(1) **○** 選択肢(2)、(3)、(4)は「地域包括ケアシステムの推進」のための施策であり、選択肢(5)は「介護保険制度の持続可能性の確保」のための施策といえる。

(2) **○** 自立支援・重度化防止のための市町村の取組みによって、認定率の低下や保険料の抑制効果がみられる市町村に対して、交付金による**インセンティブ**を与える仕組みを制度化した。

(3) **✕** **介護医療院**は、なかなか転換が進まない介護療養病床に代わる介護保険施設として創設されたが、開設主体は他の介護保険施設と同様に、地方公共団体、医療法人、社会福祉法人などの**非営利法人に限られる**。

(4) **○** 介護保険と障害福祉の両方の制度に**共生型サービス事業所**を位置づけ、高齢者と障害児者が同一の事業所でそれぞれの制度によるサービスを受けやすくした。対象となるサービスは、訪問介護サービス、通所介護サービス、短期入所サービスなどである。

(5) **✕** 2014年改正で2割負担とされた所得層のうち、**特に所得の高い利用者**について**3割負担**が導入されたものである。

正解 (1)(2)(4)

2020年・2023年改正のポイント⑴

問題11 2020（令和２）年の制度改正について、正しいものを３つ選べ。
⑴ 市町村は事務負担を軽減するため、更新認定の有効期間を、認定の結果にかかわらず48か月まで延長することができるようになった。
⑵ 介護サービス事業者は、介護に直接たずさわる職員であって、医療・福祉に関する資格をもたない者に、認知症介護基礎研修を受けさせなければならない。
⑶ ユニット型の施設サービス・短期入所サービスの１ユニットの入居定員が、15人を超えない範囲に緩和された。
⑷ 認知症対応型共同生活介護事業所が設置することができる共同生活住居は、「３以下」とされた。
⑸ ３つの共同生活住居がある認知症対応型共同生活介護事業所では、計画作成担当者を２人以上配置しなければならない。

ポイント解説 　　　　　　　　　　　　　　　　　　　📖上－ P.30〜34

⑴ **✕** 更新認定の場合、市町村は介護認定審査会の意見に基づき、36か月まで延長することができるとされていたが、**直前の要介護等状態区分と同じと判定された者**について、**48か月**まで延長することができる。

⑵ **〇** すべての事業所・施設において、利用者の介護に直接たずさわる無資格者に、認知症介護基礎研修を受講させることが義務づけられた。

⑶ **〇** これまで「おおむね10人以下」とされてきた１ユニットの入居定員を、原則としておおむね10人以下とし、**15人を超えない範囲**とする改正が行われた。

⑷ **〇** これまで「１または２を標準とする」とされていた共同生活住居の数を、**３以下**とする認知症対応型共同生活介護の規模拡大を図る改正が行われた。

⑸ **✕** 共同生活住居ごとに配置するものとされていた計画作成担当者は、**事業所ごとに１人以上**を配置するものとされた。

正解 ⑵⑶⑷

2020年・2023年改正のポイント⑵

問題 12 2020（令和2）年および2023（令和5）年の制度改正について、正しいものを2つ選べ。

⑴ 居宅介護支援費の算定において、介護支援専門員1人当たりの取扱件数が40件以上になった場合の逓減制が2020年改正で廃止された。

⑵ ほとんどすべての事業者・施設に、3年の経過措置期間を設けて、感染症対策の強化を義務づけることになった。

⑶ 施設系サービスにおいて、口腔衛生管理体制および栄養ケア・マネジメントを重視する観点から、口腔衛生管理体制加算、栄養マネジメント加算が創設された。

⑷ 指定居宅介護支援事業者は、申請により指定介護予防支援事業者を兼ねることができる。

⑸ LIFEの活用が求められているが、これはロボットによる見守りにより施設サービスの夜勤職員の負担を軽減する取組みである。

ポイント解説　　　　　　　　　　　　　　　📖 上－ P.30～34

⑴ ✕ それまで「40件以上60件未満」および「60件以上」の2段階で行われてきた逓減制を、ICTの活用または事務職員の配置を行っている事業者については、**「45件以上60件未満」および「60件以上」に変更**した。

⑵ 〇 施設サービスについては、従来の「委員会の開催」、「指針の整備」、「研修の実施」などに加えて、**訓練（シミュレーション）の実施**を求める。その他のサービスについても、同様の取組みが義務づけられた。

⑶ ✕ 従来から行われていたこれらの加算の要件とされていた取組みは、**基本サービスとして行う**こととされ加算は廃止された。

⑷ 〇 指定介護予防支援事業者の指定は、**地域包括支援センターの設置者**または**指定居宅介護支援事業者**の申請により、市町村長が行う（2023年改正）。

⑸ ✕ LIFEは、国が**科学的介護のデータベース**を構築するために行うものである。事業者は利用者の個別のデータを入力・提出し、フィードバックを活用してケアの向上を図る。

正解　⑵⑷

被保険者数、要介護認定者数等

問題 13 介護保険の実施状況について、正しいものを３つ選べ。

(1) 第１号被保険者数は、制度施行以来18年間で50％以上増加している。

(2) 要介護認定・要支援認定を受けている者の数は、介護保険制度施行時に比べて2.5倍を超えている。

(3) 第１号保険料の全国平均は、介護保険事業計画期間の第８期になって、第１期の約２倍となった。

(4) 居宅サービスの受給者数と施設サービスの受給者数は、ほぼ同じである。

(5) 2018（平成30）年度の保険給付費は、介護保険施行時に比べて約1.5倍になっている。

ポイント解説　　　　　　　　　　　　　　　📖 上－ P.35～38

(1) **○**　介護保険事業状況報告によれば、2021（令和３）年度末の第１号被保険者数は3589万人で、介護保険施行時の2242万人に比べて約60％増加している。

(2) **○**　**要介護認定・要支援認定を受けている者**は、2021年度末現在約690万人で、制度施行時の256万人に比べ**2.7倍**になっている。要支援１～要介護２の軽度の認定者が約65.5％を占めている。

(3) **○**　保険者ごとの第１号保険料基準額の平均は、第１期（2000～2002年度）の2,911円から、第８期（2020～2023年度）には6,014円と2.06倍になった。

(4) **✕　居宅サービス（介護予防サービス）の受給者数は、施設サービスの受給者数**よりはるかに多く、2021年度では１か月平均で、居宅サービス404万人、地域密着型サービス89万人、施設サービス96万人となっている。合わせて約689万人が介護保険のサービスを受給している。

(5) **✕**　2021（令和３）年度の**給付費は９兆8,467億円**となり、介護保険施行時の３兆2,427億円と比べて、**約3.4倍**となっている。利用者負担分を加えた**費用額は、11兆26億円**である。

正解　(1) (2) (3)

第2章

介護保険制度の概要

介護保険制度の目的と保険事故・保険給付

> **問題 14** 介護保険制度の目的等について、正しいものを3つ選べ。
> (1) 介護保険制度は、国民の共同連帯の理念に基づいて発足した。
> (2) 保険事故とは、延滞など保険料の納付についての事故をいう。
> (3) 保険事故とみなされる状態になった場合は、無条件に保険給付を受けることができる。
> (4) 介護保険制度において、保険給付はサービス・物品の提供や金銭の支給によって行われる。
> (5) 被保険者は、保険料を納付する義務があるとともに、保険事故の発生により保険給付の受給権を取得する。

ポイント解説　　　　　　　　　　　　　　　　　　📖 上－ P.40～41

(1) ○　介護保険法第1条（目的）に、「必要な保健医療サービス及び福祉サービスに係る給付を行うため、**国民の共同連帯の理念**に基づき介護保険制度を設け」とうたわれている。

(2) ✕　**保険事故**とは、保険給付が発生する原因となる**被保険者の特定の状態**のことをいう。

(3) ✕　被保険者は、市町村に申請して**要介護認定・要支援認定**を受けることが前提になる。「介護保険は、被保険者の要介護状態又は要支援状態に関し、必要な保険給付を行うものとする。」（介護保険法第2条1項）。介護保険における保険事故は、**要介護状態**または**要支援状態**（要介護状態等と表記されることが多い）

(4) ○　**介護サービスの提供**のほか、住宅改修費や高額介護サービス費などの**金銭給付も行われる**。

(5) ○　被保険者には、保険事故が発生した場合に**保険給付を受け取る権利**がある。

正解　(1)(4)(5)

保険給付の基本的理念

> **問題 15** 保険給付の基本的理念について、正しいものを2つ選べ。
> (1) 保険給付は、要介護状態・要支援状態の軽減を図り、悪化を防止するように、医療との連携に十分に配慮して行われる。
> (2) 保険給付は、適切な介護サービスが公平に提供されるように、保険者と利用者との契約で行われる。
> (3) 保険給付は、総合的・効率的に提供されなければならない。
> (4) 保険給付が公正に行われるようにするため、株式会社などの営利企業は事業者から除かれている。
> (5) 居宅サービスよりも施設サービスのほうが重視される。

ポイント解説　　　　　　　　　　　　　　📖 上－ P.41〜42

(1) **〇** **要介護状態・要支援状態の軽減**、**悪化の防止**が重視され、そのためには**医療との連携**のもとにリハビリテーションの充実に努めることが重要である（法2条2項）。

(2) **✕**　介護サービスの利用は、利用者が多様な**事業者・施設**から選択して**直接利用契約**を結ぶ仕組みである。保険者と利用者の間の契約ではない。

(3) **〇**　(2)(3)の理念は法2条3項にうたわれている。この理念に基づいて利用者を支援する仕組みとして**居宅介護支援・介護予防支援**（ケアマネジメント）が導入された。

(4) **✕**　**民間活力を活用**するため、地方公共団体、社会福祉法人・農業協同組合・消費生活協同組合・NPO法人等の非営利組織のほか、株式会社などの**営利企業の参入**もある。

(5) **✕**　「保険給付の内容及び水準は、被保険者が要介護状態となった場合においても、可能な限り、その**居宅**において、その有する能力に応じ自立した日常生活を営むことができるように配慮されなければならない。」（法2条4項）とされ、施設サービスよりも**居宅サービス**のほうが重視される。

正解　(1)(3)

国民の努力および義務

問題 16 介護保険制度における国民の義務について、正しいものを2つ選べ。

(1) 介護保険制度は、国や地方公共団体に対して要介護等高齢者の介護等の責務を課しているが、国民に対してはどんな義務も課していない。

(2) 国民は、要介護状態になることを予防するため、加齢に伴う心身の変化を自覚し、常に健康の保持増進に努めなければならない。

(3) 要介護状態になった場合は、介護支援専門員等の指示に従い、保健医療サービス・福祉サービスを受けることを拒んではならない。

(4) 一定の年齢に達した国民は、健康状態等にかかわりなく、介護保険に加入しなければならない。

(5) 25歳以上の国民は、共同連帯の理念に基づき、介護保険料を公平に負担することになっている。

ポイント解説　　　　　　　　　　　　　　　　　　📖 上－ P.42

(1) ✕ 法4条で**国民の努力や義務について規定**している。

(2) ○ 法4条1項の規定。保険給付をできるだけ抑え、制度を維持するためにも必要だが、個人にとっても、健康で自立した生活を営めるなら、それに越したことはない。

(3) ✕ **自らの選択**により、進んでリハビリテーションその他の保健医療サービス・福祉サービスを利用し、**能力の維持向上に努める**こととされる。介護支援専門員の指示に従うわけではない。

(4) ○ 介護保険は、**強制適用の社会保険**である。

(5) ✕ 法4条2項に「国民は、共同連帯の理念に基づき、介護保険事業に要する費用を公平に負担するものとする。」とあるが、現行制度では、40歳以上が第2号被保険者、65歳以上が第1号被保険者であり、介護保険料を負担するのは**40歳以上の国民**である。年齢を引き下げるかどうかについては、これまでの法改正では見送られてきたが、今後の検討課題になっている。

正解 (2)(4)

介護保険の保険者

問題 17　介護保険の保険者について、正しいものを 3 つ選べ。

(1)　保険者は、被保険者を把握・管理し、保険料を徴収する一方、保険事故が生じた場合には被保険者に保険給付を行う。

(2)　介護保険の保険者は、市町村に限られる。

(3)　介護保険の保険者が保険給付を行う保険事故は、被保険者が65歳の年齢に達することである。

(4)　介護保険の保険者が市町村とされたのは、市町村が国民にとって最も身近な行政主体であり、介護サービスの地域性からしても、保険給付の主体としてふさわしいからである。

(5)　小規模な市町村などは、広域連合や一部事務組合によって介護保険事業を行うことができ、保険財政の安定化や事務処理の効率化を図ることができる。

ポイント解説

📖 上－ P.43

(1)　**○**　**保険者**というのは、**保険の仕組みを運営する責任主体**のことであるから、記述の内容は、介護保険を含めた社会保険だけでなく、民間保険にも当てはまる。

(2)　**✕**　市町村だけでなく、**特別区**（東京23区）も含まれる（本書では、特別区を含めて「市町村」と記述している）。そのほか、選択肢(5)のように介護保険事業の広域化が行われる場合には、広域連合や一部事務組合が保険者となることもある。

(3)　**✕**　介護保険における保険事故は、**被保険者が要介護状態・要支援状態になること**である。65歳以上の被保険者なら、誰にでも保険給付が行われるわけではない。

(4)　**○**　そのほか、市町村には老人福祉や老人保健事業の実績があり、地方分権の流れを踏まえることが適当であることも理由に挙げられる。

(5)　**○**　**広域連合**や**一部事務組合**は、地方自治法に定められた特別地方公共団体で、これを共同で設立した市町村に代わって介護保険の保険者となることができ、その場合には記述のメリットが考えられる。

正解　(1) (4) (5)

保険者の事務(1)

問題 18 保険者である市町村の事務として、正しいものを 3 つ選べ。

(1) 介護サービス情報の公表

(2) 介護認定審査会の設置

(3) 住宅改修費の支給

(4) 介護報酬の算定基準の設定

(5) 地域密着型サービス事業者に対する指定・指導監督

ポイント解説 　　　　　　　　　　　　　　📖 上－ P.56〜59

市町村の主な事務としては、次のようなものがある。

① **被保険者の資格管理**に関する事務

② **要介護認定・要支援認定**に関する事務

　　選択肢(2)の介護認定審査会の設置は、ここに含まれる。

③ **保険給付**に関する事務

　　選択肢(3)の住宅改修費の支給は、ここに含まれる。

④ **サービス提供事業者**に関する事務

　　選択肢(5)の指定等は、ここに含まれる。なお、地域密着型サービス事業者・地域密着型介護予防サービス事業者・居宅介護支援事業者・介護予防支援事業者を除く事業者・施設を指定・指導監督するのは都道府県（指定都市・中核市）である。居宅介護支援事業者の指定等は、2018（平成30）年 4 月に、都道府県から市町村に移行した。

⑤ **地域支援事業**および**保健福祉事業**に関する事務

⑥ **市町村介護保険事業計画**に関する事務等

⑦ **保険料**に関する事務

⑧ **介護保険の運営に必要な条例・規則等の制定、改正等**に関する事務

⑨ **介護保険の財政運営**に関する事務

従って、選択肢(2)(3)(5)は正しい。(1)の介護サービス情報の公表は**都道府県**の事務、(4)の介護報酬の算定基準を設定するのは**国**である。

正解 (2) (3) (5)

保険者の事務(2)

> **問題 19** 市町村の介護保険財政運営に関する事務として、正しいものを
> 3つ選べ。
> (1) 保険事業勘定と介護サービス事業勘定からなる介護保険特別会計の設
> 置
> (2) 保険給付費のうち市町村の定率負担金の一般会計からの繰入れ
> (3) 介護給付費交付金・地域支援事業支援交付金について、支払基金への
> 申請とその収納
> (4) 財政安定化基金の設置・運営
> (5) 調整交付金の交付

ポイント解説　　　　　　　　　　　　　　　　📖上－ P.56〜57

(1) ○　市町村は、介護保険事業の収支の均衡を保つため、経理を一般会
計と区分し、特別会計（**介護保険特別会計**）を設けて、その健全な運営
を確保する。特別会計は、保険事業勘定と介護サービス事業勘定で構成
される。

(2) ○　保険給付費の公費負担のうち、**定率12.5％の市町村負担分**および
介護保険事業運営にかかわる**事務費**は、市町村の一般会計から介護保険
特別会計に繰入れが行われる。

(3) ○　**第2号保険料**は医療保険者が徴収し、**支払基金**（社会保険診療報
酬支払基金）に介護給付費・地域支援事業支援納付金として納付される。
支払基金は、それを**介護給付費交付金・地域支援事業支援交付金**として
市町村に交付する。市町村は支払基金への申請とその収納の事務を行う。

(4) ✕　**財政安定化基金**の設置・運営は、**都道府県の事務**である（P.144
参照）。

(5) ✕　**調整交付金**は、国の公費負担分25％のうちの5％であり、その交
付は**国の事務**である（P.159参照）。

正解　(1)(2)(3)

条　例

> **問題 20**　市町村が条例に規定すべき事項として、正しいものを3つ選べ。
> (1) 第2号被保険者に対する保険料率の算定
> (2) 保険料の減免、または徴収猶予
> (3) 区分支給限度基準額の設定
> (4) 区分支給限度基準額の上乗せ
> (5) 種類支給限度基準額の設定

ポイント解説　　　　　　　　　　　　　　　　　　　　📖 上－P.56〜59

　介護保険法において、**市町村が条例により規定すべきとされている主な事項**は、次のとおりである。(⑦〜⑬は、実施する場合に規定する。)

① **介護認定審査会の委員の定数**
② **第1号被保険者に対する保険料率の算定**
③ **普通徴収に係る保険料の納期**
④ その他保険料の賦課徴収等に関する事項
⑤ 指定地域密着型介護老人福祉施設の入所定員
⑥ 地域包括支援センターの基準
⑦ **区分支給限度基準額の上乗せ**
⑧ **種類支給限度基準額**（サービスの種類ごとに市町村が条例で定める額）**の設定**
⑨ **福祉用具購入費支給限度基準額の上乗せ**
⑩ **住宅改修費支給限度基準額の上乗せ**
⑪ **市町村特別給付**（介護給付や予防給付以外に市町村が独自に支給する給付）
⑫ **保険料の減免、または徴収の猶予**
⑬ **過料**に関する事項

　従って、選択肢(2)(4)(5)は正しい。(1)に「第2号被保険者」とあるのは、**第1号被保険者**の誤り（第2号保険料の保険料率は各医療保険者が定める）。また、(3)の**区分支給限度基準額の設定は厚生労働大臣**が行う。

正解　(2) (4) (5)

人員・設備・運営に関する基準の条例委任

問題 21 条例委任について、正しいものを3つ選べ。

(1) 地域の自主性および自立性を高めることを目的に、サービス・施設の人員・設備・運営に関する基準は、地方公共団体の条例に委任された。

(2) 指定・監督の権限が都道府県にあるサービスに関する基準は都道府県の条例に、市町村にその権限があるサービスに関する基準は市町村の条例に委任される。

(3) 地方公共団体は、厚生労働省令で定められた基準にかかわらず、地域の実情に合わせてすべての事項について自由に定めることができる。

(4) 利用定員については、厚生労働省令と異なる基準を定めることはできない。

(5) サービスの適切な利用、適切な処遇および安全の確保ならびに秘密の保持等の運営に関する事項は、厚生労働省令で定める基準に従う範囲内で定めなければならない。

ポイント解説　　　　　　　　　　　　　　📖 上－ P.56〜59

(1) **○** 「地域の自主性及び自立性を高めるための改革の推進を図るための関係法律の整備に関する法律」により、制定は**条例に委任**された。

(2) **○** 居宅サービスや介護予防サービス、介護保険施設に関する基準は都道府県（指定都市・中核市）の条例に、地域密着型サービスや地域密着型介護予防サービス、居宅介護支援や介護予防支援に関する基準は市町村の条例に委任された。

(3) **✕** すべての基準を自由に定めることができるわけではない。「厚生労働省令で定める**基準に従い**定めるもの」、「厚生労働省令で定める**基準を標準として**定めるもの」、「厚生労働省令で定める**基準を参酌**するもの」に分けて指定されている。

(4) **✕** 認知症対応型通所介護（介護予防を含む）を除いて、**基準を標準として**利用定員を定めることができる。

(5) **○** 記述の事項は、「厚生労働省令で定める基準に従い定めるもの」とされている。

正解 (1) (2) (5)

国の事務、責務

> **問題 22** 国の事務として、正しいものを3つ選べ。
> (1) 第2号被保険者負担率の設定
> (2) 介護保険事業に係る基本指針の策定
> (3) 事業者・施設の指定・許可
> (4) 介護支援専門員の試験および研修の実施
> (5) 保険給付、地域支援事業等に対する財政負担

ポイント解説　　　　　　　　　　　　　📖 上－ P.52〜54

国が行う事務には、次のようなものがある。

① **要介護・要支援認定基準、介護報酬の算定基準、区分支給限度基準額、サービス提供事業者の人員・設備・運営等の基準、第2号被保険者負担率の設定**など、制度運営に必要な**各種基準の設定**

② **保険給付、地域支援事業**、都道府県の**財政安定化基金**等に対する**財政負担（国庫負担）**

③ 市町村介護保険事業計画・都道府県介護保険事業支援計画のもととなる「**介護保険事業に係る保険給付の円滑な実施を確保するための基本的な指針（基本指針）」の策定**、事業の円滑な実施のための情報提供・助言等の援助など、**介護サービス基盤の整備に関する事務**

④ **市町村**に対する介護保険事業の実施状況に関する報告請求、**市町村・都道府県**が行うサービス提供事業者等に対する指導監督業務についての報告請求・助言・勧告、**医療保険者・支払基金**が行う介護保険関係業務に関する報告徴収・実地検査、**国保連**が行う介護保険事業関係業務に関する指導・監督など、介護保険事業の健全・円滑な運営のための**指導・監督・助言等に関する事務**

また、**国と地方公共団体の責務**として、地域包括ケアシステムの構築や**認知症施策の総合的推進**に関する努力義務がある。

従って、選択肢(1)(2)(5)は正しい（(1)は、「第2号被保険者に対する保険料率の算定」と混同しないこと）。(3)の事業者・施設の指定・許可は、**都道府県**や**市町村**が行う。また、(4)の介護支援専門員の試験および研修は、**都道府県**の事務である。　　　　　　　　　　**正解** (1)(2)(5)

都道府県の事務、責務

問題 23　都道府県の事務として、正しいものを３つ選べ。
(1)　市町村事務受託法人の指定
(2)　財政安定化基金の設置・運営
(3)　都道府県介護認定審査会の設置
(4)　第１号被保険者の保険料率の設定
(5)　調整交付金の交付

ポイント解説　　　　　　　　　　　　　　　📖 上－ P.55〜56

都道府県が行う事務は、次のとおりである。
① **要介護・要支援認定業務の支援に関する事務**
　・**市町村による介護認定審査会の共同設置等の支援**
　・**審査判定業務の市町村からの受託**、および受託した場合の**都道府県介護認定審査会の設置**　　・**市町村事務受託法人の指定**
② **保険給付・地域支援事業に対する財政負担、財政安定化基金の設置・運営**、市町村相互財政安定化事業の支援など、**財政支援に関する事務**
③ **サービス提供事業者に対する指定・許可・指定更新・指導監督等、基準の設定の事務**（居宅サービス事業者・介護予防サービス事業者・介護保険施設）
④ **介護サービス情報の公表に関する事務**
⑤ **介護支援専門員の登録・登録更新、介護支援専門員証の交付**、介護支援専門員の試験および研修の実施など、**介護支援専門員に関する事務**
⑥ **都道府県介護保険事業支援計画の策定**、市町村介護保険事業計画への助言など、**介護サービス基盤の整備に関する事務**
⑦ その他、**介護保険審査会の設置・運営、市町村**に対する介護保険事業の実施状況に関する報告請求、**医療保険者・支払基金・国保連**が行う介護保険業務に関する報告徴収・実地検査・指導監督、**都道府県事務受託法人の指定**など

　従って、選択肢(1)(2)(3)は正しい。(4)の第１号被保険者の保険料率の設定は**市町村**、(5)の調整交付金の交付は**国**の事務である。

正解　(1) (2) (3)

※「大都市特例」により、都道府県の事務のうち、事業者・施設の指定等は、指定都市および中核市に移譲されている。

医療保険者・年金保険者の事務、その他

問題 24 医療保険者・年金保険者の事務その他について、正しいものを2つ選べ。

(1) 医療保険者は、介護保険事業が健全かつ円滑に行われるように協力しなければならない。

(2) 医療保険者は、第1号保険料の徴収に関して、介護保険の保険者に協力する。

(3) 医療保険者は、徴収した介護保険の保険料を、市町村に納入する。

(4) 年金保険者は、第1号保険料の特別徴収を行う。

(5) 厚生労働大臣は、介護保険制度に関する重要事項を政省令や告示に定める際には、あらかじめ介護保険審議会の意見を聴かなければならない。

ポイント解説　　　　　　　　　　　　　　📖 上－ P.52、P.59〜60

(1) **〇**　介護保険法第6条において、医療保険者の責務として、このように規定している。

(2) **✕**　**医療保険者**は、**第2号保険料の徴収**を行う。第2号被保険者の保険料は、医療保険の保険料と一体的に徴収される。

(3) **✕**　医療保険者により徴収された**第2号保険料**は、**支払基金**に介護給付費・地域支援事業支援納付金として納付される**。**そして、支払基金から市町村に、**介護給付費交付金**および**地域支援事業支援交付金**として交付されることになる。

(4) **〇**　**年金保険者**は、第1号被保険者のうち一定額以上の年金受給者について、**年金支給の際に介護保険料を天引きして徴収**（**特別徴収**という）する事務を行う。徴収した第1号保険料は、市町村に納付する。

(5) **✕**　この審議会は、**社会保障審議会**といい、厚生労働省に設置されている。委員は、学識経験者から厚生労働大臣が任命する30名以内の委員、臨時委員、専門委員で構成され、社会保障制度、人口問題等を審議する。介護保険関係については、介護保険部会、介護給付費分科会が置かれ、介護報酬の算定基準、人員・設備・運営基準の設定等にあたって意見を述べる。

正解　(1)(4)

国の基本指針

問題 25　介護保険事業計画に関する国の基本指針について、正しいもの
を３つ選べ。

(1)　厚生労働大臣は、介護サービス基盤を充実させていくために、「介護
保険事業に係る保険給付の円滑な実施を確保するための基本的な指針」
（基本指針）を作成する。

(2)　基本指針の中には、地域支援事業の実施に関する基本的事項も定めら
れている。

(3)　都道府県介護保険事業支援計画は国の基本指針に即して作成され、市
町村介護保険事業計画は、この都道府県計画に沿って作成される。

(4)　厚生労働大臣は、基本指針の策定・変更にあたっては、全国の都道府
県知事・市町村長と協議しなければならない。

(5)　厚生労働大臣は、基本指針を策定・変更したときは、これを公表しな
ければならない。

ポイント解説　　　　　　　　　　　　　　　　　📖 上－ P.165

(1)　○　**厚生労働大臣**（国）は、「地域における医療及び介護の総合的な
確保の促進に関する法律」に規定する総合確保方針に即して**基本指針**を
作成する。

(2)　○　基本指針では、**市町村介護保険事業計画**（市町村計画）・**都道府
県介護保険事業支援計画**（都道府県計画）の作成に関する事項などとと
もに、サービス提供体制の確保および地域支援事業の実施に関する基本
的事項を定めている。

(3)　✕　**どちらの計画も国の基本指針に即して作成される**べきものであり、
都道府県計画が市町村計画の上位にあるわけではない。

(4)　✕　厚生労働大臣が協議しなければならないのは、**総務大臣その他の
関係行政機関の長**であって、都道府県知事や市町村長ではない。

(5)　○　基本指針を遅滞なく公表することになっている。

正解　(1)(2)(5)

市町村介護保険事業計画

問題 26　介護保険法に規定する、市町村介護保険事業計画で定めるべき事項あるいは定めるよう努めるべき事項として、正しいものを3つ選べ。

(1)　介護給付等対象サービスの種類ごとの各年度の量の見込みとその見込み量の確保のための方策

(2)　各年度における地域支援事業の量の見込みと地域支援事業に要する費用の額や見込み量の確保のための方策

(3)　介護給付等対象サービスの種類ごとの量や要する費用の額、地域支援事業の量や要する費用の額、保険料の水準に関する中長期的な推計

(4)　介護保険施設等における生活環境の改善を図るための事業に関する事項

(5)　介護サービス情報の公表に関する事項

ポイント解説　　　　　　　　　　　　　📖上－ P.165〜167

　市町村は、**国が示した基本指針に即して**、保険給付が円滑に実施できるように、**市町村介護保険事業計画**を、**3年を1期**として定める。

　(1)、(2)の「量の見込み」は、市町村介護保険事業計画に定めるものとされている事項であり、「見込み量の確保のための方策」は、定めるよう努めるものとされている事項である。

　(3)は、2014年改正で新設された事項で、(1)、(2)の各年度の計画とは別に、中長期的な推計を定めるよう努めるものとされた。

　(4)、(5)は、都道府県の事務であり、都道府県介護保険事業支援計画に定めるよう努めるべき事項である。

　市町村が市町村計画を定め、または変更しようとするとき、上記(1)、(2)の「定めるべき事項」については、あらかじめ都道府県の意見を聴かなければならない。また、策定した市町村計画は都道府県知事に提出する。

　2020年改正では、「定めるよう努めるべき事項」に、介護給付等対象サービス従事者の確保および資質の向上に資する取組みに関する事項、認知症に関する施策の推進に関する事項、有料老人ホームおよびサービス付き高齢者向け住宅の入居定員総数が新設された。

正解　(1)(2)(3)

都道府県介護保険事業支援計画

> **問題 27** 介護保険法に規定する、都道府県介護保険事業支援計画で定める
> べき事項あるいは定めるよう努めるべき事項として、正しいものを３
> つ選べ。
> (1) 市町村介護保険事業計画において、介護給付等対象サービスの種類ご
> との量の見込みを定めるにあたって参酌すべき標準
> (2) 都道府県が定める区域ごとの各年度の介護保険施設等の種類ごとの必
> 要入所定員総数等
> (3) 地域支援事業の総合事業と包括的支援事業に関する市町村相互間の連
> 絡調整を行う事業に関する事項
> (4) 各年度の介護給付等対象サービスの種類ごとの見込み量確保のための
> 方策
> (5) 老人福祉圏域ごとの有料老人ホームおよびサービス付き高齢者向け住
> 宅の入居定員総数

ポイント解説 📖 上－ P.167〜171

　都道府県は、**国の示す基本指針に即して**、**都道府県介護保険事業支援計画**を、**3年を1期**として定める。

(1) ✕ これは、国が定める**基本指針**によって示されるものである。

(2) 〇 **介護保険施設の必要入所定員**のほか、**介護専用型特定施設・地域密着型特定施設・地域密着型介護老人福祉施設の必要利用定員、介護給付等対象サービスの量の見込み**を定める。ここで定めた必要利用定員総数に既に達しているか、または新たに指定をすることでこれを超えることになると認める場合は、施設・事業者の指定をしないことができる。

(3) 〇 都道府県計画に**定めるよう努めるべき事項**である。

(4) ✕ 市町村計画に定めるよう努めるべき事項である。

(5) 〇 定めるよう努めるべき事項には、そのほか問題26の(5)の事項や、介護給付等対象サービス従事者の確保および資質の向上に資する事業に関する事項、介護保険施設等の施設における生活環境改善事業に関する事項、介護保険施設相互間の連携の確保その他のサービスの円滑な提供を図るための事業に関する事項がある。 **正解** (2)(3)(5)

国・都道府県・市町村の関係、他の計画との関係等

問題 28 次の中から正しいものを３つ選べ。

(1) 厚生労働大臣は、都道府県や市町村に対し、介護保険事業（支援）計画作成上の技術的事項について、必要な助言をすることができる。

(2) 介護保険事業（支援）計画は、老人福祉法に定める老人福祉計画と一体のものとして策定されなければならない。

(3) 介護保険事業（支援）計画は、医療計画等他の計画の影響を受けることがあってはならない。

(4) 市町村介護保険事業計画は、市町村高齢者居住安定確保計画と調和が保たれたものでなければならない。

(5) 都道府県知事や市町村長は、介護保険事業（支援）計画に照らして、特定施設や認知症対応型施設等に対する指定をしないことができる。

ポイント解説　　　　　　　　　　　　📖 上－ P.165〜172

(1) ✗　厚生労働大臣は、都道府県に対して助言する。市町村に対して助言するのは**都道府県知事**である。

(2) ◯　市町村計画は**市町村老人福祉計画**と、都道府県計画は**都道府県老人福祉計画**と一体のものとして策定されなければならない。

(3) ✗　市町村計画は**地域における医療及び介護の総合的な確保の促進に関する法律に規定する市町村計画**と、都道府県計画は**地域における医療及び介護の総合的な確保の促進に関する法律に規定する都道府県計画**や**医療計画**との**整合性の確保が図られたもの**でなければならない。

(4) ◯　市町村計画は**市町村地域福祉計画、市町村高齢者居住安定確保計画**その他の計画と、都道府県計画は**都道府県地域福祉支援計画、都道府県高齢者居住安定確保計画**その他の計画と、**調和が保たれたもの**でなければならない。

(5) ◯　必要定員数を上回るおそれがあるときなどは、記述の施設等について、指定の申請があり、条件を満たしていても、**指定しないことができる**ものとされる。

正解 (2) (4) (5)

被保険者の概念と強制適用

問題 29 次の中から正しいものを3つ選べ。

(1) 被保険者とは、保険運営の主体として保険者を把握・管理し、保険事故が発生した場合には保険給付を行うなどの業務を行うものをいう。

(2) 社会保険はすべて関係法令に定められ、一定の要件に該当する者は法律上当然に被保険者となる。

(3) 介護保険では、加入の意思を確認したうえで保険加入の手続きが行われる。

(4) 介護保険では、一定の条件に該当する者を強制加入させることで、保険財政の安定を図ることができる。

(5) 介護保険においては、強制適用を行わなければ逆選択が生じることが考えられる。

ポイント解説

📖 上－P.44

(1) **✕** 記述は「被保険者」と「保険者」が逆である。記述の内容は保険者に該当する。**被保険者**とは、保険制度に加入して**保険料を納付**し、保険事故が発生した場合には**保険給付を受け取る主体**のことをいう。

(2) **〇** 生命保険などの民間保険では被保険者の自由意思で保険に加入するが、**社会保険**では**一定の要件に該当する者**は**法律上当然に被保険者**となる。そして、その権利と義務も関係法令により定められている。

(3) **✕** 社会保険である介護保険は、**強制適用**（強制加入）であり、被保険者の意思にかかわらず、法律上当然に保険関係が生じる。

(4) **〇** 強制適用によって**被保険者数を確保**し、結果的に保険事故の危険を広く分散させることができる。

(5) **〇** **逆選択**とは、保険事故発生の確率が低い健常者などが加入を避け、高い危険性をもつ者のみが加入することである。

正解 (2)(4)(5)

被保険者の資格要件⑴

問題 30 介護保険の被保険者の資格要件を満たす者として、正しいものを３つ選べ。

(1) 日本の国籍をもち、海外に長期滞在している65歳以上の者

(2) 市町村の区域内に住所を有する65歳以上の者

(3) 障害者総合支援法に定める指定障害者支援施設に入所している65歳以上の者で、市町村の区域内に住所を有する者

(4) 40歳以上65歳未満の医療保険加入者で、市町村の区域内に住所を有する者

(5) 市町村の区域内に住所を有する在日外国人で、40歳以上の医療保険加入者

ポイント解説　　　　　　　　　　　　　　　　　📖 上－ P.44〜46

介護保険における**被保険者の資格要件**は、次のとおりである。

① **市町村の区域内に住所を有する65歳以上の者（第１号被保険者）**

② **市町村の区域内に住所を有する40歳以上65歳未満の医療保険加入者（第２号被保険者）**

被保険者の資格要件は、第１号被保険者、第２号被保険者ともに、**年齢要件**のほか、**住所を有すること**が要件となっている。65歳以上の者、40歳以上65歳未満であって**医療保険に加入**している者については、市町村の区域内に住所を有すること（住民票があること）により、当事者の意思や届出の有無にかかわらず、当然に被保険者となる。

在日外国人についても、一定の要件（在留期間が３か月以上あることなど）を満たす場合は、市町村の区域内に住所を有していると認められ、その市町村の被保険者となる。逆に、日本国籍をもつ人が海外に長期滞在していて**日本に住民票がない場合**などは、住所要件を満たさないため、被保険者とはならない。

従って、選択肢(2)(4)(5)は正しい。(3)の指定障害者支援施設に入所している者については、当分の間、介護保険の被保険者から除外される。

正解　(2)(4)(5)

被保険者の資格要件(2)

問題 31 被保険者の資格要件について、正しいものを３つ選べ。

(1) 医療保険加入者というのは、すべての被保険者に共通の資格要件である。

(2) 生活保護を受けていて医療保険に加入していない65歳以上の者は、被保険者にはならない。

(3) 「市町村の区域内に住所を有する」とは、住民基本台帳上の住所を有することである。

(4) 市町村の区域内に住所を有する40歳以上65歳未満の国民健康保険の加入者は、第２号被保険者となる。

(5) 在留期間が３か月以上あると認められている外国人で65歳以上の者は、第１号被保険者となる。

ポイント解説　　　　　　　　　　　　　　📖 上－ P.44～46

(1) ✕ **第２号被保険者**は、保険料が医療保険料に上乗せして徴収されるので、**医療保険加入者**ということが要件になるが、**第１号被保険者**については**年齢要件**と**住所要件**だけである。

(2) ✕ 生活保護の被保護者で医療保険に加入していない40歳以上65歳未満の者は第２号被保険者にならないが、**第１号被保険者**には**医療保険加入者という要件はない**。なお、生活保護を受けている人は国民健康保険には加入できない。

(3) ◯ 記述のとおりである。住所要件は、第１号被保険者・第２号被保険者に共通の要件である。

(4) ◯ **国民健康保険**は、第２号被保険者の資格要件である医療保険に含まれるので、被保険者の要件を満たしているといえる。

(5) ◯ 在留期間が３か月以上あると認められている場合は、住民基本台帳法の適用を受け、**住所要件を満たしている**ものとされる。

正解 (3)(4)(5)

適用除外

問題 32 介護保険の被保険者から除外される者について、正しいものを
2つ選べ。

(1) 被保険者の資格要件に該当する人でも、児童福祉法に規定する医療型
障害児入所施設の入所者は、介護保険の被保険者とならない。

(2) 市町村の措置により養護老人ホームに入所している人は、介護保険の
被保険者から除外される。

(3) 国立ハンセン病療養所や生活保護法に基づく救護施設は適用除外施設
ではないので、入所者は要件に該当すれば介護保険の被保険者になる。

(4) 適用除外施設の入所者を介護保険の被保険者としないのは、入所者の
多くが40歳未満だからである。

(5) 適用除外施設の入所者は、介護保険の保険給付の対象となる介護サー
ビスに相当するサービスを受けているのが普通である。

ポイント解説　　　　　　　　　　　　　　　　　　📖 上－ P.46

(1) **○** 　記述の施設は**適用除外施設**とされ、入所者は介護保険の被保険者
から除外される。

(2) **✕** 　**養護老人ホーム**は適用除外施設ではなく、入所者が要介護状態等
になった場合は、介護保険の被保険者として、**特定施設入居者生活介護**
を利用できる。

(3) **✕** 　適用除外施設とされるのは、記述の施設や選択肢(1)の施設のほか、
障害者総合支援法に基づく指定障害者支援施設、独立行政法人のぞみの
園が設置する重度知的障害者施設、労災保険法で被災労働者が介護を受
ける施設などである。

(4) **✕** 　**40歳以上の人が多い**のが実態であるが、同時に(5)のような事情も
ある。そもそも40歳未満の人は年齢要件に該当しないから、適用除外に
するかどうかは問題にならないはずである。

(5) **○** 　入所している施設で**介護サービスに相当するサービスを受けてい
る**ため、介護保険で適用除外としても大きな問題は起こらないと考えら
れる。

正解 (1) (5)

資格取得の時期(1)

問題 33 被保険者資格の取得の時期として、正しいものを３つ選べ。

(1) 40歳以上65歳未満の医療保険加入者、または65歳以上の者が、その市町村の区域内に住所を有するに至ったとき

(2) 市町村の区域内に住所を有する医療保険加入者が、40歳に達したとき

(3) その市町村の区域内に住所を有する40歳以上65歳未満の者が、医療保険加入者でなくなったとき

(4) その市町村の区域内に住所を有する者で、医療保険に加入していない者が、65歳に達したとき

(5) その市町村の区域内に住所を有する40歳以上65歳未満の医療保険加入者、または65歳以上の者が、適用除外の対象者となったとき

ポイント解説　　　　　　　　　　　　　　　　　📖 上－ P.47

　介護保険の被保険者の**資格取得の時期**は、次の場合のそれぞれの日とされている。

　① **年齢到達の場合**

　　　その市町村の区域内に住所を有する医療保険加入者が、40歳に達したとき（誕生日の前日に資格取得）

　② **住所移転の場合**

　　　40歳以上65歳未満の医療保険加入者、または65歳以上の者が、その市町村の区域内に住所を有するに至ったとき（または、その市町村の区域内に住所を有する記述の者が適用除外施設を退所したとき）

　③ **生活保護の被保護者が医療保険加入者となった場合**

　　　その市町村の区域内に住所を有する40歳以上65歳未満の者が、医療保険加入者となったとき

　④ **生活保護の被保護者が65歳に到達した場合**

　　　その市町村の区域内に住所を有する者で、医療保険に加入していない者が、65歳に達したとき（誕生日の前日に資格取得）

　選択肢(3)は、**医療保険加入者となったとき**の誤り、(5)は、**適用除外者でなくなったとき**の誤りである。

正 解　(1) (2) (4)

資格取得の時期(2)

問題 34 被保険者資格の取得の時期について、正しいものを3つ選べ。

(1) 介護保険の被保険者資格は、介護保険を適用すべき原因となる事実が発生した日に、何らの手続きを要せず、当然に取得する。

(2) 介護保険の被保険者の資格取得の形態は、「申請主義」である。

(3) 年齢到達による資格取得の場合には、その者の誕生日の前日に被保険者資格を取得する。

(4) 介護保険の適用除外者であった者は、適用除外事由に該当しなくなったときには、被保険者資格を取得する。

(5) 後になって介護保険を適用すべき原因となる事実が判明すれば、その事実が判明した日から、被保険者資格を取得したものとして取り扱う。

ポイント解説　　　　　　　　　　　　　　　　　　　📖 上— P.47

(1) **〇**　このような資格取得の形態を、一般に「**発生主義**」「**事実発生主義**」と呼ぶ。

(2) **✕**　介護保険の被保険者の資格取得の形態は、「**発生主義**」であり、申請、届出、保険者の確認等、一定の手続き要件を前提とする「**申請主義**」や「**届出主義**」「**確認主義**」とは異なる。

(3) **〇**　医療保険未加入の生活保護の被保護者が65歳に到達した場合にも同様に、その者の**誕生日の前日**に被保険者資格を取得する。

(4) **〇**　**適用除外者**が、適用除外施設を退所したときには、介護保険の被保険者資格を有することとなる。なお、この場合に介護保険施設等に入所すると、適用除外施設に入所する前の住所地の市町村を保険者とする住所地特例が行われる（問題38参照）。

(5) **✕**　仮に届出がされていない場合でも、介護保険を適用すべき事実が判明すれば、判明した日からではなく、**その事実が発生した日から**被保険者資格を取得したものとして取り扱うこととなる。これを「**遡及適用**」と呼ぶ。

正解　(1) (3) (4)

資格喪失の時期

問題 35 被保険者資格の喪失の時期について、正しいものを 3 つ選べ。

(1) 被保険者は、その市町村の区域内に住所を有しなくなった日に他の市町村の区域内に住所を有するに至ったときは、その日から資格を喪失する。

(2) 第 2 号被保険者は、医療保険加入者でなくなった日から、資格を喪失する。

(3) 障害者総合支援法に定める指定障害者支援施設に入所したその日から、被保険者の資格を喪失する。

(4) 保険料を 1 年以上滞納した場合は、資格を喪失する。

(5) 死亡した場合は、資格を喪失する。

ポイント解説　　　　　　　　　　　　　　　　📖 上 － P.47

介護保険の被保険者は、次の場合に**資格を喪失**する。

① 被保険者が、その**市町村の区域内に住所を有しなくなった日の翌日**（または、被保険者が適用除外施設に入所した日の翌日）に資格を喪失する。ただし、住所を有しなくなった日に他の市町村の区域内に住所を有するに至ったときは、**その日から**資格を喪失する（同時に転入した市町村の被保険者となる）。

② 第 2 号被保険者は、**医療保険加入者でなくなった日**（生活保護法の保護による国民健康保険の適用除外の該当等）から資格を喪失する。

③ **死亡した場合**は、資格を喪失する。

従って、選択肢(1)(2)(5)は正しい。また、(3)に「その日」とあるのは、**翌日**の誤り。(4)の「保険料の滞納」が資格喪失の要件となることはない。

正 解　(1) (2) (5)

資格得喪や異動の届出(1)

問題 36　届出について、正しいものを３つ選べ。

(1)　第１号被保険者は、介護保険における資格の得喪やその他必要な事項を、保険者である市町村に届け出なければならない。

(2)　届出が必要なのは、65歳以上で他市町村から転入した場合のみである。

(3)　第２号被保険者には、住所移転により住所を有する市町村に変更がある場合、その市町村に届け出る義務が介護保険法において課されている。

(4)　医療保険に加入していなかった者が65歳に達した場合は、届出は必要ない。

(5)　在日外国人が65歳に到達した場合には、原則として、住所を有する市町村への届出が必要である。

ポイント解説　　　　　　　　　　　　　　　　📖 上－ P.48

　第１号被保険者は、次の場合に保険者である市町村に対し、届出をする義務（14日以内）が課されている。なお、**65歳到達による資格取得**は、市町村において把握が可能であることから、**被保険者からの届出は不要**である。

①　**転入または住所地特例・適用除外の対象でなくなったことによる資格取得**

②　**外国人で65歳に到達したとき**（ただし、届出事項を公簿等で確認できる場合は省略できる）

③　**住所地特例の適用を受けるに至ったとき**等

④　**氏名の変更**

⑤　**同一市町村内での住所変更**

⑥　**所属世帯または世帯主の変更**　　⑦　**転出・死亡による資格喪失**

　ただし、同一事由で住民基本台帳法による届出（転入届、転居届、転出届、世帯変更届）があったときは、介護保険の届出があったものとみなされる。なお、③～⑦の場合は、**被保険者証**と**負担割合証**を添付して届出を行う。

　第２号被保険者については、医療保険者が第２号被保険者を把握・管理しているため、一律に市町村への届出義務を課していない。

　従って、選択肢(1)(4)(5)は正しい。

正解　(1)(4)(5)

資格得喪や異動の届出⑵

問題 37 届出について、正しいものを2つ選べ。

(1) 介護保険の被保険者資格は、届出により取得される。

(2) 被保険者の資格得喪に係る届出をする場合、その届出を行うのは、必ず被保険者本人でなければならない。

(3) 住民基本台帳法の規定による届出があったときは、その届出と同一の事由に基づく被保険者資格得喪の届出があったものとみなされる。

(4) 在日外国人の場合は、住民基本台帳法による転入届等が行われないため、別途、介護保険の届出を行う必要がある。

(5) 市町村は、被保険者資格の得喪等に関する届出を行わない第1号被保険者に対し、過料を科す規定を設けることができる。

ポイント解説　　　　　　　　　　　　　　　📖 上－ P.48

(1) ✕　介護保険の被保険者資格は、発生主義によっており、**届出により取得されるものではない**。

(2) ✕　資格得喪に関する届出義務者は第1号被保険者本人であるが、本人の属する世帯の**世帯主**は、**第1号被保険者に代わって届出をすることができる**。

(3) 〇　届出に係る手続きと事務の簡素化を図る観点から、**住民基本台帳法**の届出と介護保険の資格得喪等の届出の一本化が図られている。

(4) ✕　在日外国人の場合であって、3か月以上の在留期間が認められている**中長期在留者**などは、**住民基本台帳法の適用を受ける**。そのため、転出・転入などの届出については、日本人と同様に扱われる。ただし、外国人が65歳に到達した場合は、別途、届出の義務が課されているが、市町村は、公簿等により確認ができる場合には、この手続きを省略させることができるとされる（施行規則24条）。

(5) 〇　市町村は、被保険者資格の得喪等に関する届出を行わない、または虚偽の届出を行った第1号被保険者に対し、10万円以下の**過料**を科す規定を設けることができる。過料は条例で定める。

正解　(3)(5)

住所地特例(1)

問題 38 住所地特例について、正しいものを３つ選べ。

(1) 介護保険制度においては、住所地である市町村の被保険者となるのが原則である。

(2) 介護保険施設などの住所地特例対象施設に入所等をすることにより、その施設の所在地に住所を変更したと認められる被保険者は、変更前の住所地の市町村を保険者とする特例措置を受ける。

(3) 住所地特例により、住所地特例対象施設の所在する市町村に、介護費用が集中することが予想される。

(4) ２つ以上の住所地特例対象施設に順次入所し、順次住所をその施設に移した被保険者については、入所中の施設のある市町村が保険者となる。

(5) 住所地特例に該当する被保険者は、転出の際には、保険者である市町村に対して、転出届と住所地特例適用届を提出する。

ポイント解説　　　　　　　　　　　　　　　　📖 上－ P.48〜49

(1) **○**　**住所地である市町村**の被保険者となるのが原則である。これを**住所地主義**という。

(2) **○**　この特例措置を**住所地特例**という。**住所地特例対象施設**は、**介護保険施設**、**特定施設**、**養護老人ホーム**の３つである。なお、2017年改正により、**適用除外施設を退所して住所地特例対象施設に入所**した被保険者について、適用除外施設に入所する前の住所地の市町村を保険者とする見直しが行われた。

(3) **✕**　住所地特例は、**介護費用の集中**の原因となるのではなく、逆にそれを解消するために設けられたものである。

(4) **✕**　２つ以上の住所地特例対象施設に順次入所し、順次住所をその施設に移した被保険者は、**最初の施設に入所する前の住所地の市町村**が保険者となる。

(5) **○**　同様に、施設を退所して、元の住所に戻るときは、**転入届**と**住所地特例終了届**を提出する。

正解　(1) (2) (5)

住所地特例(2)

問題 39　住所地特例について、正しいものを２つ選べ。

(1)　Ａ市の自宅からＢ町の介護付有料老人ホームに入居して施設の所在地に住所を移した場合は、Ａ市が保険者となる。

(2)　Ａ市の自宅からＢ町の長男宅に住所を移して、その後Ｂ町の介護老人福祉施設に入所した場合は、Ａ市が保険者となる。

(3)　Ａ市の自宅からＢ町の介護老人福祉施設に入所して住所を施設の所在地に移す場合、Ｂ町に転入届と住所地特例適用届を提出する。

(4)　Ａ市の自宅からＢ町の軽費老人ホームに入居し、その後Ｃ町の介護老人福祉施設に入所し、順次住所を移した場合、Ａ市が保険者となる。

(5)　住所地特例が適用される被保険者は、住所地の地域密着型サービスや地域支援事業によるサービスを利用することはできない。

ポイント解説　　　　　　　　　　　📖 上－ P.48〜49

(1)　**○**　**有料老人ホーム**は**特定施設**なので、**住所地特例対象施設**となる。この場合は施設に入居するために住所を移したと認められるため、住所地特例が適用される。なお、**賃貸借方式のサービス付き高齢者向け住宅**も、2015年度から、有料老人ホームとして住所地特例対象施設となった。

(2)　**✕**　介護老人福祉施設は介護保険施設なので、住所地特例対象施設であるが、この場合のＢ町の長男宅への転入は**実質的な住所移転**であると認められるため、保険者はＢ町である。なお、親族のところに住所を移しても、一定期間の居住の実態がなければ、保険者が実質的な住所移転と認めずに住所地特例が適用されることもある。

(3)　**✕**　**保険者**であるＡ市に、**転出届**とともに**住所地特例適用届**を提出する。

(4)　**○**　**軽費老人ホーム（ケアハウス）**は**特定施設**であり、**住所地特例対象施設**となるので、最初に入居する前の住所のＡ市が保険者となる。

(5)　**✕**　2014年改正によって、**住所地**（現に入所・入居している市町村）の行う**地域密着型サービス、地域支援事業を利用できる**ようになった。

正解　(1)(4)

被保険者証・資格者証

問題 40　被保険者証について、正しいものを３つ選べ。

(1)　市町村は、すべての被保険者に対し、被保険者証を交付しなければならない。

(2)　被保険者が、要介護認定・要支援認定を受けようとするときには、市町村に被保険者証を提出しなければならない。

(3)　被保険者が、保険給付の対象となるサービスを受けようとするときは、事業者や施設に被保険者証を提示しなければならない。

(4)　被保険者証には有効期限が定められ、期限内に更新しなければならない。

(5)　要介護認定・要支援認定の申請の際には、被保険者証の提出と引き替えに資格者証が発行される。

ポイント解説　　　　　　　　　　　　　📖 上－ P.50～51

被保険者証は、被保険者であることを示す証明書である（全国一律の様式）。被保険者資格を喪失したときは、速やかに市町村に返還する。

(1)　✕　**第１号被保険者**に対しては、原則としてすべての者に、**第２号被保険者**については、要介護認定・要支援認定の申請を行った者と、被保険者証の交付を申請した者に対して交付することになっている。

(2)　○　要介護認定・要支援認定を受けようとするときは、申請書に**被保険者証を添付**して、市町村に申請しなければならない。被保険者証を交付されていない第２号被保険者は、医療保険の被保険者証を提示する。

(3)　○　ただし、緊急等やむを得ない理由で、被保険者証を提示しないで指定居宅介護支援や指定居宅サービスを受けた場合は、**特例居宅介護サービス計画費**や**特例居宅介護サービス費**の支給対象となり、償還払いで給付を受けることができる。

(4)　✕　被保険者証には**有効期間の定めはない**。市町村は、期日を定めて**被保険者証の検認または更新**をすることができると規定している。

(5)　○　**資格者証**（暫定被保険者証）は、原則として認定の申請から認定結果が出るまでの間、被保険者証の代わりに用いられる。

正解　(2)(3)(5)

■被保険者証

（表面）

（一）

介護保険被保険者証

番号	
被保険者 住所	
フリガナ	
氏名	
生年月日	明治・大正・昭和　年　月　日　性別　男・女
交付年月日	令和　年　月　日
保険者番号並びに保険者の名称及び印	

（二）

要介護状態区分等	
認定年月日（事業対象者の場合は、基本チェックリスト実施日）	令和　年　月　日
認定の有効期間	令和　年　月　日～令和　年　月　日
居宅サービス等	区分支給限度基準額　令和　年　月　日～令和　年　月　日　1月当たり
（うち種類支給限度基準額）	サービスの種類　種類支給限度基準額　度基準額
認定審査会の意見及びサービスの種類の指定	

（三）

給付制限

内容	期間
	開始年月日　令和　年　月　日 終了年月日　令和　年　月　日
	開始年月日　令和　年　月　日 終了年月日　令和　年　月　日
	開始年月日　令和　年　月　日 終了年月日　令和　年　月　日

居宅介護支援事業者若しくは介護予防支援事業者及びその事業者の名称又は地域包括支援センターの名称

	届出年月日　令和　年　月　日
	届出年月日　令和　年　月　日
	届出年月日　令和　年　月　日

介護保険施設等

種類	
名称	入所等年月日　令和　年　月　日 退所等年月日　令和　年　月　日
種類	
名称	入所等年月日　令和　年　月　日 退所等年月日　令和　年　月　日

（裏面）

注意事項

一　介護サービスを受けようとするときは、あらかじめ市町村の窓口で要介護認定又は要支援認定を受けてください。

二　介護予防・生活支援サービス事業のサービスを受けようとするときは、あらかじめ基本チェックリストによる確認又は要支援認定を受けてください。

三　介護サービスを受けようとするときは、必ずこの証を事業者又は施設の窓口に提出してください。

四　介護予防・生活支援サービスの事業のサービスを受けようとするときは、必ずこの証を事業提供者に提出してください。

五　認定の有効期限を経過したときは、保険給付を受けられませんので、認定の有効期限を経過する六十日前から三十日前までの間に市町村にこの証を提出し、認定の更新を受けてください。

六　居宅サービス、地域密着型サービス、介護予防サービス又は地域密着型介護予防サービス（以下「居宅サービス等」という。）について、居宅介護支援事業者若しくは介護予防支援事業者に介護サービス計画若しくは介護予防サービス計画の作成を依頼する旨をあらかじめ市町村に届け出た場合又は自らこれらの計画を作成し、市町村に届け出た場合からの事業に限って現物給付となります。これらの手続をしない場合は、市町村からの事業に限って現物給付となります。これらの手続をしない場合は、市町村からの事業後払い（償還払い）になります。

七　居宅サービス等には保険給付の限度額が設定されます。

八　介護サービスを受けるときに支払う金額は、介護サービスに要した費用に別途介護保険負担割合証に示された割合を乗じた金額です（居宅介護支援サービス及び介護予防支援サービスの利用支払額はありません。）。

九　介護予防・生活支援サービス事業のサービスを受けるときに支払う金額は、当該サービスに要した費用のうち市町村が定める割合又は市町村が定める額（事業提供者が額を定める場合においては、当該事業者が定める額）です。

十　認定審査会の意見及びサービスの種類の指定欄に記載がある場合は、記載事項に留意してください。利用できるサービスの種類の指定がある場合は、当該サービス以外の保険給付を受けられません。

十一　被保険者の資格がなくなったときは、直ちに、この証を市町村に返してください。

十二　この証の表面の記載事項に変更があったときは、十四日以内に、この証を添えて、市町村にその旨を届け出てください。

十三　不正にこの証を使用した者は、用法により詐欺として懲罰の処分を受けます。

十四　特別の事情がないのに保険料を滞納した場合、給付を市町村から事後に支払うとする措置（支払方法変更）、利用時支払額を三割（介護保険負担割合証に記載の「利用者負担割合」欄に記載された割合が三割である場合は四割）とする措置、給付額減額等を受けることがあります。

備考
1　この証の大きさは、縦128ミリメートル、横273ミリメートルとし、点線の箇所から三つ折とすること。
2　必要があるときは、各欄の配置を著しく変更することとなくその他所要の変更を加えることとその他所要の調整を加えることができること。

58

要介護認定・要支援認定

問題 41 要介護認定・要支援認定について、正しいものを2つ選べ。

(1) 被保険者が保険給付を受けるためには、原則としてあらかじめ保険者による要介護認定または要支援認定を受けなければならない。

(2) 要介護認定・要支援認定は、介護支援専門員からの申請に基づいて、介護認定審査会が行う。

(3) 要介護認定・要支援認定は、地域性を考慮して市町村ごとの基準に基づいて行われる。

(4) 要介護認定・要支援認定では、要介護者・要支援者に該当するか否かだけでなく、その程度についても認定する。

(5) 要支援認定の審査・判定は、地域包括支援センターが行う。

ポイント解説　　　　　　　　　　　　　　　　📖上－ P.71〜83

(1) ◯　保険給付を受けるためには、**あらかじめ要介護認定または要支援認定を受けて、ケアプランを作成するというプロセスを経なければならない。

(2) ✕　要介護認定・要支援認定は、**被保険者からの申請**に基づいて、**市町村**が行う。居宅介護支援事業所の介護支援専門員は、申請の代行をすることはできるが、申請を行うのは被保険者である。また、介護認定審査会は審査・判定を行うが、認定の決定は市町村が行う。

(3) ✕　市町村は、国が作成した**全国一律の客観的基準**に基づいて、要介護認定・要支援認定を行う。

(4) ◯　市町村は、要介護状態・要支援状態にあるかどうかに加え、その程度（**要介護状態区分・要支援状態区分**）も同時に認定する。この要介護状態区分・要支援状態区分に応じて、居宅の場合の保険給付の支給限度基準額、施設の場合の保険給付額が設定されることになる。

(5) ✕　要支援認定の審査・判定は、要介護認定と同じく、**介護認定審査会**で行う。

正解　(1)(4)

要介護状態・要介護者

問題 42　要介護状態と要介護者について、正しいものを2つ選べ。

(1)　要介護状態とは、身体上または精神上の障害があるために、入浴、排泄、食事等の日常生活における基本的な動作の全部または一部について、厚生労働省令で定める期間にわたり継続して、常時介護を要すると見込まれる状態である。

(2)　認定を申請する時点で常時介護を要する状態である65歳以上の者は、すべて要介護者として認定される。

(3)　要介護状態は5段階に区分され、要介護1は介護を必要とする程度が最も高いものである。

(4)　要支援者と同等の介護の必要度であっても、予防給付の利用が困難な場合は、要介護者に認定されることがある。

(5)　要介護状態にある40歳以上の者は、すべて要介護者となる。

ポイント解説　　　　　　　　　　　　📖上－ P.71〜72

(1)　○　**要介護状態**は、記述のような状態であって、要介護状態区分のいずれかに該当するものである。「省令で定める期間」は**6か月**である。

(2)　✕　(1)にあるように、要介護状態が**一時的なけがや病気によるもの**で、短期間で回復が見込まれるものであれば、**認定されない**ことになる。

(3)　✕　要介護状態区分は**要介護1〜5**の5段階に区分され、**介護を必要とする程度が最も高いのは要介護5**である。

(4)　○　介護の必要度が**要支援2**と同等の段階にあっても、疾病や外傷により心身の状態が安定していない状態にある場合や、認知症によって予防給付の利用が困難な場合等は、**要介護1**に認定される。

(5)　✕　**65歳以上の者（第1号被保険者）**については、**要介護状態にある者はすべて要介護者**となるが、40歳以上65歳未満の者（第2号被保険者）については、要介護状態の原因である身体上または精神上の障害が、加齢に伴って生ずる心身の変化に起因する疾病（政令で定める**特定疾病**）によるものに限定されている（特定疾病については問題43・44を参照のこと）。

正解　(1)(4)

要支援状態・要支援者

> **問題 43** 要支援状態と要支援者について、正しいものを3つ選べ。
>
> (1) 要支援状態には、要支援1の状態区分に対応した状態と、要支援2の状態区分に対応した状態がある。
>
> (2) 支援の必要の程度が要介護1と同等であっても、予防給付や地域支援事業の利用による状態の維持・改善の可能性が低い場合は、要支援2に認定される。
>
> (3) 要支援状態にある65歳以上の者は、すべて要支援者となる。
>
> (4) 要支援状態にある40歳以上65歳未満の者は、すべて要支援者となる。
>
> (5) 介護保険では、要介護状態・要支援状態の原因である疾病のうち、16の疾病を特定疾病として定めている。

ポイント解説　　　　　　　　　　　　　　📖 上－ P.71〜72

(1) ◯　**要支援1**の状態区分に対応した状態は、**6か月にわたり継続して日常生活を営むのに支障があると見込まれる状態**と定義されている。これに対して、**要支援2**の状態区分に対応した状態は、**6か月にわたり継続して常時介護を要する状態の軽減もしくは悪化の防止に特に資する支援を要すると見込まれる状態**とされている。

(2) ✕　要支援2と要介護1は、支援の必要の程度を測る「要介護認定等基準時間」が同じ段階に属している（問題55参照）。**状態の維持・改善の可能性**が高い場合に、**要支援2**と認定される。

(3) ◯　要支援状態にある第1号被保険者は、すべて要支援者となる。

(4) ✕　第2号被保険者の場合は、要介護者と同様、要支援状態が特定疾病によって生じたものに限られる。

(5) ◯　**特定疾病**は、「**加齢に伴って生ずる**心身の変化に起因する疾病」である。特定疾病は、①心身の病的な加齢現象との医学的関係がある疾病であること、②罹患率・有病率等について加齢との関係が認められ、医学的概念が明確に定義できること、③継続して要介護状態等となる割合が高いと考えられること、の3条件を満たすものとされる。

正解　(1)(3)(5)

特定疾病

問題 44 次の中から、介護保険の特定疾病を3つ選べ。

(1) 関節リウマチ
(2) 骨粗鬆症
(3) 慢性閉塞性肺疾患
(4) 糖尿病
(5) がん末期

ポイント解説　　　　　　　　　　　　　　📖上－ P.72

介護保険法施行令では、**特定疾病**として、次のものを定めている。

① がん末期
② 関節リウマチ
③ 筋萎縮性側索硬化症（ALS）
④ 後縦靱帯骨化症
⑤ 骨折を伴う骨粗鬆症
⑥ 初老期における認知症
⑦ 進行性核上性麻痺、大脳皮質基底核変性症およびパーキンソン病
⑧ 脊髄小脳変性症
⑨ 脊柱管狭窄症
⑩ 早老症
⑪ 多系統萎縮症
⑫ 糖尿病性神経障害、糖尿病性腎症および糖尿病性網膜症
⑬ 脳血管疾患
⑭ 閉塞性動脈硬化症（ASO）
⑮ 慢性閉塞性肺疾患（COPD）
⑯ 両側の膝関節または股関節に著しい変形を伴う変形性関節症

　従って、選択肢(1)(3)(5)は正しい。(2)(4)については、上記の⑤と⑫のように、骨粗鬆症や糖尿病そのものが特定疾病であるわけではない。

正解 (1)(3)(5)

■要介護認定・要支援認定の主な流れ

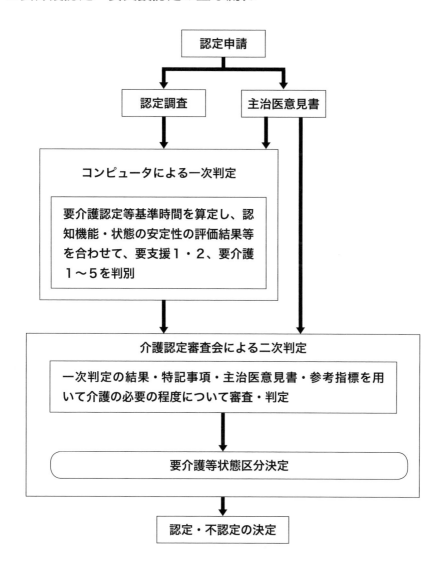

```
              ┌──────────┐
              │  認定申請  │
              └──────────┘
          ┌────────┴────────┐
    ┌──────────┐      ┌────────────┐
    │  認定調査  │      │  主治医意見書  │
    └──────────┘      └────────────┘
          │                  │
┌───────────────────────┐     │
│  コンピュータによる一次判定      │     │
│ ┌──────────────────┐  │     │
│ │要介護認定等基準時間を算定し、認│  │     │
│ │知機能・状態の安定性の評価結果等│  │     │
│ │を合わせて、要支援1・2、要介護 │  │     │
│ │1～5を判別           │  │     │
│ └──────────────────┘  │     │
└───────────────────────┘     │
          │                  │
┌──────────────────────────────────┐
│  介護認定審査会による二次判定              │
│ ┌──────────────────────────────┐ │
│ │一次判定の結果・特記事項・主治医意見書・参考指標を用│ │
│ │いて介護の必要の程度について審査・判定       │ │
│ └──────────────────────────────┘ │
│ ┌──────────────────────────────┐ │
│ │        要介護等状態区分決定          │ │
│ └──────────────────────────────┘ │
└──────────────────────────────────┘
          │
    ┌────────────┐
    │ 認定・不認定の決定 │
    └────────────┘
```

認定申請

問題 **45** 要介護認定等の手続きについて、正しいものを３つ選べ。

(1) 認定の申請は、市町村に対して、申請書に被保険者証を添えて行う。

(2) 認定の申請書には、氏名等のほか、主治医があるときはその氏名等を記載する。

(3) 認定の申請は、指定居宅介護支援事業者が代行することができる。

(4) 認定の申請を民生委員等に代理させることはできない。

(5) 申請前に利用したサービスは、いかなる理由があっても保険給付の対象にならない。

ポイント解説 　　　　　　　　　　　　　　　📖 上－ P.73〜75

(1) **○** **認定の申請は、申請書に被保険者証を添付して行う**。ただし、**第２号被保険者**については、ふつう被保険者証を持たないので、加入する**医療保険の被保険者証を提示**する。

(2) **○** 後述する**主治医意見書を作成するため**である。**第２号被保険者**の場合は、主治医の氏名等のほか、**特定疾病の名称**等も記載する。

(3) **○** **認定の申請は、本人が行うのが原則**であるが、**指定居宅介護支援事業者に代行させることもできる**。法令によって代行が認められているのは、**指定居宅介護支援事業者、介護保険施設、地域密着型介護老人福祉施設**（これらは過去に認定申請に係る援助義務違反のないことが条件）、**地域包括支援センター**である。

(4) **✕** **申請の代理や代行**は、**家族・親族**のほか、**成年後見人・民生委員・社会保険労務士**などが行うことができる。

(5) **✕** **緊急やむを得ない理由**によりサービスを受けた場合、市町村が必要と認めれば、**認定申請前であっても保険給付が行われる**。この場合、**特例サービス費**が支給される。「認定」という保険給付の要件を満たしてはいないが、市町村が特例として認めるものである。

正解 (1)(2)(3)

認定調査(1)

> **問題 46** 認定調査について、正しいものを2つ選べ。
> (1) 申請を受けた市町村は、市町村の職員に認定調査を行わせる。
> (2) 新規認定において、市町村は、指定居宅介護支援事業者や介護保険施設等に認定調査を委託することができる。
> (3) 市町村の職員として認定調査の業務を行うためには、介護支援専門員の資格が必要である。
> (4) 遠隔地に居住する被保険者に係る認定調査については、居住する市町村に調査を嘱託することができる。
> (5) 指定居宅介護支援事業所の介護支援専門員は、認定調査の研修を受けることにより、新規認定の認定調査を行うことができる。

ポイント解説　　　　　　　　　　　　　📖 上－ P.75〜77

(1) ○　**市町村の職員**は被保険者に面接し、その心身の状況や置かれている環境、被保険者の病状および現に受けている医療の状況についての調査を行う（**認定調査**）。

(2) ✕　**新規認定**においては、その適正を期するため、指定居宅介護支援事業者や介護保険施設への**認定調査の委託は認められない**。新規認定の調査を委託できる先は**指定市町村事務受託法人**のみである。なお、**更新認定**や**変更認定**に係る認定調査は、指定居宅介護支援事業者や介護保険施設等への委託が認められている。

(3) ✕　必ずしも介護支援専門員である必要はない。認定調査の研修を受けた福祉事務所のケースワーカーや保健センターの保健師等が、市町村の職員として認定調査を行う。

(4) ○　例えば、自宅から住所を移してはいないが、しばらく他県に住む子の家に滞在しているというケースが考えられる。

(5) ✕　指定居宅介護支援事業所の介護支援専門員は、地方自治体の行う認定調査員研修を受けることで、更新認定・変更認定に係る認定調査を行うことはできるが、**新規認定の認定調査を行うことはできない**。

正解　(1)(4)

認定調査⑵

問題 47 認定調査について、正しいものを３つ選べ。

(1) 市町村は、その職員を必ず被保険者に面接させて調査を行わなければ ならない。

(2) 認定調査は、被保険者と介護者である家族の日常生活の状況を中心に 行われる。

(3) 更新認定に係る調査を委託された指定居宅介護支援事業者の介護支援 専門員には、公務員と同様の守秘義務が課される。

(4) 更新認定に係る調査は、指定市町村事務受託法人には委託できない。

(5) 被保険者が認定調査に応じない場合には、申請は却下される。

ポイント解説　　　　　　　　　　　　　📖上－ P.75〜77

(1) **○** 市町村の職員による認定調査は、**被保険者に面接して行う**。家族 のみに面接して行ったり、電話や書類のやりとりで行ったりするのは不 可である。

(2) **✕** **調査する事項**は、**被保険者本人の心身の状況**、**置かれている環境**、 **病状および現に受けている医療の状況**である。日常生活の状況を中心に 調査するものではない。

(3) **○** 更新認定の調査を受託するためには、運営基準に定める利益の収 受・供与の禁止に違反したことがないことが求められる。そして、刑法 その他の罰則の適用については**公務員とみなされる**。

(4) **✕** **指定市町村事務受託法人**には、新規認定だけでなく、**更新認定**や **変更認定**の認定調査も委託できる。

(5) **○** 記述のほか、被保険者に主治医がいない場合は、市町村の指定す る医師または市町村の職員である医師の診断を受ける必要があるが、こ れに応じない場合も申請は却下される。

正解 (1) (3) (5)

認定調査(3) 指定市町村事務受託法人

> **問題 48** 指定市町村事務受託法人について、正しいものを3つ選べ。
> (1) 指定市町村事務受託法人の指定は、市町村長が行う。
> (2) 市町村は、新規認定の認定調査を指定市町村事務受託法人に委託することができる。
> (3) 市町村から認定調査の委託を受けた指定市町村事務受託法人は、介護支援専門員などにその調査を行わせる。
> (4) 指定市町村事務受託法人が市町村から委託を受けて行う事務は、認定調査に限られる。
> (5) 介護支援専門員を含む指定市町村事務受託法人の役員や職員は、正当な理由なしに、受託事務で知り得た秘密を漏らしてはならない。

ポイント解説　　　　　　　　　　　　　　📖 上-P.75〜76

(1) ✕　**指定市町村事務受託法人**を指定するのは**都道府県知事**である。

(2) ◯　**新規認定の認定調査**は、原則として市町村が行うことになっているが、**指定市町村事務受託法人**に調査を委託することができる。また、更新認定・変更認定の場合に限り、指定居宅介護支援事業者や介護保険施設等に委託することもできる。

(3) ◯　法第24条の2第2項に「介護支援専門員その他厚生労働省令で定める者」とある。**介護支援専門員**が行うことが基本であるが、介護支援専門員以外の保健・医療・福祉の専門的知識を有している者も行うことができる。

(4) ✕　指定市町村事務受託法人は、認定調査のほかに、**サービス担当者に対して文書の提出を求める事務**なども行う。

(5) ◯　また、指定市町村事務受託法人の役員や職員は、刑法その他の罰則の適用に関しては、**公務員とみなされる**。

正解　(2)(3)(5)

認定調査⑷　認定調査票

問題 49　認定調査について、正しいものを３つ選べ。

(1)　認定調査に用いられる認定調査票は、全国一律の様式である。

(2)　認定調査票は、概況調査と基本調査で構成されている。

(3)　基本調査の記入は、記述式で行われる。

(4)　概況調査の内容は、一次判定に反映されない。

(5)　特記事項は、基本調査の項目について、選択式では表現しきれない事項について記述式で記入するもので、主に二次判定に反映される。

ポイント解説　　　　　　　　　　　　　　　　📖 上－ P.75〜76

(1)　**○**　認定調査で用いられる**認定調査票の様式**は、**厚生労働省の告示**（要介護認定等基準時間の推計の方法）に定められている。認定調査員は、「認定調査票記入の手引き」に従って、正しく記入していく。

(2)　**✕**　認定調査票は、**概況調査**、**基本調査**、**特記事項**の３つから構成されている。

(3)　**✕**　**基本調査**の記入は、複数の選択肢から１つまたは複数を選択する方式で行われる。その結果が**一次判定においてコンピュータ処理**され、**要介護認定等基準時間が算出**されることになる。

(4)　**○**　**概況調査**は、調査対象者が現在置かれている状況、サービスの利用状況などについて行われるが、その内容は**一次判定には用いられない**。なお、一次判定の結果を介護認定審査会に通知する介護認定審査会資料（P.78）には、「現在のサービス利用状況」欄があり、サービスの利用について介護認定審査会が附帯意見を述べる際の資料となる。

(5)　**○**　**特記事項**は、一次判定の結果や主治医意見書とともに、介護認定審査会に通知され、**主に二次判定に際して利用される**。

正解　(1)(4)(5)

認定調査⑸　認定調査票の項目

問題 50　認定調査票の基本調査の項目について、正しいものを3つ選べ。

⑴　「身体機能・起居動作に関連する項目」では、基本動作を含む13の個別項目について調査される。

⑵　買い物や簡単な調理、金銭の管理は、「生活機能に関連する項目」として調査される。

⑶　認知症の中核症状や行動・心理症状は、「認知機能に関連する項目」と「精神・行動障害に関連する項目」において調査される。

⑷　「特別な医療に関連する項目」では、過去14日間に受けた12の特別な医療について回答する。

⑸　寝たきり度については調査されるが、認知症高齢者の日常生活自立度については、調査されない。

ポイント解説　　　　　　　　　　　　　　　　　📖上－ P.76

認定調査票の**基本調査**の項目は、次ページのとおりである。

⑴　〇　「**身体機能・起居動作に関連する項目**」には、**基本動作**（寝返り・起き上がり・座位保持・立ち上がり・両足での立位保持・片足での立位保持・歩行）のほか、**麻痺等**や**拘縮**の有無、**洗身**、**つめ切り**、**視力**、**聴力**の13の項目が含まれる。

⑵　✕　買い物、簡単な調理、金銭の管理は、薬の内服、日常の意思決定、集団への不適応とともに「**社会生活への適応に関連する項目**」に含まれる。「**生活機能に関連する項目**」では、移乗、移動、嚥下、食事摂取、排尿、排便、口腔清潔、洗顔、整髪、上衣の着脱、ズボン等の着脱、外出頻度が調査される。

⑶　〇　「**認知機能に関連する項目**」には、記憶や状況の理解に関するもののほか、徘徊や外出して戻れないが含まれ、「**精神・行動障害に関連する項目**」には、15のさまざまな精神・行動障害が含まれている。

⑷　〇　点滴の管理や経管栄養、褥瘡の処置など**12の特別な医療**について答える。

⑸　✕　障害高齢者の日常生活自立度（寝たきり度）とともに、**認知症高齢者の日常生活自立度**についても調査される。　　**正解**　⑴⑶⑷

■認定調査票の基本調査の項目

1 身体機能・起居動作に関連する項目
・麻痺等の有無　・拘縮の有無　・寝返り　・起き上がり　・座位保持
・両足での立位保持　・歩行　・立ち上がり　・片足での立位保持　・洗身
・つめ切り　・視力　・聴力

2 生活機能に関連する項目
・移乗　・移動　・嚥下　・食事摂取　・排尿　・排便　・口腔清潔　・洗顔
・整髪　・上衣の着脱　・ズボン等の着脱　・外出頻度

3 認知機能に関連する項目
・意思の伝達　・毎日の日課を理解する　・生年月日や年齢を言う　・短期記憶
・自分の名前を言う　・今の季節を理解する　・場所の理解　・徘徊
・外出して戻れない

4 精神・行動障害に関連する項目
・被害的になる　・作話をする　・感情が不安定になる　・昼夜逆転
・しつこく同じ話をする　・大声を出す　・介護に抵抗する　・落ち着きがない
・一人で出たがり目が離せない　・いろいろなものを集めたり、無断でもってくる
・物や衣類を壊す　・ひどい物忘れ　・意味もなく独り言・独り笑いをする
・自分勝手に行動する　・話がまとまらず、会話にならない

5 社会生活への適応に関連する項目
・薬の内服　・金銭の管理　・日常の意思決定　・集団への不適応　・買い物
・簡単な調理

6 特別な医療に関連する項目
・過去14日間に受けた特別な医療
　　処 置 内 容　点滴の管理、中心静脈栄養、透析、ストーマ（人工肛門）の処置、
　　　　　　　　酸素療法、レスピレーター（人工呼吸器）、気管切開の処置、疼痛
　　　　　　　　の看護、経管栄養
　　特 別 な 対 応　モニター測定（血圧、心拍、酸素飽和度等）、褥瘡の処置、カテ
　　　　　　　　ーテル（コンドームカテーテル、留置カテーテル、ウロストーマ
　　　　　　　　等）

7 日常生活自立度に関連する項目
・障害高齢者の日常生活自立度（寝たきり度）
・認知症高齢者の日常生活自立度

主治医意見書(1)

問題 51　主治医意見書について、正しいものを2つ選べ。

(1)　認定の申請を受けた市町村は、職員による認定調査と併せて、被保険者の主治の医師から、医学的な意見を求める。

(2)　主治医意見書は、診断書をもってこれに代えることができる。

(3)　被保険者に主治医がいない場合には、市町村の指定する医師またはその市町村の職員である医師の診断を受けなければならない。

(4)　主治医は、主治医意見書においてサービスの利用に関して意見を述べることはない。

(5)　主治医意見書は、二次判定に際しての重要な資料であり、その内容が一次判定に用いられることはない。

ポイント解説　　　　　　　　　　　　　　　　　📖 上－ P.77〜78

(1)　**○**　被保険者の身体上・精神上の障害の原因である疾病・負傷の状況等についての**医学的な意見を求める**ものとされる。これを**主治医意見書**といい、認定に際して必ず行わなければならない。

(2)　**✕**　**主治医意見書の様式**は、厚生労働省通知「要介護認定等の実施について」別添3に定められ、**全国一律**のものである。主治医は「主治医意見書記入の手引き」に従って、主治医意見書を作成し市町村に提出する。診断書をもってこれに代えることは**できない**。

(3)　**○**　主治医意見書は認定に必須のものであり、これが省略されることはない。

(4)　**✕**　主治医意見書には「**生活機能とサービスに関する意見**」欄があり、サービス利用による生活機能の維持・改善の見通し、サービス提供時における医学的観点からの留意事項などについて意見を記入する（P.74参照）。

(5)　**✕**　介護認定審査会が**二次判定**を行う際の重要な資料ではあるが、その一部（認知症高齢者の日常生活自立度）は、**一次判定で要支援2と要介護1を振り分けるための資料**としても利用される。

正解　(1)(3)

主治医意見書⑵

問題 52 主治医意見書について、正しいものを３つ選べ。

(1) 「傷病に関する意見」欄には、特定疾病または生活機能低下の直接の原因となっている傷病についてのみ記載し、その他の傷病については記載しない。

(2) 「心身の状態に関する意見」欄では、認知症の中核症状について選択式で記載するが、認知症の行動・心理症状については記載しない。

(3) 「生活機能とサービスに関する意見」欄では、移動、栄養・食生活、現在あるか今後発生の可能性の高い状態とその対処方針など、７項目について意見を述べる。

(4) 要介護認定や介護サービス計画作成時に必要な意見は、「特記すべき事項」欄に記述する。

(5) 介護支援専門員が、主治医意見書を居宅サービス計画の作成に利用するには、意見書を作成した主治医の同意が必要である。

ポイント解説　　　　　　　　　　　　　　　📖 上－ P.77～78

(1) **✕** 「**傷病に関する意見**」には、特定疾病または生活機能低下の直接の原因となっている傷病については、その経過および治療内容を記述するが、**その他の傷病についても傷病名を記載する**（次ページ参照）。

(2) **✕** **認知症の行動・心理症状**（認知症以外の疾患による同様の症状を含む）についても、選択式でチェックが行われる。

(3) **○** 記述の３項目と、サービス利用による生活機能の維持・改善の見通し、医学的管理の必要性、サービス提供時における医学的観点からの留意事項、感染症の有無である。

(4) **○** 主治医によるこの意見をもとにした**介護認定審査会の意見**は、被保険者が留意すべき事項として被保険者証に記載されたり、市町村による利用できるサービスの指定になったりする。

(5) **○** 主治医意見書には、「主治医として、本意見書が**介護サービス計画作成等に利用**されることに　□　同意する。　□　同意しない。」という記載がある。

正解 (3) (4) (5)

■主治医意見書

申請者	（ふりがな）	男・女	〒　　　―
	明・大・昭　　　年　　月　　日生（　　歳）		連絡先　　　（　　）

上記の申請者に関する意見は以下の通りです。
主治医として、本意見書が介護サービス計画作成等に利用されることに　□　同意する。　□　同意しない。

医師氏名 _____

医療機関名 _____	電話　　　（　　）
医療機関所在地 _____	ＦＡＸ　　（　　）

(1)	最終診察日	令和　　　　年　　　　　月　　　　　日
(2)	意見書作成回数	□初回　□2回目以上
(3)	他科受診の有無	□有　　□無 （有の場合）→□内科　□精神科　□外科　□整形外科　□脳神経外科 □皮膚科　□泌尿器科　□婦人科　□眼科　□耳鼻咽喉科 □リハビリテーション科　□歯科　□その他（　　　　　　　　）

1．傷病に関する意見

(1)　診断名（特定疾病または生活機能低下の直接の原因となっている傷病名については1．に記入）及び発症年月日

　　1. _____　　　発症年月日　（昭和・平成・令和　　　年　　　月　　　日頃）
　　2. _____　　　発症年月日　（昭和・平成・令和　　　年　　　月　　　日頃）
　　3. _____　　　発症年月日　（昭和・平成・令和　　　年　　　月　　　日頃）

(2)　症状としての安定性　　　　　　　□安定　　　□不安定　　　□不明

（「不安定」とした場合、具体的な状況を記入）

(3)　生活機能低下の直接の原因となっている傷病または特定疾病の経過及び投薬内容を含む治療内容
　　〔最近（概ね6か月以内）介護に影響のあったもの及び特定疾病についてはその診断の根拠等について記入〕

2．特別な医療（過去14日間以内に受けた医療のすべてにチェック）

処置内容	□点滴の管理　　□中心静脈栄養　□透析　□ストーマの処置　□酸素療法 □レスピレーター　□気管切開の処置　　□疼痛の看護　　□経管栄養
特別な対応	□モニター測定（血圧、心拍、酸素飽和度等）　□褥瘡の処置
失禁への対応	□カテーテル（コンドームカテーテル、留置カテーテル　等）

3．心身の状態に関する意見

(1)　日常生活の自立度等について

・障害高齢者の日常生活自立度（寝たきり度）　□自立　□J1　□J2　□A1　□A2
　　　　　　　　　　　　　　　　　　　　　□B1　□B2　□C1　□C2
・認知症高齢者の日常生活自立度　　　　　　□自立　□Ⅰ　□Ⅱa　□Ⅱb　□Ⅲa
　　　　　　　　　　　　　　　　　　　　　□Ⅲb　□Ⅳ　□M

(2)　認知症の中核症状（認知症以外の疾患で同様の症状を認める場合を含む）

・短期記憶　　　　　　　　　　　　　□問題なし　　□問題あり
・日常の意思決定を行うための認知能力　□自立　□いくらか困難　□見守りが必要　□判断できない
・自分の意思の伝達能力　　　　　　　□伝えられる　□いくらか困難　□具体的要求に限られる
　　　　　　　　　　　　　　　　　　□伝えられない

(3)　認知症の行動・心理症状（BPSD）（該当する項目全てチェック：認知症以外の疾患で同様の症状を認める場合を含む）
　□無　□有　┌ □幻視・幻聴　□妄想　□昼夜逆転　□暴言　□暴行　□介護への抵抗　□徘徊
　　　　　　└ □火の不始末　□不潔行為　□異食行動　□性的問題行動　□その他（　　　　　　　）

(4)　その他の精神・神経症状
　□無　□有　→ 症状名：　　　　　　　　　　　専門医受診の有無　□有（　　科）　□無

(5)　身体の状態
　　利き腕（□右　□左）身長＝□□□cm　体重＝□□□kg（過去６か月の体重の変化　□増加　□維持　□減少）

　　　　□四肢欠損　　　　（部位：＿＿＿＿＿＿＿＿＿＿＿＿＿＿）
　　　　□麻痺　　　　　□右上肢（程度：□軽　□中　□重）　□左上肢（程度：□軽　□中　□重）
　　　　　　　　　　　　□右下肢（程度：□軽　□中　□重）　□左下肢（程度：□軽　□中　□重）
　　　　　　　　　　　　□その他（部位：　　　　　　　程度：□軽　□中　□重）
　　　　□筋力の低下　　　　（部位：＿＿＿＿＿＿＿＿＿＿＿程度：□軽　□中　□重）
　　　　□関節の拘縮　　　　（部位：＿＿＿＿＿＿＿＿＿＿＿程度：□軽　□中　□重）
　　　　□関節の痛み　　　　（部位：＿＿＿＿＿＿＿＿＿＿＿程度：□軽　□中　□重）
　　　　□失調・不随意運動　・上肢　□右　□左　・下肢　□右　□左　・体幹　□右　□左
　　　　□褥瘡　　　　　　　（部位：＿＿＿＿＿＿＿＿＿＿＿程度：□軽　□中　□重）
　　　　□その他の皮膚疾患　（部位：＿＿＿＿＿＿＿＿＿＿＿程度：□軽　□中　□重）

４．生活機能とサービスに関する意見

(1)　移動
　　屋外歩行　　　　　　　　　□自立　　　　　□介助があればしている　　　□していない
　　車いすの使用　　　　　　　□用いていない　□主に自分で操作している　　□主に他人が操作している
　　歩行補助具・装具の使用（複数選択可）　□用いていない　□屋外で使用　□屋内で使用

(2)　栄養・食生活
　　食事行為　　　　　　□自立ないし何とか自分で食べられる　　□全面介助
　　現在の栄養状態　　　□良好　　　　　　　　　　　　　　　　□不良
　→　栄養・食生活上の留意点（　　　　　　　　　　　　　　　　　　　　　　　　　　　　　　）

(3)　現在あるかまたは今後発生の可能性の高い状態とその対処方針
　　□尿失禁　□転倒・骨折　□移動能力の低下　□褥瘡　　□心肺機能の低下　□閉じこもり
　　□意欲低下　□徘徊　□低栄養　□摂食・嚥下機能低下　□脱水　□易感染性
　　□がん等による疼痛　　□その他（　　　　　　　　　　）
　→　対処方針（　　　　　　　　　　　　　　　　　　　　　　　　　　　　　　　　　　　　　　）

(4)　サービス利用による生活機能の維持・改善の見通し
　　　　　　　　□期待できる　　　□期待できない　　　　　　□不明

(5)　医学的管理の必要性（特に必要性の高いものには下線を引いて下さい。予防給付により提供されるサービスを含みます。）
　　□訪問診療　□訪問看護　□訪問歯科診療　□訪問薬剤管理指導　□訪問リハビリテーション　□短期入所療養介護
　　□訪問歯科衛生指導　□訪問栄養食事指導　□通所リハビリテーション　□老人保健施設　□介護医療院
　　□その他の医療系サービス（　　　　　　　　　　　　　　　　　）　□特記すべき項目なし

(6)　サービス提供時における医学的観点からの留意事項（該当するものを選択するとともに、具体的に記載）
　　□血圧（　　　　　　　　　）□摂食（　　　　　　）　□嚥下（　　　　　　　　　）
　　□移動（　　　　　　　　　）□運動（　　　　　　）　□その他（　　　　　　　　）
　　□特記すべき項目なし

(7)　感染症の有無（有の場合は具体的に記入して下さい）
　　□無　│　□有（　　　　　　　　　　　　　　　）　　　□不明

５．特記すべき事項
　　　要介護認定及び介護サービス計画作成時に必要な医学的なご意見等を見守りに影響を及ぼす疾病の状況等の留意点を含め記載
　　して下さい。特に、介護に要する手間に影響を及ぼす事項について記載して下さい。なお、専門医等に別途意見を求めた場合
　　はその内容、結果も記載して下さい。（情報提供書や障害者手帳の申請に用いる診断書等の写しを添付して頂いても結構です。）

一次判定と二次判定の概略

問題 53　一次判定と二次判定について、正しいものを２つ選べ。

(1)　介護認定審査会は、認定調査の結果と主治医意見書をもとに、コンピュータに必要事項を入力し、一次判定を行う。

(2)　都道府県は、一次判定用ソフトウェアを開発し市町村に配布する。

(3)　市町村は、一次判定の結果を介護認定審査会資料としてまとめ、介護認定審査会に通知し、審査・判定を求める。

(4)　介護認定審査会は、要介護状態・要支援状態に該当するか否か、該当する要介護状態区分・要支援状態区分の２つについてのみ審査・判定を行う。

(5)　基本調査の内容と、特記事項や主治医意見書の内容に不整合がないかの確認も行われる。

ポイント解説　　　　　　　　　　　　　　　📖 上－ P.77〜82

(1)　**✕**　**一次判定**を行うのは、保険者である**市町村**である。**介護認定審査会**は、一次判定の結果をもとに、**審査・判定（二次判定）**を行う。

(2)　**✕**　**一次判定用ソフトウェア**は全国一律のもので、**国が開発**して市町村に配布する。制度発足以来、数度の変更・改良が行われている。

(3)　**○**　**一次判定の結果**は、**介護認定審査会資料**（P.78）としてまとめられ、**介護認定審査会に通知**される。その際には、認定調査票の特記事項、主治医意見書も併せて通知される。

(4)　**✕**　記述の２つの事項だけでなく、**第２号被保険者**については、**要介護状態・要支援状態の原因が特定疾病であるかどうか**の審査・判定も行う。

(5)　**○**　基本調査の内容と、特記事項や主治医意見書の内容に、明らかな不整合が認められる場合は、**再調査**が行われることもある。

正解　(3)(5)

一次判定⑴

問題 54 一次判定について、正しいものを３つ選べ。

(1) 一次判定は、介助等に係る５つの分野に区分された行為についての要介護認定等基準時間の算定により行われる。

(2) 要介護認定等基準時間は、実際に行われている介護時間を反映したものである。

(3) 要介護認定等基準時間は、１分間タイムスタディによって得られた推計値をもとにしている。

(4) コンピュータは、樹形モデルを用いて、調査項目によるできる・できないなどの分岐と、中間評価項目の個人別得点による分岐を用いて、要介護認定等基準時間を算出する。

(5) 一次判定では、要介護認定等基準時間を算出するにとどまり、要介護状態区分・要支援状態区分は判定されない。

ポイント解説　　　　　　　　　　　　　　　　　　 📖 上－ P.77〜81

(1) **○**　**５つの分野の行為**とは、**直接生活介助**、**間接生活介助**、**認知症の行動・心理症状関連行為**、**機能訓練関連行為**、**医療関連行為**である。基本調査の項目をコンピュータに入力することにより、これらの分野ごとに介助等に要する時間が推計され、その合計が**要介護認定等基準時間**として算出される。

(2) **✕**　家庭等で実際に行われている介護に要する時間ではなく、介護の必要性を判断するための尺度として推計された基準である。

(3) **○**　**１分間タイムスタディ**の推計値とは、１分間タイムスタディという調査法によって得られた調査対象者のデータの平均値である。

(4) **○**　**中間評価項目**は、**身体機能・起居動作**、**生活機能**、**認知機能**、**精神・行動障害**、**社会生活への適応**の５つに群分けされ、基本調査の項目が得点化されたものである。

(5) **✕**　**一次判定結果**として、**状態区分**も判定される。

正解　(1)(3)(4)

一次判定(2) 要介護認定等基準時間

問題 55 要介護認定等基準時間について、正しいものを3つ選べ。

(1) 要介護状態区分・要支援状態区分は、要介護認定等基準時間によって区分される。

(2) 要介護状態は、要介護1～5の5段階に区分される。

(3) 要支援状態は、要支援1・2の2段階に区分される。

(4) 要支援1と要支援2は、要介護認定等基準時間が同じ段階に属する。

(5) 要介護認定等基準時間が25分未満でも、要支援状態と認められる。

ポイント解説　　　　　　　　　　　　　　　　📖 上－ P.77～80

　要介護状態区分・要支援状態区分は、**要介護認定等基準時間で定義され**、それぞれ次のようである状態またはこれに相当する状態とされている。

要支援1	25分以上32分未満
要支援2	32分以上50分未満
要介護1	32分以上50分未満
要介護2	50分以上70分未満
要介護3	70分以上90分未満
要介護4	90分以上110分未満
要介護5	110分以上

　これを見ると、**要支援2と要介護1は要介護認定等基準時間が同じ段階に属している**。32分以上50分未満の段階に属する者のうち、「**継続して常時介護を要する状態の軽減または悪化の防止に特に資する支援を要すると見込まれた**」者が要支援2とされ、それに該当しない者は要介護1とされる。これは、認定調査票の「日常生活自立度に関連する項目（認知症高齢者の日常生活自立度）」や、主治医意見書の認知症高齢者の日常生活自立度などをもとに、コンピュータで振り分けられる。

　従って、選択肢(1)(2)(3)は正しい。(4)の要介護認定等基準時間が同じ段階に属するのは要支援2と要介護1である。(5)の場合は、非該当（自立）と判定される。

正解 (1)(2)(3)

介護認定審査会資料

令和3年4月15日　作成
令和3年4月1日　申請
令和3年4月7日　調査
令和3年4月21日　審査

合議体番号：000666　No.　1

被保険者区分：第1号被保険者　年齢：85歳　性別：男　現在の状況：居宅（施設利用なし）
申請区分　：新規申請　前回要介護度：なし　前回認定有効期間：　　月間

1　一次判定等
（この分数は、実際のケア時間を示すものではない）

一次判定結果　：**要介護1**

要介護認定等基準時間：**40.8分**

食事	排泄	移動	清潔保持	間接	BPSD関連	機能訓練	医療関連	認知症加算
3.4	2.0	2.0	6.0	10.9	6.2	6.1	4.2	0.0

警告コード：

3　中間評価項目得点

第1群	第2群	第3群	第4群	第5群
82.1	100.0	100.0	92.6	48.4

4　日常生活自立度

障害高齢者自立度　　　：J2
認知症高齢者自立度　　：I

5　認知機能・状態の安定性の評価結果

認知症高齢者の日常生活自立度
　認定調査結果　　　　　：I
　主治医意見書　　　　　：IIa
認知症自立度II以上の蓋然性　：81.9％
状態の安定性　　　　　　：安定
給付区分　　　　　　　　：介護給付

6　現在のサービス利用状況（なし）

2　認定調査項目

	調査結果	前回結果
第1群　身体機能・起居動作		
1．麻痺（左-上肢）		―
（右-上肢）		―
（左-下肢）	ある	―
（右-下肢）	ある	―
（その他）		―
2．拘縮（肩関節）		―
（股関節）		―
（膝関節）		―
（その他）		―
3．寝返り	つかまれば可	―
4．起き上がり	つかまれば可	―
5．座位保持	自分で支えれば可	―
6．両足での立位	支えが必要	―
7．歩行	つかまれば可	―
8．立ち上がり	つかまれば可	―
9．片足での立位	支えが必要	―
10．洗身		―
11．つめ切り		―
12．視力		―
13．聴力		―
第2群　生活機能		
1．移乗		―
2．移動		―
3．えん下		―
4．食事摂取		―
5．排尿		―
6．排便		―
7．口腔清潔		―
8．洗顔		―
9．整髪		―
10．上衣の着脱		―
11．ズボン等の着脱		―
12．外出頻度		―
第3群　認知機能		
1．意思の伝達		―
2．毎日の日課を理解		―
3．生年月日をいう		―
4．短期記憶		―
5．自分の名前をいう		―
6．今の季節を理解		―
7．場所の理解		―
8．徘徊		―
9．外出して戻れない		―
第4群　精神・行動障害		
1．被害的		―
2．作話		―
3．感情が不安定		―
4．昼夜逆転		―
5．同じ話をする		―
6．大声を出す		―
7．介護に抵抗		―
8．落ち着きなし		―
9．一人で出たがる		―
10．収集癖		―
11．物や衣類を壊す		―
12．ひどい物忘れ	ある	―
13．独り言・独り笑い		―
14．自分勝手に行動する		―
15．話がまとまらない	ときどきある	―
第5群　社会生活への適応		
1．薬の内服	一部介助	―
2．金銭の管理	一部介助	―
3．日常の意思決定	特別な場合以外可	―
4．集団への不適応		―
5．買い物	見守り等	―
6．簡単な調理	全介助	―

〈特別な医療〉

点滴の管理	：	気管切開の処置	：
中心静脈栄養	：	疼痛の看護	：
透析	：	経管栄養	：
ストーマの処置	：	モニター測定	：
酸素療法	：	じょくそうの処置	：
レスピレーター	：	カテーテル	：

二次判定

問題 56　二次判定について、正しいものを2つ選べ。

(1)　介護認定審査会は、一次判定の結果は参照せずに独自に二次判定を行い、介護認定審査会の判定とする。

(2)　一次判定で非該当（自立）と判定された場合は、二次判定は行わない。

(3)　要介護認定等基準時間が32分以上50分未満の段階に属する場合、一次判定で状態区分の判定は行われず、要支援2と要介護1の判定は二次判定に託される。

(4)　介護認定審査会は、審査・判定にあたり必要があると認める場合は、被保険者や家族から意見を聴くことができる。

(5)　介護認定審査会における二次判定は最終的な判定であり、市町村によって判定が変更されることはない。

ポイント解説　　　　　　　　　　　　　　　📖 上ー P.80

(1)　✕　**二次判定**は、**一次判定の結果を原案として**、特記事項や主治医意見書の内容を加味し、**原案の妥当性を検討する**ことにより、最終的な判定を行う。

(2)　✕　一次判定で**非該当（自立）**と判定された場合も二次判定は行われる。二次判定によって異なる判定が出ることもあり得る。

(3)　✕　以前は、この段階は「要介護1相当」とされ、二次判定で判定されていたが、2009（平成21）年4月からは、コンピュータによる一次判定で判別されるようになったという経緯がある（その際には認定調査票の「日常生活自立度に関連する項目」のデータなどが用いられる）。

(4)　○　介護認定審査会は、**被保険者や家族**から**意見を聴く**ことができる。また、**主治医等の関係者**からも意見を聴くことができる。

(5)　○　介護認定審査会は審査・判定結果を市町村に通知し、**市町村**はこれに基づいて**認定または不認定の決定**を行う。

正解　(4)(5)

審査・判定結果の通知、認定等の決定

問題 57 認定等の決定について、正しいものを３つ選べ。

(1) 介護認定審査会は、必要があると認める場合には、判定の結果に加えて、市町村に対し附帯意見を述べることができる。

(2) 介護認定審査会は、認定を決定し、被保険者に通知する。

(3) 認定の決定が行われると、その旨が被保険者に通知され、同時に被保険者証には要介護状態区分あるいは要支援状態区分が記載され、被保険者に返還される。

(4) 「サービスの適切かつ有効な利用等に関し被保険者が留意すべき事項」についての介護認定審査会の意見は、市町村によって被保険者証に記載される。

(5) 「被保険者の要介護状態の軽減または悪化の防止のために必要な療養に関する事項」についての介護認定審査会の意見は、市町村によって被保険者の主治医に通知される。

ポイント解説　　　　　　　　　　　　　　　　📖 上－ P.82〜84

(1) ○　**介護認定審査会**は、市町村に審査・判定結果を通知する際、選択肢(4)と(5)の２つの事項について、**市町村に意見を述べることができる**。

(2) ✕　介護認定審査会は審査・判定を行うが、その結果は市町村に送られ、**認定を決定し被保険者に通知**するのは、保険者である**市町村**である。

(3) ○　これらは、すべて**市町村**が行う。なお、認定・不認定の結果に不服がある場合は、後述する**介護保険審査会**に審査請求することができる。

(4) ○　この事項に関する**介護認定審査会の意見**は、**被保険者証に記載される**。被保険者はその意見に留意してサービスを受ける必要があり、またサービスを提供する事業者・施設、居宅介護支援事業者も、その意見に配慮してサービスの提供を行うように努めなければならない。

(5) ✕　この事項に関する介護認定審査会の意見があった場合、**市町村**は**利用できるサービスの種類の指定**を行うことができ、その**種類は被保険者証に記載される**。**要支援者**については、「**必要な家事に係る援助に関する事項**」も含まれる。

正解 (1)(3)(4)

認定とその効力

問題 58 認定とその効力について、正しいものを３つ選べ。

(1) 要介護状態・要支援状態に該当しないと認めたときは、市町村は、理由を付してその旨を被保険者に通知して、被保険者に被保険者証を返還する。

(2) 要介護認定を申請して要支援と判定された場合は、被保険者は改めて要支援認定の申請をすることが求められる。

(3) 認定の効力は、要介護状態・要支援状態になった日までさかのぼる。

(4) 認定の申請から認定までの間に介護サービスを利用したい場合、暫定的なケアプランを作成して、現物給付の形でサービスを受けることも可能である。

(5) 申請処理期間は、原則として申請のあった日から30日以内である。

ポイント解説　　　　　　　　　　　　　📖 上－ P.82〜84

(1) ○　**非該当**（自立）と認めた場合、市町村は、**理由を付して被保険者に通知**するとともに**被保険者証を返還**する。

(2) ✕　記述の場合は、要介護認定ではなく**要支援認定が申請されたものとみなして、要支援認定を行う**。要支援認定が申請されて要介護の判定があった場合も同様であり、これを**みなし認定**という。

(3) ✕　実際に要介護状態等になった日を特定するのは難しい。**新規認定の効力は申請の日にさかのぼって生じる**。これを**認定の遡及効**という。

(4) ○　遡及効によって受給権が生じるため、このように運用されている。

(5) ○　**認定の申請に対する処分**（認定・不認定の決定等）は、**申請のあった日**から原則として**30日以内**に行わなければならない。ただし、市町村は、認定調査に日時を要する等特別な理由のある場合は、申請のあった日から30日以内に、**見込み期間と理由を通知**して申請処理期間を**延長することができる**。

正解　(1)(4)(5)

認定の有効期間

問題 59 認定の有効期間について、正しいものを2つ選べ。

(1) 認定の有効期間は、新規申請および区分変更申請の場合は原則として12か月、更新申請の場合は6か月である。

(2) 市町村は、新規申請および区分変更申請の場合に、原則の有効期間を、3〜36か月に短縮または延長することができる。

(3) 更新申請において直前と同じ要介護等状態区分と判定された場合に、市町村は、有効期間を48か月まで延長することができる。

(4) 有効期間は、日を単位として定められる。

(5) 新規認定を月の途中で申請した場合、その月の末日までの日数は、有効期間に加えられる。

ポイント解説　　　　　　　　　　　　　　　　📖 上－ P.84

(1) ✕ 記述は逆であり、**新規申請・区分変更申請の場合は6か月、更新申請は12か月**が原則である。

(2) ✕ 市町村は、介護認定審査会の意見に基づき必要と認める場合には、**新規申請・区分変更申請の原則6か月**の有効期間を、**3〜12か月**に短縮または延長することができる。

(3) ◯ 市町村は、介護認定審査会の意見に基づき必要と認める場合には、**更新申請の原則12か月**の有効期間を、**3〜36か月**に短縮または延長することができる。ただし、2020年改正により、更新申請において**直前の要介護等状態区分と同じと判定された者**については、**3〜48か月**に短縮または延長することができることになった。

(4) ✕ **有効期間は、月を単位**として定められる。そのため、認定の有効期間の満了日は月末の日付となる。更新認定の効力の発生日は、有効期間満了の翌日になるので、この日付は必ず月の初日になる。

(5) ◯ **端数期間は有効期間に加えられる**。例えば、4月10日に新規認定を申請して、有効期間が6か月の場合は、有効期間は4月10日から10月31日となる（6か月プラス端数期間）。

正解 (3)(5)

更新認定等(1)

問題 60 更新認定等について、正しいものを3つ選べ。

(1) 要介護者・要支援者は、認定の有効期間満了の日の60日前から満了の日までの間に更新認定の申請をすることができる。

(2) 更新認定の効力は、申請の日にさかのぼって効力を生じる。

(3) 更新認定においては、認定調査を指定居宅介護支援事業者や介護保険施設等に委託することができる。

(4) 状態区分の変更の認定の申請は、有効期間満了を待って行うことができる。

(5) 状態区分の変更の認定の手続きは、基本的に新規認定と同様である。

ポイント解説　　　　　　　　　　　　　　　📖 上－ P.85～86

(1) **○**　記述のとおりである。ただし、**満了日ぎりぎりに申請するのではスムーズな更新といえない**ので、居宅介護支援事業者や介護保険施設には、**満了日の30日前**までに申請がなされるように援助する義務が課されている（認定は原則として30日以内に行われるので、30日前までに申請しておけば不都合がない）。被保険者証裏面の「注意事項」五 (P.58参照) においても、30日前までに申請するものとしている。

(2) **✕**　**更新認定の効力**は、**更新前の認定の有効期間満了日の翌日から**効力を生じる。

(3) **○**　新規認定は市町村の職員が認定調査を行うものとされているが、**更新認定や変更認定に係る認定調査は委託することができる**。委託できるのは、記述の2つのほかに、地域密着型介護老人福祉施設・地域包括支援センター・介護支援専門員とされ、運営基準で定める利益の収受・供与の禁止に違反したことのないことという条件が付されている。

(4) **✕**　**変更認定**は、要介護状態等の程度が大きく変化し、認定されている状態区分以外の区分に該当するようになったと思われるとき、**随時申請することができる**。

(5) **○**　**変更認定**の手続きは新規認定と同様で、有効期間は原則として**6か月**であり、3～12か月の範囲で短縮または延長が可能である。

正解　(1)(3)(5)

更新認定等(2)

問題 61　更新認定等について、正しいものを２つ選べ。
(1) 災害その他やむを得ない理由により、有効期間満了前に更新認定の申請ができなかったときは、その理由がやんだ日から１か月以内に限り、更新認定の申請をすることができる。
(2) 被保険者の申請によらずに、要介護等状態区分の変更の認定がされることはない。
(3) 要介護認定・要支援認定を受けた被保険者は、有効期間満了前にその認定を取り消されることはない。
(4) 要介護者・要支援者が住所を他の市町村に移転する場合は、移転前の市町村から認定に係る事項を証明する書面の交付を受け、この書面を添えて移転先の市町村に認定の申請をする。
(5) 他の市町村に移転した場合は、改めて介護認定審査会の審査・判定が行われる。

ポイント解説　　　　　　　　　　　　📖 上－ P.85〜86

(1) ○　この場合の更新認定は、**有効期間満了日の翌日までさかのぼって効力を生じる。**

(2) ×　**市町村**は、被保険者の介護の必要の程度が低下したことにより、現に認定されている要介護等状態区分以外の区分（通常はより軽度の区分）に該当すると認めた場合には、**職権により変更認定を行うことができる。**

(3) ×　**市町村**は、被保険者が要介護者・要支援者に該当しなくなったと認めるとき、または正当な理由なく、職権による変更認定の調査や主治医意見書のための診断命令に従わないときは、**有効期間満了前であっても、その認定を取り消すことができる。**

(4) ○　移転後の市町村による認定を受けなければならない。

(5) ×　**改めて認定調査や審査・判定を経ることなく、選択肢(4)の記述にある書類に基づいて認定が行われる。**

正解 (1)(4)

介護認定審査会(1)

問題 62 介護認定審査会について、正しいものを3つ選べ。

(1) 介護認定審査会は、都道府県が設置し、委員の任命は都道府県知事が行う。

(2) 介護認定審査会の委員は、保健・医療・福祉の学識経験者によって構成され、委員の任期は原則2年である。

(3) 委員の定数は、審査・判定を行う合議体をいくつ置くかによって市町村ごとに異なり、条例によって定められる。

(4) 市町村は、他の市町村と介護認定審査会の共同設置を行ったり、他の市町村に審査・判定業務を委託することができる。

(5) 介護認定審査会の共同設置の場合、認定調査や認定自体も介護認定審査会で行う。

ポイント解説 📖 上ー P.82、P.87

(1) **✕** **介護認定審査会**は、**市町村が設置**し、委員の任命は市町村長が行う。自ら審査・判定を行うことが困難な市町村から委託され、都道府県介護認定審査会を置くこともあるが、これは例外である。

(2) **○** **委員の任期**は原則**2年**であり、再任することもできる。なお、市町村は条例に定めて、委員の任期を2年を超え3年以下の期間とすることもできる。

(3) **○** **委員の定数**は、被保険者の人数等を勘案して、政令で定める基準に従い、**市町村の条例によって定められる**。要介護者等の人数が多く、審査・判定の件数が多いと見込まれる市町村においては、それに応じた合議体が必要になるので、定数も多くなる。

(4) **○** これにより、認定審査会委員の確保、近隣市町村での公平な判定、認定事務の効率化を図ることができる。また、**都道府県に委託**することもでき、この場合に**都道府県介護認定審査会**が置かれる。

(5) **✕** 共同設置の場合は、**認定調査や認定自体は市町村が行う**。これに対して、広域連合や一部事務組合を活用する場合は、認定調査や認定自体を広域連合等の事務とすることもできる。

正解 (2)(3)(4)

介護認定審査会(2)

問題 63 介護認定審査会について、正しいものを3つ選べ。

(1) 審査・判定を行う合議体を構成する委員の定数は、5人を標準として市町村が定める数とする。

(2) 更新認定の場合であっても、合議体の委員の定数を少なくすることはできない。

(3) 合議体は、構成する委員の過半数が出席しなければ、審議の開催、議決をすることができない。

(4) 合議体には市町村長の任命する長を1人置き、議事が可否同数の場合は、長がこれを決する。

(5) 委員には、職務上知り得た秘密についての守秘義務が課せられている。

ポイント解説　　　　　　　　　　　　　　　　　　📖上－ P.82

(1) **○**　介護認定審査会には**複数の合議体**が置かれ、**1つの合議体を構成する委員の定数**は、**5人を標準**として市町村が定める。

(2) **✕**　更新認定の場合や、委員の確保が著しく困難な場合などにおいて、審査・判定の質が維持されるものと市町村が判断すれば、**5人より少ない数を定めることができる**。ただし、**少なくとも3人は必要**とされる。

(3) **○**　そして、議事は出席する委員の過半数をもって決する。

(4) **✕**　委員を任命するのは市町村長であるが、**介護認定審査会の会長および合議体の長**は、**委員の互選**によって選ばれる。記述の後段は正しい。なお、会長は認定審査会を招集し、合議体を構成する委員を指名する。

(5) **○**　守秘義務に違反した場合は、1年以下の懲役または100万円以下の罰金に処される。

正　解　(1)(3)(5)

保険給付の概要

問題 64 保険給付について、正しいものを3つ選べ。

(1) 介護保険の保険給付には、介護給付、予防給付、市町村特別給付の3種類がある。

(2) 介護給付は、要介護者に対する給付で、居宅サービス・地域密着型サービス・施設サービスなどを対象とする給付であるが、居宅介護支援は、これに含まれない。

(3) 予防給付は、要支援者に対する給付で、これには施設サービスは含まれない。

(4) 介護保険で居宅サービスという場合の「居宅」には、介護付有料老人ホームの居室も含まれる。

(5) 市町村特別給付は、要介護者等以外の一般高齢者を対象とした給付で、財源は市町村の一般会計である。

ポイント解説　　　　　　　　　　　　　📖 上－ P.88〜89、P.93

(1) 〇　**介護給付**は要介護者に対する給付、**予防給付**は要支援者に対する給付である。**市町村特別給付**は、市町村が条例に定めて独自に行う給付である。

(2) ✕　**介護給付**には、居宅サービス・地域密着型サービス・施設サービスなどのほか、**居宅介護支援も含まれる**。

(3) 〇　**予防給付**には、介護予防サービス・地域密着型介護予防サービス・介護予防支援などがある。予防給付は、在宅（または在宅とみなされる）の要支援者を対象とし、**施設サービスは対象とならない**。

(4) 〇　有料老人ホームで提供される特定施設入居者生活介護は施設サービスではなく、居宅サービスに分類され、その居室は居宅とみなされる。

(5) ✕　**市町村特別給付**は、**介護保険の保険給付**であり、対象とするのは要介護者・要支援者である。**財源は第1号被保険者の保険料**であり、介護保険特別会計の中で扱われる。

正解　(1)(3)(4)

保険給付の種類(1)

問題 65 保険給付の種類について、正しいものを2つ選べ。

(1) 在宅の要介護者には、11種の居宅サービスの利用に関して居宅介護サービス費が給付される。

(2) 介護給付の施設に関する給付の対象となる介護保険施設には、認知症対応型共同生活介護のサービスを提供する施設も含まれる。

(3) 予防給付には、施設サービスに関する給付や地域密着型サービスに関する給付はない。

(4) 地域密着型サービスに対する給付には、在宅に関する給付と施設に関する給付がある。

(5) 市町村特別給付は、要介護者・要支援者だけでなく、その市町村のすべての被保険者を対象とする。

ポイント解説　　　　　　　　　　　　　　　　　　📖 上－ P.89〜93

(1) **〇** **在宅に関する介護給付**には、記述の**居宅介護サービス費**のほか、**居宅介護福祉用具購入費、居宅介護住宅改修費、居宅介護サービス計画費**がある（次ページ参照）。

(2) **✕** 介護給付の施設に関する給付（**施設介護サービス費**）の対象となる介護保険施設は、**指定介護老人福祉施設、介護老人保健施設、介護医療院**の3つである。**認知症対応型共同生活介護**は、施設サービスではなく**地域密着型サービス**に分類される。

(3) **✕** **予防給付**には施設サービスに関する給付はないが、3種類の**地域密着型介護予防サービス**はある。

(4) **〇** **地域密着型サービス**に対する給付のうち、**地域密着型介護老人福祉施設入所者生活介護**は**施設に関する給付**であり、他のサービスは在宅に関する給付である。

(5) **✕** **市町村特別給付**は、介護給付・予防給付以外に、市町村が独自に配食サービスや移送サービスなどを行うものであるが、あくまで介護保険制度上の給付であり、対象は**要介護者**と要支援者に限られる。

正解 (1) (4)

■保険給付の種類とその内容

介護給付 …… 要介護者対象

▨▨▨ は法定代理受領により現物給付化が可能

- ●在宅に関する給付
  - 居宅介護サービス費
    （特例居宅介護サービス費）
  - 居宅介護福祉用具購入費（⑫に対応）
  - 居宅介護住宅改修費
  - 居宅介護サービス計画費
    （特例居宅介護サービス計画費）

- ●施設に関する給付
  - 施設介護サービス費
    （特例施設介護サービス費）

- ●地域密着型介護サービス費
  （特例地域密着型介護サービス費）

- ●特定入所者介護サービス費
  （特例特定入所者介護サービス費）
- ●高額介護サービス費
- ●高額医療合算介護サービス費

対象となる居宅サービス
- ①訪問介護
- ②訪問入浴介護
- ③訪問看護
- ④訪問リハビリテーション
- ⑤居宅療養管理指導
- ⑥通所介護
- ⑦通所リハビリテーション
- ⑧短期入所生活介護
- ⑨短期入所療養介護
- ⑩特定施設入居者生活介護
- ⑪福祉用具貸与
- （⑫特定福祉用具販売）

対象となる施設
- ①指定介護老人福祉施設
  （入所定員30人以上）
- ②介護老人保健施設
- ③介護医療院

対象となるサービス
- ①定期巡回・随時対応型訪問介護看護
- ②夜間対応型訪問介護
- ③地域密着型通所介護
- ④認知症対応型通所介護
- ⑤小規模多機能型居宅介護
- ⑥認知症対応型共同生活介護
- ⑦地域密着型特定施設入居者生活介護（入居定員29人以下）
- ⑧地域密着型介護老人福祉施設入所者生活介護
  （入所定員29人以下）
- ⑨看護小規模多機能型居宅介護(旧複合型サービス)

予防給付 …… 要支援者対象

- ●在宅に関する給付
  - 介護予防サービス費 ※
    （特例介護予防サービス費）
    ※対象となるサービスは、上記の居宅サービスから①⑥を除いたもの
  - 介護予防福祉用具購入費
  - 介護予防住宅改修費
  - 介護予防サービス計画費
    （特例介護予防サービス計画費）

- ●地域密着型介護予防サービス費
  （特例地域密着型介護予防サービス費）

- ●特定入所者介護予防サービス費
  （特例特定入所者介護予防サービス費）
- ●高額介護予防サービス費
- ●高額医療合算介護予防サービス費

対象となるサービス
- ①介護予防認知症対応型通所介護
- ②介護予防小規模多機能型居宅介護
- ③介護予防認知症対応型共同生活介護

市町村特別給付 …… 要介護者・要支援者対象

＊指定介護療養型医療施設は、廃止されたが、経過措置により2024年3月まで存続する。

保険給付の種類⑵

> **問題 66** 保険給付の種類について、正しいものを２つ選べ。
> ⑴ 介護給付の居宅介護サービス費と、予防給付の介護予防サービス費では、給付の対象となるサービスの種類が一致する。
> ⑵ 地域密着型サービスは、原則としてその市町村内に住所を有する利用者を対象としている。
> ⑶ 介護給付の地域密着型介護サービス費と、予防給付の地域密着型介護予防サービス費では、給付の対象となるサービスの種類が一致する。
> ⑷ 施設介護サービス費の給付対象となる指定介護老人福祉施設は、入所定員30人以上の特別養護老人ホームが、都道府県知事（指定都市・中核市の市長）の指定を受けたもののことである。
> ⑸ 市町村特別給付の種類や内容は、介護保険法に定められ、市町村はその範囲で独自の給付を行う。

ポイント解説　　　　　　　　　　　　　　上－ P.89～93

⑴ **✕** **居宅介護サービス費**の対象となるサービス11種類から、**訪問介護**と**通所介護**を除いた９種類が、**介護予防サービス費**の対象となるサービスである。2014年改正により、訪問介護と通所介護が予防給付から除外され、地域支援事業で行われるようになった。

⑵ **〇** **地域密着型サービス**には、居宅サービスと同じ性格のサービス、居住系のサービス、施設サービスと同様のサービスが含まれているが、いずれも原則としてその市町村に住所を有する者を対象としている。

⑶ **✕** **介護給付**には、定期巡回・随時対応型訪問介護看護などの**９種類**の地域密着型サービスがあるが、**予防給付**で対象となるのは、そのうちの認知症対応型通所介護など**３種類**のサービスだけである（前ページ参照）。

⑷ **〇** **入所定員29人以下**の特別養護老人ホームは、地域密着型サービス事業者の指定を受け、**地域密着型介護サービス費の給付対象**となる。

⑸ **✕** 介護保険法には、市町村特別給付の種類や内容は規定されていない。市町村は、**条例に定めて独自の給付を行う**ことができる。

正解 ⑵⑷

保険給付の種類(3)

問題 67 保険給付の種類について、正しいものを３つ選べ。

(1) 居宅介護サービス費や介護予防サービス費は、訪問系、通所系、短期入所系、居住系など、さまざまな形態のサービスに対応している。

(2) 特定福祉用具販売は居宅サービスの１つであり、居宅介護サービス費の支給対象である。

(3) 住宅改修費の保険給付は、介護給付にはあるが予防給付にはない。

(4) 要介護者が居宅介護支援のサービスを利用した場合、居宅介護サービス計画費が支給される。

(5) 保険給付は、ほとんどの場合現物給付で行われる。

ポイント解説　　　　　　　　　　　　　　　📖 上－ P.89〜93

(1) **○**　在宅の要介護者・要支援者は、さまざまな形態のサービスを組み合わせて利用することができる。

(2) **✕**　**特定福祉用具販売**は**居宅サービス**の１つであるが、居宅介護サービス費ではなく、別枠の**居宅介護福祉用具購入費**（要支援者の場合は介護予防福祉用具購入費）が支給される。**居宅サービス**は12種類あるが、**居宅介護サービス費**の支給対象のサービスは11種類となる。なお、**福祉用具貸与**は**居宅サービス**であり、**居宅介護サービス費**（要支援者の場合は介護予防サービス費）の支給対象なので、区別しておこう。

(3) **✕**　**介護給付**には**居宅介護住宅改修費**、**予防給付**には**介護予防住宅改修費**がある。

(4) **○**　**要介護者**が**居宅介護支援**を利用した場合は**居宅介護サービス計画費**が、**要支援者**が**介護予防支援**を利用した場合は**介護予防サービス計画費**が支給される。

(5) **○**　**現物給付**とは、保険給付を金銭の給付で行う代わりに、サービスの現物の給付で行うことをいう。ただし、特定福祉用具販売や住宅改修は例外である。

正解　(1)(4)(5)

保険給付の種類(4)

> **問題 68** 次のうち、特例サービス費の対象となり得るものを2つ選べ。
> (1) 認定の申請前に受けたケアマネジメント
> (2) 指定を受けていない福祉施設に入所して受けた施設サービス
> (3) 被保険者証を紛失して提示せずに、緊急やむを得ず受けた訪問看護
> (4) 離島において、相当サービスとされている事業所から受けた訪問介護
> (5) 指定を受けていないが基準該当と思われる事業所から受けた通所リハ
>   ビリテーション

ポイント解説　　　　　　　　　　　　　　　📖 上－ P.89～93

　保険給付には、「特例○○サービス費」のように「**特例**」が付された給付がある。これは、次の場合に、市町村が必要と認めれば、償還払いで支給されるものである（予防給付についても同様）。

① **認定の申請前に、緊急その他やむを得ない理由でサービスを受けた場合**（居宅サービス・地域密着型サービス・施設サービスなどが対象）。居宅介護支援や介護予防支援のケアマネジメントは、この条件では対象にならない。

② **基準該当サービスを受けた場合**（居宅サービス・居宅介護支援などが対象）。地域密着型サービスや施設サービスには基準該当サービスはないので、この条件では対象にならない。

③ **離島などで相当サービスを受けた場合**（居宅サービス・地域密着型サービス・居宅介護支援などが対象）。

④ **緊急その他やむを得ない理由で、被保険者証を提示しないでサービスを受けた場合**（居宅サービス・地域密着型サービス・施設サービス・居宅介護支援などが対象）。

　従って、(3)(4)が正しい。なお、(5)の通所リハビリテーションは医療系のサービスであり、医療系のサービスが基準該当サービスと認められることはない（基準該当サービス・相当サービスについては、問題148参照）。

正 解　(3)(4)

保険給付の種類(5)

問題 69 予防給付について、正しいものを 2 つ選べ。

(1) 在宅の要支援者を対象に介護予防サービスと地域密着型介護予防サービスの提供が行われ、施設に関する給付は行われない。

(2) サービス提供の目的は、介護給付と全く同じである。

(3) 多くのサービスについて、介護予防サービス計画等でサービス提供期間を定めるものとされている。

(4) 介護給付における12種類の居宅サービスは、すべて予防給付の対象でもある。

(5) 地域密着型介護予防サービス費の給付は、5 種類の地域密着型介護予防サービスに関して行われる。

ポイント解説　　　　　　　　　　　　📖 上－ P.89〜93

(1) **○**　介護保険施設に入所して受けるサービスは要介護者のみが対象であり、**要支援者に施設サービスはない。**

(2) **✕**　**介護予防を目的としたサービス提供**が行われ、生活機能の維持・改善をめざす観点が強調される。

(3) **○**　**期間を定めて、定期的にサービス提供による生活機能の維持・改善の効果を評価**するよう、基準に定めている。これは予防給付にのみある定めであり、介護給付にはこの定めはない。

(4) **✕**　介護給付における12種類の居宅サービスのうち、**訪問介護**と通所**介護**は予防給付の対象にならない。これらの介護予防サービスが、2014年改正によって地域支援事業に移行したためである。そのほかのサービスは、予防給付の場合、例えば訪問看護なら介護予防訪問看護というように、「介護予防」を冠して呼ばれる。

(5) **✕**　**地域密着型介護予防サービス費**の給付対象は、**介護予防認知症対応型通所介護、介護予防小規模多機能型居宅介護、介護予防認知症対応型共同生活介護の3種類**である。

正解　(1)(3)

保険給付の種類(6)

> **問題 70** 地域密着型介護予防サービスとして、正しいものを3つ選べ。
> (1) 介護予防認知症対応型通所介護
> (2) 介護予防小規模多機能型居宅介護
> (3) 介護予防認知症対応型共同生活介護
> (4) 介護予防地域密着型特定施設入居者生活介護
> (5) 介護予防看護小規模多機能型居宅介護

ポイント解説　　　　　　　　　　　　　　　📖 上－ P.89～93

　地域密着型サービスは、2005年改正により介護保険制度に導入されたサービス類型であり、2011年改正では下記の①、⑨のサービスが創設され、2014年改正では下記の③が創設された。具体的には、**市町村**が、行政区域内にある小規模な施設（有料老人ホーム・特別養護老人ホームのうち入居・入所定員が29人以下であるものや認知症高齢者グループホームなど）や事業者を指定し、**市町村の監督責任**において運営するものである（これに対して、介護保険施設や指定居宅サービス事業者などは、原則として、都道府県知事が指定し、監督責任などは都道府県にある）。

　地域密着型サービスは、次の9種類である。

① **定期巡回・随時対応型訪問介護看護**
② **夜間対応型訪問介護**
③ **地域密着型通所介護**
④ **認知症対応型通所介護**
⑤ **小規模多機能型居宅介護**
⑥ **認知症対応型共同生活介護**
⑦ **地域密着型特定施設入居者生活介護**
⑧ **地域密着型介護老人福祉施設入所者生活介護**
⑨ **看護小規模多機能型居宅介護**（旧複合型サービス）

　このうち④、⑤、⑥に「介護予防」を冠すると、**地域密着型介護予防サービス**の**3種類**になる。①、②、③、⑦、⑧、⑨は、要介護者だけを対象とするサービスである。

正解 (1)(2)(3)

保険給付の内容(1)

> 問題 71　保険給付の内容について、正しいものを２つ選べ。
> (1)　訪問介護は、要介護者に対し、居宅で介護福祉士等が入浴・排泄^{はいせつ}・食事等の介護その他の日常生活上の世話を行うサービスである。
> (2)　訪問入浴介護は、介護福祉士等が居宅を訪問し、居宅の浴槽を使って入浴の介護を行うサービスである。
> (3)　訪問看護は、要介護者等の居宅において行う療養上の世話または必要な診療の補助であり、提供できるのは看護師・准看護師に限られる。
> (4)　訪問リハビリテーションは、病状が安定期にある要介護者等に提供される。
> (5)　居宅療養管理指導は、医師・歯科医師等が病院・診療所において、通院してきた要介護者等に、居宅における療養方法の指導を行うサービスである。

ポイント解説　　　　　　　　　　　　　　　　　📖 上－ P.88〜93

(1)　**○**　**訪問介護**はホームヘルプサービスとも呼ばれる。2014年改正により、**要介護者のみ**を対象とすることになり、要支援者対象の訪問介護は地域支援事業に移行した。

(2)　**✕**　**訪問入浴介護**は、介護職員と看護職員が居宅を訪問し、**事業者が浴槽を提供して行う**。記述のような居宅の浴槽を使って行う入浴の介護は、訪問介護で行われる内容である。

(3)　**✕**　**訪問看護**は、**看護師・准看護師**のほか、**保健師・理学療法士・作業療法士・言語聴覚士**も提供することができる。

(4)　**○**　**訪問リハビリテーション**は、医学的な管理の下における理学療法・作業療法その他のリハビリテーションを必要とする、病状が安定期にある者に提供される。

(5)　**✕**　**居宅療養管理指導**は、通院ができない者を対象に、必ず要介護者等の**居宅を訪問して行われる**。提供するのは、医師・歯科医師のほか、薬剤師・歯科衛生士・保健師・看護師・准看護師・管理栄養士であり、それぞれが行うサービスの内容は施行規則に定められている。

正解　(1) (4)

保険給付の内容⑵

問題 72　保険給付の内容について、正しいものを３つ選べ。

(1)　通所介護は、デイサービスセンター等で、要介護者に日常生活上の世話を提供するもので、機能訓練は行わない。

(2)　通所リハビリテーションは、介護老人保健施設、介護医療院、病院・診療所において提供されるサービスである。

(3)　短期入所生活介護は、老人福祉法に定める特別養護老人ホーム等の施設や老人短期入所施設に短期間入所して受けるサービスである。

(4)　短期入所療養介護は、病状が急性期または回復期にある要介護者等を、介護老人保健施設や介護医療院、病院・診療所に入所・入院させて行うサービスである。

(5)　特定施設入居者生活介護は、有料老人ホーム等の特定施設に入居する要介護者等に対し、介護その他の日常生活上の世話、機能訓練および療養上の世話を行うサービスである。

ポイント解説　　　　　　　　　　　　　📖 上－ P.88～93

(1)　✕　**通所介護**では、入浴・排泄（はいせつ）・食事等の介護、生活等に関する相談・助言などの日常生活上の世話のほか、**機能訓練も行われる**。2014年改正により、**要介護者のみ**を対象とすることになり、要支援者対象の通所介護は地域支援事業に移行した。

(2)　◯　**通所リハビリテーション**では、病状が安定期にある要介護者等に、医学的管理下における理学療法・作業療法その他のリハビリテーションが提供される。

(3)　◯　**短期入所生活介護**では、入浴・排泄・食事等の介護その他の日常生活上の世話や機能訓練が提供される。

(4)　✕　病状が**急性期・回復期**にある場合は、**医療保険の適応**であり、介護保険の**短期入所療養介護**は、病状が**安定期**にある者を対象とする。

(5)　◯　**特定施設入居者生活介護**は、特定施設（有料老人ホーム・養護老人ホーム・軽費老人ホーム）で提供される。

正解　(2) (3) (5)

保険給付の内容⑶

> **問題 73** 保険給付の内容について、正しいものを３つ選べ。
> (1) 福祉用具貸与は、要介護者・要支援者を対象とする、居宅サービスまたは介護予防サービスの１つである。
> (2) 特定福祉用具販売は、高額な福祉用具を購入したときに、一定額を限度として支給されるサービスである。
> (3) 住宅改修費は、要介護者等が一定の範囲の住宅改修を行ったときに、市町村が認めれば一定額を限度に支給されるものである。
> (4) 居宅要介護者が、居宅サービスに加えて地域密着型サービスを利用した場合は、地域密着型サービスに係る給付も居宅介護サービス費として支給される。
> (5) 施設介護サービス費の支給は、介護老人福祉施設・介護老人保健施設・介護医療院に入所している要介護者に対して行われる。

ポイント解説　　　　　　　　　　　　　　　📖 上－ P.88〜93

(1) **○　福祉用具貸与**の種目は、厚生労働大臣により13種目の福祉用具が定められている（要支援者の場合は４種目）。保険給付は居宅介護サービス費・介護予防サービス費として支給される。

(2) **✕　特定福祉用具販売**は、入浴・排泄（はいせつ）にかかわる用具など、貸与になじまない福祉用具（特定福祉用具として種目が定められている）を販売するサービスである。居宅介護福祉用具購入費・介護予防福祉用具購入費として一定額を限度として支給される。

(3) **○　住宅改修費**が支給される住宅改修の内容として、手すりの取り付けなどが定められている。居宅介護住宅改修費・介護予防住宅改修費として支給される。

(4) **✕**　地域密着型サービスに係る給付は、**地域密着型介護サービス費**として支給される。

(5) **○**　これらは**介護保険施設**と呼ばれ、入所できるのは要介護者に限られ、要支援者は対象にならない。

正解　(1)(3)(5)

保険給付の内容⑷

> **問題 74** 保険給付の内容について、正しいものを２つ選べ。
>
> ⑴ 介護老人福祉施設は、看護、医学的管理の下において行われる介護および機能訓練その他必要な医療、日常生活上の世話を行う施設である。
>
> ⑵ 地域密着型介護老人福祉施設は、市町村の区域内に住所を有する要介護者を入所の対象とする施設で、入所定員など規模の大小を問わない。
>
> ⑶ 介護老人保健施設は、病状が安定期にあって、在宅復帰のための支援が必要な者を対象とする施設である。
>
> ⑷ 介護医療院は、2017年改正により創設された介護保険施設であり、主に長期療養が必要な者を対象とする。
>
> ⑸ 居宅介護支援は、居宅要介護者を対象として、居宅サービス計画の作成を中心とするケアマネジメントを行うもので、居住系の居宅サービスや地域密着型サービスを利用する要介護者もその対象となる。

ポイント解説　　　　　　　　　　　　　　📖上－ P.88〜93

⑴ ✕ **介護老人福祉施設**は、介護その他の日常生活上の世話、機能訓練、健康管理および療養上の世話を行う（記述は、介護老人保健施設に該当するものである）。なお、⑴⑵の入所者は原則として**要介護３以上**の者に限定されている（例外規定あり）。

⑵ ✕ **地域密着型介護老人福祉施設**は、入所定員29人以下の特別養護老人ホームを市町村長が地域密着型として指定した小規模な施設である。入所定員30人以上の特別養護老人ホームは、都道府県知事（指定都市・中核市の市長）の指定を受けて、⑴の介護老人福祉施設となる。

⑶ ◯ **介護老人保健施設**の提供するサービスは、「介護保健施設サービス」と呼ばれる。介護老人福祉施設のサービスは「介護福祉施設サービス」、介護医療院のサービスは「**介護医療院サービス**」という。

⑷ ◯ **介護医療院**は、療養上の管理、看護、医学的管理の下における介護および機能訓練その他必要な医療ならびに日常生活上の世話を行う。

⑸ ✕ 訪問系や通所系のサービスの利用者は対象となるが、特定施設入居者生活介護や認知症対応型共同生活介護など居住系のサービスの利用者は、**居宅介護支援の対象にならない。**　　**正解** ⑶⑷

保険給付の内容(5)

> **問題 75** 地域密着型サービスの内容について、正しいものを３つ選べ。
>
> (1) 定期巡回・随時対応型訪問介護看護は、その市町村内に住所を有する要介護者を対象とし、要支援者を対象とする介護予防サービスはない。
>
> (2) 夜間対応型訪問介護は、夜間において、定期的な巡回訪問と随時の通報により、居宅で介護福祉士等が入浴・排泄（はいせつ）・食事等の介護を行うもので、要介護者が対象である。
>
> (3) 地域密着型通所介護は、利用定員19人未満の小規模の事業所である。
>
> (4) 認知症対応型通所介護は、要介護者のみを対象とし、要支援者対象の介護予防認知症対応型通所介護はない。
>
> (5) 小規模多機能型居宅介護は、要介護者等を対象に、その居宅において多機能のサービスを提供するものである。

ポイント解説　　　　　　　　　　　　　　📖 上－ P.88～93

(1) **○** **定期巡回・随時対応型訪問介護看護**は、要介護者に介護サービスと看護サービスを一体的に提供するものである。すべてのサービスを一体的に提供する**一体型**の事業所と、訪問看護サービスを指定訪問看護事業者と連携して提供する**連携型**の事業所とがある。(2)とともに重度な要介護者を対象とするサービスであり、介護予防サービスにはない。

(2) **○** **夜間対応型訪問介護**がサービスを提供する時間帯は、夜間・深夜・早朝である。要支援者は利用できない。

(3) **○** **地域密着型通所介護**は、2014年改正で、利用定員19人未満の小規模事業所が通所介護から分離されて、地域密着型サービスに位置づけられたもので、要介護者が対象である。これには療養通所介護を提供する事業所も含まれる。

(4) **×** **要支援者**には、**介護予防認知症対応型通所介護**がある。

(5) **×** **小規模多機能型居宅介護**は、居宅において行う訪問介護のほか、通所・宿泊のサービスを組み合わせて提供することに特色がある。要支援者には、介護予防小規模多機能型居宅介護がある。

正解 (1)(2)(3)

保険給付の内容⑹

問題 76 地域密着型サービスの内容について、正しいものを３つ選べ。

(1) 認知症対応型共同生活介護は、要介護者等を共同生活住居に入居させてサービスを提供するものであるが、介護予防認知症対応型共同生活介護は、要支援１の者は利用できない。

(2) 地域密着型特定施設入居者生活介護の対象となるのは、要介護者に限られる。

(3) 地域密着型介護老人福祉施設入所者生活介護は、入所定員29人以下の養護老人ホームによって提供されるサービスである。

(4) 看護小規模多機能型居宅介護は、訪問看護と訪問介護や通所介護、短期入所生活介護などの複数のサービスから、２つ以上のサービスを自由に組み合わせて提供するサービスである。

(5) 看護小規模多機能型居宅介護は、多様な介護サービスと医療サービスを切れ目なく提供することをめざしている。

ポイント解説　　　　　　　　　　　　　📖 上－ P.88～93

(1) ◯　**認知症対応型共同生活介護**には、介護予防認知症対応型共同生活介護もあるが、予防給付を利用できるのは**要支援２に限られている**。

(2) ◯　居宅サービスの特定施設入居者生活介護は要支援者も対象とするが、**地域密着型特定施設入居者生活介護**の対象は**要介護者だけ**である。

(3) ✕　**地域密着型介護老人福祉施設入所者生活介護**は、養護老人ホームではなく、入所定員29人以下の**特別養護老人ホーム**を市町村長が指定したものである。

(4) ✕　**看護小規模多機能型居宅介護**は、訪問・通い・宿泊のサービスを組み合わせて提供する**小規模多機能型居宅介護に、訪問看護を加えたもの**である。複合型サービスとして創設され、2015（平成27）年度から現名称に名称変更された。2023改正では、その内容が明確化された。要支援者は利用できない。

(5) ◯　看護小規模多機能型居宅介護は、居宅要介護者に多様な**介護サービスと医療サービスを切れ目なく提供する**ことをめざしている。

正解　(1) (2) (5)

保険給付の内容(7)

問題 77 予防給付の内容について、正しいものを３つ選べ。

(1) 介護予防サービス計画費は、要支援者のケアマネジメントを行う介護予防支援に対する給付である。

(2) 予防給付には、福祉用具販売についての給付はない。

(3) 予防給付には、特例サービス費の給付はない。

(4) 医療系の介護予防サービスの内容は、要介護者対象のものとほぼ同様である。

(5) 介護予防サービスは、利用者が可能な限り居宅において、状態の維持・改善を図り、要介護状態になることを予防するための支援を行うことを目的とする。

ポイント解説　　　　　　　　　　　　　　　📖上－ P.88～93

(1) **○** 要介護者に対して行われる居宅介護支援と同様に、要支援者には**介護予防支援**が行われ、**介護予防サービス計画費**が給付される。

(2) **✕** **介護予防福祉用具購入費**の支給があり、支給限度基準額も要介護者と同じである。

(3) **✕** ９種の介護予防サービスを対象とする**特例介護予防サービス費**をはじめ、**特例介護予防サービス計画費**、**特例地域密着型介護予防サービス費**、**特例特定入所者介護予防サービス費**がある。

(4) **○** 介護予防訪問看護・介護予防訪問リハビリテーション・介護予防通所リハビリテーション・介護予防居宅療養管理指導・介護予防短期入所療養介護の５種が医療系の介護予防サービスである。これらの内容には、介護予防を目的に行われるという特徴はあるが、**サービス内容はほぼ同様**と考えてよい。

(5) **○** また、介護予防サービスは、介護予防サービス計画等で**サービスを提供する期間を定めて行ない**、期間満了時には維持・改善の**評価を行う**こととされている。

正解 (1) (4) (5)

現物給付(1)

> **問題 78** 現物給付について、正しいものを３つ選べ。
>
> (1) 保険給付を金銭の給付で行う代わりに、サービスの現物で行うことを現物給付という。
>
> (2) 代理受領による現物給付の方式では、利用者はサービス利用後に利用者負担分だけを払えばよい。
>
> (3) 介護保険施設に入所して指定サービスを受けるときは、無条件に現物給付の扱いが行われる。
>
> (4) 指定居宅サービス事業者・指定地域密着型サービス事業者から受けたサービスは、無条件に現物給付の扱いが行われる。
>
> (5) 基準該当サービスを利用した場合は、必ず償還払いの扱いとなる。

ポイント解説　　　　　　　　　　　　　　　　　上－ P.102〜103

(1) ○　介護保険法の法文では償還払いが建前となっているが、利用者の利便を図る等の観点から、一定の要件を満たした場合、給付される金銭を事業者・施設が利用者を代理して受け取り、**利用者はサービスの現物を給付される**という**現物給付化**が図られている。

(2) ○　**利用者**は、原則１割の定率負担等の**利用者負担分だけを支払う**。

(3) ○　**施設サービス**については、通常の利用であれば、何らの手続きも要さずに現物給付化が行われる。地域密着型介護老人福祉施設入所者生活介護、（地域密着型）特定施設入居者生活介護、認知症対応型共同生活介護、居宅療養管理指導も同様である。

(4) ×　この場合は、**あらかじめ居宅介護支援を受ける旨を市町村に届け出て**、**居宅サービス計画の対象**となっているか、あるいは自ら居宅サービス計画を作成して市町村に届け出ることが必要である。これらの条件を満たしてはじめて、**法定代理受領の条件**が整ったことになる。なお、居宅介護サービス計画費の場合は、被保険者があらかじめ居宅介護支援を受ける旨を市町村に届け出ていることが必要となる。

(5) ×　基準該当サービスや相当サービスは、償還払いが原則であるが、市町村ごとに手続きを定めて現物給付の扱いとすることもできる。

正解　(1) (2) (3)

現物給付⑵

問題 79 現物給付化できる保険給付として、正しいものを2つ選べ。

(1) 福祉用具購入費
(2) 住宅改修費
(3) 居宅介護サービス計画費
(4) 高額介護サービス費
(5) 特定入所者介護サービス費

ポイント解説　　　　　　　　　　　　　　📖 上－ P.102～103

　現物給付化は多くのサービスについて認められているが、**福祉用具購入費**と**住宅改修費**は、現物給付になじまないので**償還払い**となる（なお、市町村によっては、住宅改修費等について、事業者登録制度等の手続きを定めて現物給付と同様の「受領委任払い」が行われている）。

　特定入所者介護サービス費（問題85参照）は**現物給付**だが、**高額介護サービス費**と**高額医療合算介護サービス費**（問題83・84参照）は**償還払い**である。

　なお、現物給付化が認められているサービスであっても、認定の申請前にサービスを利用した場合や、被保険者証を提示しないでサービスを利用した場合は、償還払いとなる（特例サービス費の支給となる）。

　これらの扱いは、予防給付についても同様である。

正　解　(3)(5)

審査・支払い

問題 80 保険給付の審査・支払いについて、正しいものを３つ選べ。

(1) 現物給付の場合、事業者・施設は、提供したサービスに係る費用の請求を、市町村から委託を受けた国保連および利用者に対して行う。

(2) 施設サービスの場合、保険給付における提供したサービスに係る費用とは、食費および居住に係る費用等を除いたサービス費用の原則９割に相当する額である。

(3) 事業者・施設から請求を受けた国保連は、介護報酬の算定基準や運営基準等に照らして、請求内容の審査を行う。

(4) 償還払いの場合、利用者は、いったんサービス費用の全額を支払い、その後で国保連に対して、償還払いの申請を行う。

(5) 市町村は、国保連の審査結果の報告を受け、事業者・施設に保険給付の支払いを行う。

ポイント解説　　　　　　　　　　　　　　　　　　📖上－ P.103

(1) **○　市町村は、審査・支払いの業務を、国民健康保険団体連合会（国保連）に対して委託している。** 事業者・施設は、利用者負担であるサービス費用の原則１割の請求を利用者に対して行い、残りの９割の請求を国保連に対して行う。

(2) **○**　介護保険法上では、**「提供したサービスに係る費用」** が保険給付されるが、これはサービス費用全体から利用者負担を除いた、**サービス費用の原則９割** に当たる。食費・居住費のほか、日常生活に要する費用も利用者負担である。

(3) **○**　国保連には、**介護給付費等審査委員会** が置かれ、請求内容の審査を行う。

(4) **✕　償還払いの申請は、市町村に対して行う。** その際、利用者は、事業者・施設が発行する領収書を提出しなければならない。

(5) **✕**　支払いを行うのは市町村ではなく国保連である。**国保連** は、市町村から支払いを受け、それをもって**事業者・施設への支払いを行う。**

正解　(1)(2)(3)

利用者負担(1)

問題 81 利用者負担について、正しいものを２つ選べ。

(1) 介護保険では、サービスの種類によって利用者負担の負担率がそれぞれ異なる。

(2) 居宅介護支援・介護予防支援の費用には、利用者負担はない。

(3) 介護保険施設の食費・居住費は、一定の標準負担額が利用者負担となり、残りの部分が保険給付される。

(4) おむつ代は、日常生活費として、利用者負担となる。

(5) 通常の事業の実施地域内においては、原則として、事業者の交通費に関する利用者負担は発生しない。

ポイント解説　　　　　　　　　　📖 上－ P.104、P.107～108

(1) ✕　**利用者負担**は、基本的に**サービスに要する費用の１割**とされ、これはサービスの種類にかかわらず、定率である（選択肢(2)の例外を除く）。ただし、2015（平成27）年８月から、**一定以上の所得を有する第１号被保険者**の利用者負担は**２割**となり、2018（平成30）年８月からは、**３割**となる所得段階も導入された。

(2) ◯　居宅サービス計画の作成費用等の**ケアマネジメントの費用**は、10割給付であり、利用者負担は発生しない。

(3) ✕　施設サービスだけでなく、すべてのサービスにおいて**食事および居住・滞在に要する費用**は、**全額が利用者負担**である。低所得者については、特定入所者介護サービス費等の補足給付が行われる。在宅の利用者との公平を図り、給付費の抑制を図るという意図である。

(4) ✕　**日常生活費**とは、日常生活で通常必要となる費用のことで、**理美容代**、**教養娯楽費**等がこれに当たり、保険給付の対象とならない（**利用者負担となる**）。しかし、**おむつ代**は、施設サービス・地域密着型介護老人福祉施設・短期入所生活介護・短期入所療養介護・介護予防短期入所生活介護・介護予防短期入所療養介護では、**利用者負担にはならない**。

(5) ◯　**通常の事業実施地域内**であれば、事業者の**交通費はサービス費用に含まれている**（居宅療養管理指導・介護予防居宅療養管理指導を除く）。

正解　(2) (5)

利用者負担(2)

問題 82　利用者負担について、正しいものを３つ選べ。

(1)　一定以上の所得のある第１号被保険者は、介護保険サービス利用の際、２割または３割の利用者負担をするようになった。

(2)　所得の判定には、住民税の賦課に用いる前年の所得のデータを用いる。

(3)　所得の把握は世帯単位で行われ、基準以上の所得のある人のいる世帯では、世帯の全員が２割または３割負担となる。

(4)　保険給付を受けている第２号被保険者については、基準を超える所得があっても１割負担である。

(5)　１割負担の者も含めて第１号被保険者全員に、介護保険負担割合証が交付される。

ポイント解説　　　　　　　　　　　　　　　　　📖上－ P.104

(1)　**○**　2014年改正により、**本人の合計所得金額**※(1)**160万円以上の第１号被保険者**は、**２割の利用者負担**をすることになった。同一世帯の第１号被保険者の〔年金収入＋その他の合計所得金額※(2)〕が、単身で280万円、２人以上で346万円を下回る場合は、１割負担である。2017年改正では、合計所得金額220万円以上の所得層に**３割**負担が導入された。

(2)　**○**　前年の所得の把握が確定するのは６月頃になるので、２割負担は2015年８月に施行され、３割負担は2018年８月に施行された。

(3)　**✕**　２割または３割負担となるのは、**基準以上の所得がある本人のみ**である。ほかに介護保険サービスを利用する人がいても、その人の所得が基準以上でなければ１割負担である。

(4)　**○**　第２号被保険者には、上記の措置は適用されない。要介護認定・要支援認定を受け給付を受けている第２号被保険者が第１号被保険者になった場合は、65歳となった月の翌月からこの規定の対象となる。

(5)　**✕**　**介護保険負担割合証**は、１割負担の者も含めて、**要介護認定・要支援認定を受けた者**に交付される（次ページ参照）。負担割合証の有効期間は、８月１日から翌年の７月31日である。

正解　(1)(2)(4)

※(1)　収入から公的年金等控除や給与所得控除、必要経費を控除した後で、基礎控除や人的控除等をする前の所得金額

　※(2)　給与収入や事業収入等から給与所得控除や必要経費を控除した額

■介護保険負担割合証

(表面)

介護保険負担割合証			
交付年月日　　年　月　日			

被保険者	番号		
	住所		
	フリガナ		
	氏名		
	生年月日　明治・大正・昭和　年　月　日	性別	男・女
利用者負担の割合	適用期間		
	開始年月日　令和　年　月　日 終了年月日　令和　年　月　日	割	
	開始年月日　令和　年　月　日 終了年月日　令和　年　月　日	割	
保険者番号並びに名称及び保険者印			

(裏面)

　　　　　　注意事項

一　介護サービス又は介護予防・生活支援サービス事業のサービスを受けようとするときは、必ずこの証を事業者又は施設の窓口に提出してください。

二　介護サービス又は介護予防・生活支援サービス事業のサービスに要した費用のうち、「適用期間」に応じた「利用者負担の割合」欄に記載された割合分の金額をお支払いいただきます。（居宅介護支援サービス及び介護予防支援サービスの利用支払額はありません。）

三　被保険者の資格がなくなったとき又はこの証の適用期間の終了年月日に至ったときは、直ちに、この証を市町村に返してください。また、転出の届出をする際には、この証を添えてください。

四　この証の表面の記載事項に変更があったときは、十四日以内に、この証を添えて市町村にその旨を届け出てください。

五　不正にこの証を使用した者は、刑法により詐欺罪として懲役の処分を受けます。

六　利用時支払額を三割（「利用者負担の割合」欄に記載された割合が三割である場合は四割）とする措置（給付額減額）を受けている場合は、この証に記載された利用者負担の割合よりも、当該措置が優先されます。

高額介護サービス費等

問題 83　高額介護サービス費等について、正しいものを２つ選べ。

(1)　高額介護サービス費、高額介護予防サービス費は、原則１割の定率負担の合計額が、月単位で一定の額を超えた場合の給付である。

(2)　高額介護サービス費等は、利用者からの申請により、一定の負担上限額を超えた部分が償還払いで支給される。

(3)　高額介護サービス費等の支給を受けることができるのは、所得が一定の額に達しない低所得者に限られる。

(4)　複数の利用者がいる世帯では、高額介護サービス費等の負担上限額は、利用者ごとに適用される。

(5)　住宅改修費や福祉用具購入費の利用者負担分も、合算して高額介護サービス費等の対象となる。

ポイント解説　　　　　　　　　　　　　　📖 上－ P.105〜106

(1)　**○**　**高額介護サービス費・高額介護予防サービス費**は、**原則１割の定率負担の合計額**が一定の額を超えて高額となった場合の給付である。

(2)　**○**　現物給付化はできないので、月ごとに**償還払い**で支給される。

(3)　**×**　利用者の所得に応じた負担上限額が定められていて、**低所得者に限られているわけではない**。所得区分と月ごとの負担上限額は、①第１段階（生活保護受給者等）１万5000円、②第２段階（年金収入等が80万円以下の市町村民税世帯非課税者）１万5000円、③第３段階（②に該当しない市町村民税世帯非課税者）２万4600円、④第４段階（一般）４万4400円となり、⑤第５段階（現役並み所得者※）は所得に応じて、４万4400円、９万3000円、14万100円の上限額が設定されている。

(4)　**×**　負担上限額は**世帯単位で適用**され、その世帯に属する利用者負担の合計が解説(3)の額を超えた場合に支給される。

(5)　**×**　対象となるのは、特例を含む**居宅介護サービス費・地域密着型介護サービス費・施設介護サービス費の合計額**である（予防給付も同様）。住宅改修費や福祉用具購入費の利用者負担分は算入されない。

正解　(1)(2)

※課税所得145万円以上。ただし、同一世帯内の第１号被保険者の収入が、単身で383万円、２人以上で520万円未満の場合は、一般に戻す。

高額医療合算介護サービス費等

問題 84 高額医療合算介護サービス費等について、正しいものを３つ選べ。

(1) 高額医療合算介護サービス費、高額医療合算介護予防サービス費は、高額医療・高額介護合算制度に基づく給付であり、償還払いで支給される。

(2) 高額医療合算介護サービス費等は、月ごとの医療費の患者負担分と介護保険の利用者負担分の合計額が一定の額を超えた場合に支給される。

(3) 自己負担限度額は、世帯員の年齢や所得段階別に区分されている。

(4) 給付を受けるには、介護保険の保険者と医療保険の保険者に対する被保険者からの申請が必要である。

(5) 自己負担限度額を超えた部分は、介護保険の保険者と医療保険の保険者が２分の１ずつ支給する。

ポイント解説　　　　　　　　　　　　　　　　　📖 上－ P.106

(1) **○** **高額医療合算介護サービス費等**は、2008（平成20）年４月から施行された**高額医療・高額介護合算制度**に基づく給付であり、**償還払い**で支給される。

(2) **✕** この制度は、月単位で自己負担を軽くする高額介護サービス費等（介護保険）および高額療養費（医療保険）に加えて、**年単位**でさらに自己負担の軽減を図るものである。対象は前年８月から当年７月までの１年間の自己負担額である。

(3) **○** １年間の**自己負担限度額**は、**世帯員の年齢や所得**によって政令に定められている。

(4) **○** 給付を受けるには、市町村に申請して介護自己負担額証明書をもらい、それを添付して医療保険の保険者に申請することが必要である。

(5) **✕** 自己負担限度額を超えた部分は、介護保険と医療保険それぞれの**自己負担額の比率に応じて按分**して、高額医療合算介護サービス費等および高額介護合算療養費として、各保険者から支給される。

正解　(1)(3)(4)

特定入所者介護サービス費等

> **問題 85** 特定入所者介護サービス費等について、正しいものを2つ選べ。
> (1) 特定入所者とは、特定施設に入所している者のことである。
> (2) 特定入所者介護サービス費等は、介護保険施設やショートステイなどにおける食費および居住費・滞在費について、低所得者の負担軽減を図るものである。
> (3) 特定入所者介護サービス費等を支給されるのは、市町村民税世帯非課税である老齢福祉年金受給者と生活保護受給者に限られる。
> (4) 特定入所者に認定された者には、負担限度額認定証が交付される。
> (5) 特定入所者には、介護保険施設などでの食費および居住費・滞在費が、特定入所者介護サービス費等として全額支給される。

ポイント解説　　　　　　　　　　　　　📖 上－ P.109〜113

(1) **✕**　特定施設とは、有料老人ホーム、軽費老人ホーム、養護老人ホームのことで、ここでいう**特定入所者**とは関係がない。

(2) **○**　**特定入所者介護サービス費・特定入所者介護予防サービス費**は、**低所得者（特定入所者）**を対象として、**食費**および**居住費・滞在費**の補足給付を行うものである。対象となるサービスは、**施設サービス・地域密着型介護老人福祉施設入所者生活介護・短期入所サービス**である。

(3) **✕**　記述は、利用者負担段階の第1段階である。支給の対象となるのは、次ページの下の表の第1段階〜第3段階に該当する者で、**生活保護受給者**と**市町村民税世帯非課税者**などである。段階に応じた負担限度額が設定されている。

(4) **○**　市町村に申請して所得と資産の状況が規定に該当すると認められた者には、**負担限度額認定証**が交付され、利用する施設に提示することによって支給が受けられる。

(5) **✕**　全額が支給されるわけではない。施設などの食費や居住費には**基準費用額**が定められ、また、特定入所者には段階に応じた**負担限度額**が定められている。支給されるのは、**〔基準費用額（当該施設の実際の額がこれより安い場合にはその額）－負担限度額〕**に相当する額である。なお、この支給は、**現物給付**で行われる。　　　**正解** (2)(4)

■食費・居住費の負担の仕組み（日額）

負担限度額と基準費用額の差額が、補足給付として支給される。

（下図は2021（令和３）年８月１日から適用される食費の例／ショートステイ）

●特定入所者介護サービス費等の利用者負担段階

特定入所者介護サービス費等（補足給付）が適用される利用者負担段階は、下表のようになっている。第１段階～第３段階の人を対象に補足給付が行われるが、第３段階が①②に分けられ、第３段階②では、利用者負担が増額された。

負担段階	対象となる人（次のいずれかに該当する人）		
第１段階	①市町村民税世帯非課税である老齢福祉年金受給者 ②生活保護受給者 ③境界層該当者（注）		
第２段階	市町村民税世帯非課税		①〔合計所得金額＋課税年金・非課税年金収入額〕が年額80万円以下 ②境界層該当者
第３段階		①	〔合計所得金額＋課税年金・非課税年金収入額〕が<u>年額80万円超120万円以下</u>、および境界層該当者、市町村民税課税世帯の特例減額措置が適用される人
		②	〔合計所得金額＋課税年金・非課税年金収入額〕が<u>年額120万円超</u>、および境界層該当者、市町村民税課税世帯の特例減額措置が適用される人
第４段階	第１～第３段階のいずれにも該当しない人（市町村民税世帯課税・本人非課税、本人課税等）		

（注）　本来適用すべき食費・居住費等の基準を適用すれば生活保護が必要となるが、より負担の低い基準を適用すれば生活保護が必要でなくなる人

※　預貯金等の資産が下記であることが必要。
　　　第１段階　（単身）1,000万円以下　｜
　　　第２段階　　　　　650万円以下　　｜＋配偶者の上乗せ1,000万円
　　　第３段階①　　　　550万円以下　　｜
　　　第３段階②　　　　500万円以下　　｜

■負担限度額認定証

介護保険負担限度額認定証

交付年月日　令和　年　月　日

被保険者

番号	
住所	
フリガナ	
氏名	
生年月日	明治・大正・昭和　年　月　日　　性別　男・女
適用年月日	令和　年　月　日から
有効期限	令和　年　月　日まで

食費の負担限度額
（介護予防）短期入所生活（療養）介護	円
その他のサービス	円

居住費又は滞在費の負担限度額
ユニット型個室	円
ユニット型個室的多床室	円
従来型個室（特養等）	円
従来型個室（老健・療養等）	円
多床室	円

保険者番号並びに保険者の名称及び印

注意事項

一　この証により指定介護福祉施設サービス、地域密着型介護老人福祉施設入所者生活介護、（介護予防）短期入所生活介護及び介護予防短期入所生活介護（この証の表面において「特養等」という。）並びに介護保健施設サービス、（介護予防）短期入所療養介護及び介護予防短期入所療養介護（この証の表面において「老健・療養等」という。）を利用する際に食事の提供を受け、又は居住若しくは滞在する場合には、この証の表面に記載する負担限度額が、支払いの上限となります。

二　前号に規定するサービスを利用するときは、被保険者証とともに必ずこの証を特定介護保険施設等の窓口に提出してください。

三　被保険者の資格がなくなったとき、認定の条件に該当しなくなったとき又は負担限度額認定証の有効期限に至ったときは、遅滞なく、この証を市町村に返還してください。また、転出の届出をする際には、この証を添えてください。

四　この証の表面の記載事項に変更があるときは、十四日以内に、この証を添えて、市町村にその旨を届け出てください。

五　不正にこの証を使用した者は、刑法による詐欺罪として、懲役の処分を受けます。

備考
1　この証の大きさは、縦128ミリメートル、横91ミリメートルとすること。
2　必要があるときは、各欄の配置を著しく変更することなく所要の変更を加えること及びその他所要の調整を加えることができること。

利用者負担の減免(1)

問題 86　利用者負担の減免について、正しいものを３つ選べ。

(1)　単に低所得者であるという理由のみで原則１割の利用者負担の減免が行われることはない。

(2)　市町村は、特別な理由があり利用者負担の支払いが一時的に困難な被保険者について、原則１割の定率負担を減額または免除することができる。

(3)　世帯の生計維持者が生活保護受給者になった場合は、原則１割の定率負担の減免が行われる。

(4)　境界層該当者の場合は、高額介護サービス費や特定入所者介護サービス費について、本来適用すべき基準より軽減された基準が適用される。

(5)　市町村民税が課税されている世帯の利用者には、特定入所者介護サービス費等が支給されることはない。

ポイント解説　　　　　　　　　　　　　　📖 上－ P.105〜114

(1)　**〇**　選択肢(2)のような特別な理由がある場合を除き、単に低所得者であるという理由のみで、原則１割の利用者負担の減免（減額または免除）が行われることはない。

(2)　**〇**　**特別な理由**とは、要介護者等や世帯の主たる生計維持者が、震災・風水害・火災等で住宅等の財産が著しく損害を受けたこと、死亡・心身の重大な障害や長期入院で収入が著しく減少したこと、事業の休廃止・著しい損失・失業等により収入が著しく減少したこと、干ばつ・冷害等による農作物の不作や不漁等により収入が著しく減少したことである。

(3)　**✕**　この場合は、**生活保護**の**介護扶助**が給付されることになり、定率負担の減免が行われることはない。

(4)　**〇**　**境界層該当者**とは、本来適用すべき基準を適用すると生活保護が必要になるが、軽減した基準なら保護を必要としない者のことである。

(5)　**✕**　高齢者夫婦世帯の一方が施設に入所して食費・居住費を負担した結果、残された配偶者の生計が困難になるような場合には、特定入所者介護サービス費等が支給される。

正解　(1)(2)(4)

利用者負担の減免⑵

問題 87 社会福祉法人等による利用者負担の軽減について、正しいものを３つ選べ。

(1) 社会福祉法人等による利用者負担の軽減は、2005年改正で食費・居住費（滞在費）が利用者負担になったことを踏まえて拡充された。

(2) 軽減の対象となるサービスは、介護福祉施設サービスに限られる。

(3) 軽減の対象となるのは、収入、資産等の要件をすべて満たす者のうち、生計が困難と市町村が認めた者、および生活保護受給者である。

(4) 軽減の対象となる利用者負担は、原則定率１割の利用者負担のほか、食費・居住費（滞在費）・宿泊費である。

(5) 軽減の程度は、２分の１を原則とし、世帯の状況などを総合的に考慮して社会福祉法人等が個別に決定する。

ポイント解説　　　　　　　　　　　　　📖 上－ P.114〜115

(1) ○ **社会福祉法人等**は、都道府県や市町村に申し出て、低所得者対策であるこの事業に取り組むこととされている。軽減額のうち一定割合が、市町村から社会福祉法人等に助成される。

(2) ✕ 介護福祉施設サービスに限らず、主に**福祉系**の居宅サービス・地域密着型サービス（介護予防サービスを含む）が対象である。地域支援事業の**第１号事業**のうち介護予防訪問介護・介護予防通所介護に相当する事業も対象である。

(3) ○ **要件**には、単身世帯では年間収入が150万円以下であること、預貯金の額が一定額以下であること、活用できる資産がないこと、介護保険料を滞納していないことなどが含まれる。

(4) ○ **施設入所の食費・居住費、短期入所の食費・滞在費、小規模多機能型居宅介護・看護小規模多機能型居宅介護の食費・宿泊費**も対象となる。

(5) ✕ 通常は**４分の１**（老齢福祉年金受給者は２分の１）軽減を原則とする。※ **市町村**は、利用者の申請に基づき軽減率等を決定したうえで、**確認証**を交付する。社会福祉法人等は、利用者から確認証の提示を受けて、その内容に基づき利用者負担の軽減を行う。

正解 (1)(3)(4)

※生活保護受給者については、軽減の対象となるのは個室の居住費の利用者負担であり、軽減の程度はその全額である。

保険給付の制限

問題 88 保険給付の制限について、正しいものを２つ選べ。

(1) 正当な理由なしにサービスの利用等に関する指示に従わないことにより要介護状態等に陥ったり、その状態の程度を悪化させたりした場合には、市町村は、保険給付の全部または一部を行わないことができる。

(2) 正当な理由なしに市町村職員による質問等に応じなかった場合には、市町村は、保険給付の全部または一部を行わないことができる。

(3) 介護保険では、他の社会保険では保険の対象とならない、刑事施設・労役場等に拘禁された者についても、保険給付が行われる。

(4) 被保険者が保険料を滞納していることを理由に、保険給付の制限が行われることはない。

(5) 市町村は、被保険者が低所得者で、定率の利用者負担や食費・居住費等の支払いが困難であると認める場合、介護保険施設への入所を制限することができる。

ポイント解説　　　　　　　　　　　　　📖 上－ P.120〜121

(1) **○** 記述のほか、故意の犯罪や重大な過失によって、要介護状態等になったり状態を悪化させたりした場合も同様である。

(2) **○** 介護保険法の規定に基づく文書の提出等を拒んだ場合も同様である。

(3) **✕** 他の社会保険と同様に、**刑事施設・労役場等に拘禁された者**については、その期間に係る**保険給付は行われない**。

(4) **✕** 被保険者が**保険料を滞納**している場合、市町村は、保険料の**滞納期間に応じて、保険給付を制限する**ことができる。こうして、滞納保険料を控除（相殺）することになる。保険料滞納者に対する措置については、P.139を参照。

(5) **✕** このような場合には、所得に応じた高額介護サービス費等や特定入所者介護サービス費等の支給等が行われ、**低所得であることを理由に入所が制限されることはない**。

正解 (1)(2)

他法との給付調整(1)

> **問題 89** 他法との給付調整について、正しいものを３つ選べ。
> (1) 介護保険と医療保険で給付が重なるものについては、医療保険の給付が優先し、介護保険からの給付は行われない。
> (2) 介護医療院に入所している者に、急性期治療が必要となった場合は、急性期病棟に移ったうえで医療保険からの給付が行われる。
> (3) 労働者災害補償保険法等の法令によって、介護保険の給付に相当する給付を受けられるときは、労働者災害補償保険法等の給付が優先する。
> (4) 国家補償的な給付を行う法律による給付と介護保険による給付で給付が重なるものについては、介護保険の給付が優先する。
> (5) 老人福祉法に基づく市町村の措置による介護サービスの提供は、ほとんどが介護保険の給付に移行したが、一部はまだ行われている。

ポイント解説　　　　　　　　　　　　　　　　　📖 上－ P.116〜118

(1) **✕**　記述は逆で、**介護保険の給付が優先**し、医療保険からの給付は行われない。

　　なお、「Aの給付がBの給付に優先する」は、「Aの給付が優先して支給される」という意味（逆にとる方がときどきみられるので念のため）。

(2) **○**　介護医療院は介護保険施設であるが、**介護保険**から給付されているのは**安定期の医療や介護**であり、手術等の急性期の治療は、急性期病棟に移って医療保険から給付されることになる。歯科医療など施設での提供が困難な医療についても、医療保険から給付が行われる。

(3) **○**　**労働者災害補償保険法（労災保険法）、船員保険法、労働基準法等**の**労働災害に対する補償の給付**は、**介護保険の給付に優先する**。公務災害に対する補償の給付（国家公務員災害補償法等によるもの）も同様である。

(4) **✕**　戦傷病者特別援護法・原子爆弾被爆者に対する援護に関する法律など、**国家補償的な給付を行う法律による給付が優先する**。

(5) **○**　家族による虐待や放置のために、介護保険からのサービスを利用できないケースなどもあり、老人福祉法に基づく措置も行われている。

正解　(2) (3) (5)

他法との給付調整⑵

問題 90　他法との給付調整について、正しいものを３つ選べ。

(1)　介護保険の給付は、結核患者に係る公費負担医療や生活保護法の公費
負担医療に優先する。

(2)　障害者総合支援法による自立支援給付は、介護保険の給付に優先する。

(3)　生活保護の被保護者であって介護保険の第１号被保険者である者に対
しては、生活保護よりも介護保険の給付が優先して適用される。

(4)　40歳以上65歳未満の被保護者のほとんどは医療保険に加入していない
ため、介護保険の被保険者とならず、介護が必要になった場合は、生活
保護法から給付される。

(5)　生活保護法による介護扶助の給付は、介護保険の給付に比べて、給付
範囲や内容が制限される。

ポイント解説　　　　　　　　　　　　　　　　　　📖 上－ P.116～118

(1)　○　介護保険からサービス費用の原則９割が給付され、**公費負担医療**
の給付は、１割の**利用者負担の部分について行われる**。例えば、「感染
症の予防及び感染症の患者に対する医療に関する法律」によれば、結核
患者の医療の給付率は95％だが、90％は介護保険から給付され、５％が
公費負担医療の給付となる（利用者負担は残りの５％となる）。

(2)　×　**障害者総合支援法**による自立支援給付には、障害者に対する介護・
医療サービスが含まれているが、これらが介護保険の給付と重なる場合
には、**介護保険の給付が優先する**。なお、障害者施策に特有のサービス
で介護保険に同種の給付がないものは、障害者施策から給付される。

(3)　○　**生活保護法**には**他法優先の原則**があり、介護保険が適用できる場
合は、介護保険を優先的に適用する。その上で１割の利用者負担の部分
が、生活保護の介護扶助で賄われる。なお、介護保険の保険料は、生活
保護の生活扶助で賄われる。

(4)　○　この場合は、**生活保護の介護扶助**からすべてが給付される。

(5)　×　**介護扶助の範囲や内容**は、基本的に**介護保険と同じ**である。

正解　(1)(3)(4)

第三者行為と損害賠償請求権

問題 91 第三者行為と損害賠償請求権について、正しいものを3つ選べ。

(1) 保険給付の給付事由が、第三者の行為によって発生した場合にも、市町村は、保険給付を行う義務を免れない。

(2) 第三者の起こした事故によって要介護者となった場合に、第三者からその事故による要介護状態の発生について損害賠償を受けたときは、市町村は、その賠償額の範囲内で、保険給付を行う責任を免れる。

(3) 施設や事業所の介護サービス従事者は、「第三者」に含まれない。

(4) 第三者の行為によって保険事故が発生し、介護保険の保険給付が行われた場合は、市町村は、第三者に対して被保険者に代わって損害賠償を請求することができる。

(5) 市町村は、第三者に対する損害賠償の徴収・収納の事務を、国保連に委託することができる。

ポイント解説 📖上ー P.119

(1) ✕ この場合に、損害を賠償する責任があるのは**第三者**であり、市町村には保険給付を行う義務はない。

(2) ◯ このように、介護保険の給付事由が第三者の加害行為に起因する場合に、**第三者による損害賠償が行われたときは、市町村は保険給付を行わないことができる。**

(3) ✕ 保険者（市町村）と当事者である被保険者以外は、すべて第三者とみなすことができる。

(4) ◯ この場合は、**市町村**が、被保険者が第三者に対して有する**損害賠償の請求権を取得する**ことになる。その金額の限度は、保険給付の額である。

(5) ◯ この事務を**第三者行為求償事務**といい、市町村はこれを国民健康保険団体連合会（国保連）に委託して行う。

正解 (2)(4)(5)

不正利得の徴収

問題 92　不正利得の徴収について、正しいものを３つ選べ。

(1)　市町村は、偽りその他不正の行為によって保険給付を受けた者から、その価額の全部または一部を徴収することができる。

(2)　市町村は、不正の行為によって保険給付を受け、その情状が重い場合には、被保険者資格を抹消することができる。

(3)　不正な保険受給が、医師・歯科医師の診断書の虚偽の記載のために行われた場合は、市町村は、医師・歯科医師に対し、受給者に連帯して徴収金を納付するよう命ずることができる。

(4)　市町村は、不正の行為によって保険給付を受けた者に対しては、保険給付率を通常の原則９割から７割に引き下げることができる。

(5)　サービス提供事業者が、偽りその他不正の行為によって、現物給付化された費用の支払いを受けたときは、市町村は、返還額に４割を加算した額を支払わせることができる。

ポイント解説　　　　　　　　　　　　　　　　　📖 上ー P.119

(1)　○　本来受けることができない保険給付を、不正な行為によって受けた者には、**市町村**は、**不正利得の返還を請求**することができる。また、不正行為によって受けた保険給付が**特定入所者介護（予防）サービス費**の場合は、市町村は、その給付の価額に加え、その価額の２倍の額以下の金額を徴収できる。

(2)　✕　市町村には不正利得の**強制徴収**の権限はあるが、**被保険者資格を抹消することはできない**。

(3)　○　医療系のサービスに関しては、医師や歯科医師の役割が大きいので、このような規定がある。

(4)　✕　不正利得の返還を請求することはできるが、**保険給付率を引き下げることはできない**。なお、給付率引下げの処分は、第１号被保険者の保険料滞納に係る処分の一部として行われるものである。

(5)　○　対象となるサービス提供事業者は、指定居宅サービス事業者をはじめ、すべての事業者・施設に及ぶ。

正解　(1)(3)(5)

市町村への文書の提出等

> **問題 93** 文書の提出等について、正しいものを３つ選べ。
>
> (1) 市町村には、受給者、事業者・施設のサービス担当者、住宅改修を行う者またはこれらであった者に対し、必要に応じて文書の提出要求、職員による質問・照会の権限が与えられている。
>
> (2) 都道府県知事は、介護サービスを行った者やその使用者に対し、サービス提供記録等の提示命令や職員による質問を行うことができる。
>
> (3) 厚生労働大臣は、介護保険の受給者に対して、受けたサービスの内容に関して、報告を命じ、または職員に質問をさせることができる。
>
> (4) 保険給付を受ける権利は被保険者に属するものであり、被保険者は、この権利を譲渡したり担保に供したりすることができる。
>
> (5) 租税その他の公課は、保険給付として支給を受けた金品を標準として課することができる。

ポイント解説　　　　　　　　　　　　　　📖 上－ P.119～120

(1) **○** **保険者としての権限**である。なお、受給者が、正当な理由なくこれらの求めに応じないときは、市町村は、保険給付の一部または全部の制限を行うことができる。

(2) **○** これらの権限は、**都道府県知事**に限らず、**厚生労働大臣**にも与えられている。

(3) **○** **受給者**に対しても、受けたサービス内容に関して、報告や職員による質問をさせることができる。この権限も、**厚生労働大臣・都道府県知事**の両方に与えられている。

(4) **✕** 社会保険の保険給付は、保険事故が発生したときの生活保障を目的とする。受給権者が確実に保険給付を受けられるように、**受給権を譲り渡し、担保に供し、差し押さえることはできない**。

(5) **✕** **租税その他の公課**は、保険給付として支給を受けた金品を標準として**課することができない**とされ、保険給付は、課税対象から除外されている。

正解 (1)(2)(3)

指定都道府県事務受託法人

問題 94 指定都道府県事務受託法人について、正しいものを3つ選べ。

(1) 指定都道府県事務受託法人は、厚生労働大臣が指定する。

(2) 都道府県は、都道府県介護認定審査会の認定調査の事務を、指定都道府県事務受託法人に委託することができる。

(3) 指定都道府県事務受託法人の行う事務には、都道府県知事に代わって命令を行うことは含まれていない。

(4) この委託事務に従事する者は、刑法その他の罰則の適用については、公務員とみなされる。

(5) 都道府県は、事務を委託したときは、その旨を公示しなければならない。

ポイント解説　　　　　　　　　　　　📖 上－ P.120

(1) ✕ **指定都道府県事務受託法人**は、**都道府県知事が指定**する。

(2) ✕ 都道府県が指定都道府県事務受託法人に委託する事務は、**居宅サービスを行った者等**に対して行う**質問等の事務**である。

(3) ◯ 委託する事務には、**命令や質問の対象となる者の選定**や**命令**の事務は**含まれていない**。

(4) ◯ 指定都道府県事務受託法人の役員や職員は、刑法その他の罰則の適用に関しては、**公務員とみなされる**。

(5) ◯ 委託する事務の内容その他を**公示**する。委託を終了するときも同様に公示を行う。

正解 (3)(4)(5)

介護報酬(1)

> **問題 95** 介護報酬について、正しいものを２つ選べ。
> (1) 保険給付の対象となる各種サービスの費用の額は、厚生労働大臣が定める基準により算定する。
> (2) 市町村は、人件費等の地域格差を是正するために、独自の算定基準を定めることができる。
> (3) 現物給付の場合、事業者・施設は、算定基準に定められた費用の額に従って、その額の原則９割を国保連に、１割を利用者に請求する。
> (4) サービス提供に要した費用の額が、算定基準に定められた額を下回る場合であっても、事業者・施設は算定基準の額を請求することができる。
> (5) 福祉用具購入費と住宅改修費についても、介護報酬の算定基準が定められている。

ポイント解説 　　　　　　　　　　　　　　　　　📖 上－ P.94〜96

(1) ◯　**厚生労働大臣**が告示によって定めるこの基準を、一般に**介護報酬の算定基準**という。厚生労働大臣は、算定基準を定めるにあたって、あらかじめ社会保障審議会の意見を聴かなければならないとされている。

(2) ✕　算定基準は**全国一律**のもので、人件費等の地域格差は、後述するように地域区分別単価によって是正するよう配慮されている。なお、地域密着型サービスと地域密着型介護予防サービスについては、厚生労働大臣が定める算定基準を限度として、市町村独自の額を定めることも認められている。

(3) ◯　なお、償還払いの場合は、全額が利用者に請求され、利用者は市町村から、その額の原則９割の償還を受けることになる。

(4) ✕　この場合、**現に要した費用の額**で請求しなければならない。

(5) ✕　**福祉用具購入費・住宅改修費**は、支給限度基準額の範囲内で、**実費**の原則９割が償還払いで支給されることになり、算定基準が定められているわけではない。なお、**福祉用具貸与**には算定基準が定められているが、商品ごとに上限が定められ範囲内の現に要した費用の額で算定される。いわゆる「自由価格」である。

正解 (1)(3)

介護報酬⑵

問題 96　介護報酬について、正しいものを３つ選べ。

(1)　介護報酬の額は、さまざまな条件を勘案して算定される、サービスに要する平均的な費用の額を勘案して定められる。

(2)　介護報酬は、算定基準の別表（介護給付費単位数表）に定められた単位数に、地域ごとの１単位の単価を乗じて算定する。

(3)　地域区分は６区分とされ、そのうち５つの地域では１単位の単価の上乗せが行われている。

(4)　地域差の反映は、すべてのサービスについて行われている。

(5)　福祉用具貸与については、現に要した費用の額を１単位の単価で除した額が介護給付費の単位数とされる。

ポイント解説　　　　　　　　　　　　　　　📖 上－ P.94〜96

(1)　**○**　サービスの種類ごとに、事業所・施設の所在する地域等やサービスの内容、要介護等状態区分などを勘案して平均的な費用の額として算定される。

(2)　**○**　地域ごとの**１単位の単価**は**10円を基本**とするが、地域差とサービスごとの人件費の割合を勘案して、都市部においては上乗せが行われる。これを**地域区分別単価**という。

(3)　**✕**　**地域区分**は、１級地〜７級地・その他の**８区分**である。「その他」の地域では、すべてのサービスについて上乗せは行われず、１単位の単価は10円である。

(4)　**✕**　**居宅療養管理指導**と**福祉用具貸与**については、**地域差の反映は行われず**、全国どこでも１単位の単価は10円である。

(5)　**○**　**福祉用具貸与**は、いわば**自由価格**であり、貸与の品目ごとに単位数が定められているわけではない。なお、2018年10月から、適切な貸与価格を確保するため、国が商品ごとの全国平均貸与価格を公表し、**貸与価格に上限を設定**することになった。

正 解　(1) (2) (5)

介護報酬の請求と審査・支払い

問題 97 介護報酬の請求と審査・支払いについて、正しいものを２つ選べ。

(1) 保険給付が現物給付化された場合、事業者・施設は、介護報酬の請求の手続きを市町村に対して行う。

(2) 介護報酬の請求は、原則として、伝送または光ディスク等を提出することにより行われる。

(3) 介護報酬の請求は、サービス提供月ごとに翌月末日までに行い、その翌月に支払いが行われる。

(4) 公費負担医療の公費分や生活保護法の介護扶助については、別の請求書・明細書により請求する。

(5) 介護報酬の請求は、介護給付費等審査委員会において審査が行われる。

ポイント解説　　　　　　　　　　　　　　　　　📖上— P.97

(1) ✕　市町村は、**介護報酬の審査・支払いの事務**を、**国民健康保険団体連合会（国保連）に委託**しているので、請求は事業所・施設の所在地の国保連に対して行う。

(2) ◯　ただし、一定の事業所等については、帳票（紙）による請求も認められている。

(3) ✕　**介護報酬の請求**は、**サービス提供月ごとに翌月10日**までに行い、その**翌月に支払いが行われる**。サービス提供月からみると翌々月の支払いということになる。

(4) ✕　**公費負担医療の公費分**、介護保険の被保険者でない被保護者に対する**生活保護法の介護扶助**についても、**同一の介護給付費請求書・介護給付費明細書**により国保連に請求する。

(5) ◯　国保連には、介護給付等対象サービス担当者または介護予防・日常生活支援総合事業担当者代表委員、市町村代表委員、公益代表委員の三者で構成される**介護給付費等審査委員会**が置かれ、請求内容について審査が行われる。

正解 (2)(5)

支給限度基準額(1)

問題 98　支給限度基準額について、正しいものを３つ選べ。

(1)　在宅に関する給付については、要介護等状態区分ごとに支給限度基準額が設けられている。

(2)　在宅の利用者は、複数のサービスを組み合わせて利用することから、複数のサービス利用の合計額について、支給限度基準額が設定される。

(3)　居宅サービス等区分には、居宅サービスと地域密着型サービスのすべてが含まれる。

(4)　施設サービスには、施設の種類ごとに支給限度基準額が設定されている。

(5)　区分支給限度基準額の管理期間は、１か月である。

ポイント解説　　　　　　　　　　　　　　　　📖 上－ P.98〜99

(1)　○　保険給付は、**支給限度基準額**の範囲内で行われたサービスについて行われ、これを超えたサービス利用については、給付は行われない。

(2)　○　これを、**区分支給限度基準額**という。**介護給付**では、18種のサービスを含む**居宅介護サービス費等区分支給限度基準額**、**予防給付**では、10種のサービスを含む**介護予防サービス費等区分支給限度基準額**が設定されている。

(3)　✕　**居宅サービス等区分**に含まれるのは、**居宅サービス**の訪問介護、訪問入浴介護、訪問看護、訪問リハビリテーション、通所介護、通所リハビリテーション、短期入所生活介護、短期入所療養介護、短期利用の特定施設入居者生活介護、福祉用具貸与、**地域密着型サービス**の定期巡回・随時対応型訪問介護看護、夜間対応型訪問介護、地域密着型通所介護、認知症対応型通所介護、小規模多機能型居宅介護、短期利用の認知症対応型共同生活介護、短期利用の地域密着型特定施設入居者生活介護、看護小規模多機能型居宅介護の18種であり、すべてではない。

(4)　✕　施設サービスには、支給限度基準額という概念はない。

(5)　○　月初から月末までの**１か月のサービス利用の合計額**について管理される。

正解　(1)(2)(5)

支給限度基準額(2)

問題 99 次の中から、支給限度基準額が適用されないサービスを３つ選べ。

(1) 居宅療養管理指導

(2) 居宅介護支援

(3) 福祉用具貸与

(4) 認知症対応型通所介護

(5) 短期入所療養介護を除く介護老人保健施設への入所

ポイント解説　　　　　　　　　　　　　　　📖 上－ P.98～99

　各種の介護サービス・介護予防サービスのうち、次のサービスについて
は、**支給限度基準額が適用されない**（支給限度基準額管理の対象にならな
い）。

① **居宅療養管理指導、介護予防居宅療養管理指導**

② **特定施設入居者生活介護**（短期利用を除く）、**介護予防特定施設入
居者生活介護、地域密着型特定施設入居者生活介護**（短期利用を除く）

③ **認知症対応型共同生活介護、介護予防認知症対応型共同生活介護**（い
ずれも短期利用を除く）

④ **地域密着型介護老人福祉施設入所者生活介護**

⑤ **施設サービス**

⑥ **居宅介護支援、介護予防支援**

　これらのサービスは、他のサービスとの代替性がないこと等から、支給
限度額管理は行われず、**介護報酬の算定基準**に基づき請求することとなる。

　従って、選択肢(1)(2)(5)のサービスは支給限度基準額が適用されないの
で正しい。(5)の介護老人保健施設への入所は、施設サービスの１つである。
また、(3)の福祉用具貸与、(4)の認知症対応型通所介護は、ともに居宅サー
ビス等区分に含まれ、区分支給限度基準額管理の対象である。

正解　(1)(2)(5)

支給限度基準額⑶

問題100 区分支給限度基準額について、正しいものを３つ選べ。

(1) 要介護等状態区分ごとに厚生労働大臣が定める区分支給限度基準額の単位数は、サービスの提供に要する費用の原則９割であり、１割の利用者負担は含まれていない。

(2) 月の途中で認定の効力が発生した場合には、日割り計算で区分支給限度基準額が適用される。

(3) 月の途中で要介護等状態区分が変わった場合には、重い方の状態区分に応じた１か月分の区分支給限度基準額が適用される。

(4) 市町村は、条例で定めることにより、厚生労働大臣が定める区分支給限度基準額を上回る額を、その市町村の区分支給限度基準額とすることができる。

(5) 訪問介護等の特別地域加算や訪問看護のターミナルケア加算など、区分支給限度基準額に算入されない費用もある。

ポイント解説　　　　　　　　　　　　　　📖上－ P.98〜100

(1) **✗** **区分支給限度基準額**として示されている**単位数**は、利用者負担を含む**サービスの提供に要する費用の総額**であり、従って、保険給付はその原則９割が限度である。

(2) **✗** 新規認定で、**認定の効力が月の途中で発生した場合**であっても、**１か月分の区分支給限度基準額が適用される**。

(3) **○** 変更認定が行われた場合には、このように適用される。

(4) **○** この**支給限度基準額の上乗せ**は、後述の福祉用具購入費や住宅改修費の支給限度基準額でも行うことができる。上乗せの財源には、第１号被保険者の保険料が使われる。

(5) **○** 訪問介護などの**特別地域加算**、訪問看護などの**ターミナルケア加算**、短期入所療養介護の**緊急時施設療養費・特別療養費・特定診療費**、通所介護などの**サービス提供体制強化加算**、小規模多機能型居宅介護の**訪問体制強化加算**などは区分支給限度基準額に含まれない。

正解 (3) (4) (5)

支給限度基準額⑷

問題101 支給限度基準額について、正しいものを３つ選べ。

(1) 市町村は、区分支給限度基準額の範囲内で、個別の種類のサービスの支給限度基準額を定めることができる。

(2) 在宅サービスを提供する事業者は、どのような理由があっても、支給限度基準額を超えるサービスを提供してはならない。

(3) 福祉用具購入費については、支給限度基準額が設定され、12か月間の購入費の合計で管理される。

(4) 厚生労働大臣は、住宅改修の種類ごとに通常要する費用を勘案して、住宅改修費支給限度基準額を定めることとされている。

(5) 福祉用具購入費が発生した月は、その額の分だけ区分支給限度基準額が減額される。

ポイント解説　　　　　　　　　　　　📖 上－ P.100〜101

(1) ◯　これを、**種類支給限度基準額**という。特定のサービスについて、地域のサービス基盤に限りがある場合などに、市町村が条例で定める。

(2) ✕　支給限度基準額を超える追加的なサービスは、利用者がその費用の全額を自己負担することで、利用が認められている。保険サービスと自費サービスを組み合わせて提供することを一般に**混合介護**という。

(3) ◯　**福祉用具購入費支給限度基準額**は、毎年４月１日からの12か月で管理され、**10万円**（利用者負担を含む）である。

(4) ◯　**住宅改修費支給限度基準額**については、このように規定されている。現在、手すりの取り付けや段差の解消など６つの内容を含む**１種類**の住宅改修が定められていて、支給限度基準額は**同一住宅につき20万円**（利用者負担を含む）となっている。

(5) ✕　区分支給限度基準額、福祉用具購入費支給限度基準額、住宅改修費支給限度基準額は、それぞれ独立したものとして設定されているので、**他の支給限度基準額に影響を及ぼさない**。

正　解　(1) (3) (4)

公費負担(1)

問題102　介護保険の公費負担について、正しいものを3つ選べ。

(1)　介護費用から利用者負担分を除いた給付費の50％は保険料、50％は公費で賄う。

(2)　公費50％の内訳は、すべての給付について国25％、都道府県12.5％、市町村12.5％である。

(3)　国の負担の中には調整交付金が含まれる。

(4)　調整交付金は、国が負担する給付費の割合のうちの5％である。

(5)　調整交付金は、各市町村の給付費の5％に当たる額が均等な割合で交付される。

ポイント解説　　　　　　　　　　　　　　　　📖 上－P.61～62

(1)　**○**　記述の給付費を**介護給付費**といい、介護費用から利用者負担分を除いた介護給付・予防給付の部分をいう。また、公費を負担するのは、**国、都道府県、市町村**である。

(2)　**✕**　**居宅給付費**（特定施設入居者生活介護を除く）については記述のとおりであるが、**介護保険施設と特定施設に関する給付費（施設等給付費）**については**国20％、都道府県17.5％、市町村12.5％**である。国の負担が5％減り、都道府県の負担が5％増えることになる（P.159参照）。

(3)　**○**　**調整交付金**は、全市町村の介護給付費の5％を総額として国から交付される。

(4)　**○**　調整交付金は、国が負担する居宅給付費25％、施設等給付費20％のうちの**5％**に該当する。

(5)　**✕**　調整交付金は、全市町村の介護給付費の5％を総額として交付される。しかし、市町村ごとにみると、介護保険財政が苦しい市町村には5％を超えて交付され、楽な市町村には5％未満しか交付されない。調整交付金は、このように**介護保険財政の均衡を図る**ためのものである。「均等な割合で交付」するのでは、調整の機能を果たすことはできない。

正解　(1)(3)(4)

公費負担⑵

問題103　介護保険の公費負担について、正しいものを２つ選べ。

(1)　介護保険事業に係る事務費には、居宅給付費と同様の公費負担がある。

(2)　年齢が高い第１号被保険者が多い市町村には、５％を超えて調整交付金が交付される。

(3)　第１号被保険者の所得水準が低い市町村には、５％を下回る調整交付金が交付される。

(4)　施設等給付についての国の公費負担には、調整交付金は含まれない。

(5)　災害その他特別な事情のある市町村には、特別な調整交付金が交付されることがある。

ポイント解説　　　　　　　　　　　　　　　　📖 上－ P.61～62

(1)　✕　介護保険事業に係る事務に要する費用（**事務費**）は、全額が**市町村の一般財源**で賄われている。

(2)　〇　**調整交付金**は、介護保険の財政力の格差を調整するものである。**後期高齢者**、とりわけ**85歳以上の加入割合が高い**と、要介護状態になる可能性が高くなり、保険給付が増大する。調整を行わないと第１号被保険者の保険料が高くなることになる。

(3)　✕　**第１号被保険者の所得水準が低くて**、保険料負担能力が低いと、保険財政は苦しくなる。従って**５％を超えて**調整交付金が交付される。解説(2)(3)が、調整交付金による調整が行われる主な事由である。なお、2014年改正で、市町村は、低所得者の保険料負担を軽減するための費用を、一般会計から介護保険特別会計に繰り入れることになった。この場合、その費用の額の２分の１を国が、４分の１を都道府県が負担する。

(4)　✕　介護保険施設・特定施設入居者生活介護に係る施設等給付については、国が20％を負担するが、そのうち**５％は調整交付金**として、傾斜的に交付される。

(5)　〇　災害時の保険料減免など、保険者の責によらない事由による財政格差の調整を目的とするもので、**特別調整交付金**という。

正解　(2)(5)

保険料負担(1)

問題104　介護保険の保険料負担について、正しいものを３つ選べ。
(1)　介護給付費の50％を賄う保険料は、第１号被保険者と第２号被保険者が、総人数比で按分して負担する。
(2)　第２号被保険者の保険料負担率は、３年ごとに政令で定められる。
(3)　2021〜2023年度においては、介護給付費の50％のうち27％を第１号被保険者が負担し、23％を第２号被保険者が負担する。
(4)　負担割合が異なるため、１人当たりの平均的な保険料の負担額は、第１号被保険者が第２号被保険者のおよそ５分の３である。
(5)　市町村ごとの介護給付費に第２号被保険者負担率を乗じて得た額が、支払基金から市町村に交付される。

ポイント解説　　　　　　　　　　　　　　📖 上− P.61〜63

(1)　**○**　介護給付費の財源の50％は公費で負担し、残りの**50％を保険料で賄う**という仕組みになっている。保険料負担分は、第１号被保険者と第２号被保険者の１人当たりの平均的な保険料が、ほぼ同じ水準になるように、**総人数比で按分して負担する。**

(2)　**○**　これを**第２号被保険者負担率**といい、**３年ごとに政令で定める。**現在、2024〜2026年度の負担率が定められている。公費負担と第２号被保険者の負担が決まれば、第１号被保険者から徴収すべき保険料の総額が決まることになる。

(3)　**✕**　2024〜2026年度の**第２号被保険者負担率は27％**とされ、残りの**23％を第１号被保険者が負担**する。介護保険施行以来、少しずつ第２号被保険者負担率は減ってはいるが、まだ第２号被保険者の方が人数が多いのである。

(4)　**✕**　解説(1)にあるように、１人当たりの**平均的な保険料**は、ほぼ**同水準**になる。そのための総人数比による按分負担である。

(5)　**○**　第２号被保険者の保険料負担分は、**社会保険診療報酬支払基金（支払基金）**から各市町村に交付される。詳しくは、後述の「支払基金の業務」（問題115）を参照のこと。

正解　(1)(2)(5)

保険料負担⑵

問題105　介護保険の保険料負担について、正しいものを３つ選べ。
(1)　１人当たりの平均的な保険料負担額が、第１号被保険者と第２号被保険者でほぼ同水準になるように、負担割合が定められている。
(2)　市町村が徴収すべき第１号被保険者の保険料の総額は、介護保険特別会計の支出額から公費負担と支払基金からの交付金を除いた額となる。
(3)　第１号保険料が介護給付費に占める割合は、すべての市町村で同じになるように設定されている。
(4)　第１号保険料が介護給付費に占める割合は、23％を超えることはあるが、23％を下回ることはない。
(5)　支給限度基準額の上乗せなどを行う場合、財源には第１号保険料が充てられる。

ポイント解説　　　　　　　　　　　　　　　　📖 上－P.61〜63

(1)　○　個人の保険料負担額は、所得水準や第１号保険料の市町村ごとの保険料率、第２号保険料の医療保険者ごとの保険料率によって異なってくるが、トータルでみれば**平均的な保険料負担額が年齢によって違わないように**制度設計されている。

(2)　○　介護保険特別会計の**予定される支出額**は、市町村介護保険事業計画で策定され、そこから**公費負担や第２号保険料の負担分を控除**すれば、徴収すべき**第１号保険料の総額**が定まる。

(3)　✕　**第１号保険料が介護給付費に占める割合**は、2024〜2026年度には23％とされているが、国からの**調整交付金が傾斜的に交付されるため、必ずしも23％とはならない**。

(4)　✕　調整交付金が５％を超えて交付される市町村では、第１号保険料が介護給付費に占める割合は、23％を下回ることになる。

(5)　○　**支給限度基準額の上乗せ**のほか、**財政安定化基金の拠出金、市町村特別給付、保健福祉事業**などの経費は、基本的に**第１号保険料で賄われる**。

正解　(1)(2)(5)

第1号被保険者の保険料(1)

問題106 第1号被保険者の保険料率の算定について、正しいものを3つ選べ。

(1) 第1号保険料の額は、政令で定める基準に従い各市町村が定める保険料率により算定する。

(2) 第1号保険料の保険料率は、市町村が毎年設定する。

(3) 介護保険特別会計に見込まれる支出と収入の差額を、第1号保険料で賄うものとして算定する。

(4) 保険料の賦課総額は、保険料収納率100％を前提として算出される。

(5) 保険料率の算定にあたっては、3年間の要介護者等の数の伸び、サービス量の増加等による給付費の伸びが、適正に見込まれる必要がある。

ポイント解説　　　　　　　　　　　　　　　📖 上－ P.63

(1) ◯　この**第1号被保険者の保険料（第1号保険料）の保険料率**の算定にあたっての基準は、介護保険法施行令に定められている。

(2) ✕　第1号保険料の保険料率は、市町村が、3年を1期とする市町村介護保険事業計画を踏まえて**3年に1度**設定するのが原則である。

(3) ◯　見込まれる**支出**としては、介護給付費の見込額、財政安定化基金への拠出金・償還金、地域支援事業や市町村特別給付、保健福祉事業に要する費用、事務費等がある。また、**収入**としては、国庫負担金、調整交付金、都道府県負担金、支払基金からの介護給付費交付金・地域支援事業支援交付金、市町村一般会計からの繰入金（給付費に対する定率の繰入金、事務費等）等がある。なお、**低所得者の第1号保険料の軽減**を強化するため、**別枠の公費**が投入されている（次ページ参照）。

(4) ✕　過去の実績等から判断して、必ずしも100％の**保険料収納率**の確保が見込まれない市町村においては、見込まれる収納率を勘案する必要がある。

(5) ◯　保険料率の算定にあたっては、**3年間を通じた適正な支出額と収入額**を見込む必要がある。

正解　(1)(3)(5)

第１号被保険者の保険料⑵

問題107　第１号保険料の保険料率について、正しいものを３つ選べ。

(1) 個々の第１号被保険者の保険料は、基準額と所得段階別の割合の積で算定した定額で設定される。

(2) 標準６段階の所得段階が政令によって示され、市町村はこれに基づいて保険料率を条例に定める。

(3) 第５段階の所得段階に属する被保険者の保険料率を、保険料の基準額とする。

(4) 標準段階の多段階化や各段階の負担割合は、保険者の裁量で設定することができる。

(5) 保険料の基準額は、どの市町村でも同額である。

ポイント解説　　　　　　　　　　　　　　📖 上－ P.63〜64

(1) ○　被保険者個々の**第１号保険料の月額**は、〔**基準額×所得段階別の割合**〕で算定する。この〔基準額×所得段階別の割合〕を**保険料率**という。例えば、基準額が5800円の市町村の場合、第１段階の人の月額は〔5800円×0.3〕で1740円、第６段階の人の月額は〔5800円×1.2〕で6960円となる。

(2) ✕　2014年改正によって**標準９段階**への見直しがされ、さらに2023年改正で**標準13段階**の所得段階が示された。なお、別枠の公費投入による**低所得者対策**が行われ、消費税10％への引き上げに伴い、完全実施された。現在は、第１段階は基準額×0.3、第２段階は基準額×0.5、第３段階は基準額×0.7、第４段階は基準額×0.9である。さらに標準13段階化による増収分を第１〜第３段階の負担割合の低減の源資に充てる。

(3) ○　各段階の保険料は、**第５段階の保険料を基準額として算定**される。

(4) ○　市町村は、被保険者の実状に合わせて、標準13段階の上位段階をさらに**多段階化したり**、各段階の**負担割合を変えたり**することができる。

(5) ✕　保険給付の水準等の違いにより保険料収納必要額が異なることから、**第１号保険料の基準額は、市町村ごとに異なる**こととなる。

正解　(1)(3)(4)

■第1号保険料の標準段階

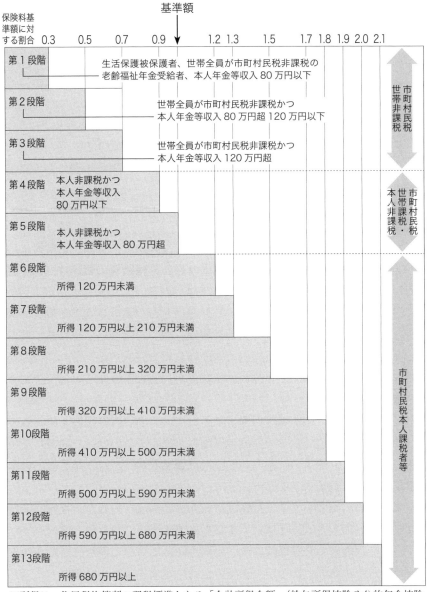

基準額

保険料基準額に対する割合	0.3	0.5	0.7	0.9	1.2 1.3	1.5	1.7 1.8 1.9 2.0 2.1

第1段階	生活保護被保護者、世帯全員が市町村民税非課税の老齢福祉年金受給者、本人年金等収入80万円以下
第2段階	世帯全員が市町村民税非課税かつ本人年金等収入80万円超120万円以下
第3段階	世帯全員が市町村民税非課税かつ本人年金等収入120万円超
第4段階	本人非課税かつ本人年金等収入80万円以下
第5段階	本人非課税かつ本人年金等収入80万円超
第6段階	所得120万円未満
第7段階	所得120万円以上210万円未満
第8段階	所得210万円以上320万円未満
第9段階	所得320万円以上410万円未満
第10段階	所得410万円以上500万円未満
第11段階	所得500万円以上590万円未満
第12段階	所得590万円以上680万円未満
第13段階	所得680万円以上

市町村民税世帯非課税

本人非課税世帯課税・市町村民税

市町村民税本人課税者等

※所得は、住民税均等割の課税標準となる「合計所得金額」（給与所得控除や公的年金控除をした後で、基礎控除や人的控除をする前の金額）
※保険料基準額に対する割合（乗率）は1例

第1号被保険者の保険料⑶

問題108 第1号保険料の賦課・徴収について、正しいものを2つ選べ。

(1) 保険料率が3年に一度設定されるため、個々の被保険者の保険料は、原則として3年間変わらない。

(2) 低所得の第1号被保険者であっても、保険料を全額免除することは適当ではないとされる。

(3) 個々の保険料の年額は、毎年3月末に確定する。

(4) 被保険者は、保険料の徴収方式を選択することができる。

(5) 第1号被保険者である被保護者の介護保険料は、福祉事務所から直接市町村に支払うことができる。

ポイント解説　　　　　　　　　　　　　　　📖 上－ P.63〜66

(1) **✕**　保険料率は原則として3年間変わらないが、被保険者の所得に応じて賦課されるため、変わることはあり得る。**保険料の賦課は、毎年度行われる。**

(2) **○**　保険料の全額免除や収入のみに着目した一律の減免、一般財源からの繰入れによる保険料減免分の補填は、適当ではないとされる。ただし、2014年改正では、低所得者の保険料負担を軽減するため、別枠の公費を投入することが制度化され、消費税が10％になったことに伴い完全実施された。

(3) **✕**　市町村が、個々の被保険者について前年度の所得把握を終えるのは6月頃になるので、その年度の保険料が確定するのは、その頃になる。そのため、年度前半の月割りの保険料は**仮徴収**が行われ、**年度後半の本徴収によって調整**されることになる。

(4) **✕**　保険料徴収の方式には特別徴収と普通徴収があるが、被保険者は徴収方式（納入方式）を選択することはできない。

(5) **○**　**被保護者の介護保険料**は、生活扶助に加算して被保護者に金銭支給されるのが原則であるが、保護の目的を達成するために必要があるときは、福祉事務所等から直接保険者である市町村に支払うことができる。

正解　(2)(5)

第1号被保険者の保険料⑷　特別徴収

問題109　第1号保険料の特別徴収について、正しいものを3つ選べ。

(1)　第1号保険料は、原則として特別徴収により徴収する。

(2)　遺族年金や障害年金の受給者は、特別徴収の対象にならない。

(3)　特別徴収は、第1号被保険者のうち、受給している年金額が年額36万円（月額3万円）以上の者を対象とする。

(4)　市町村は、年金保険者からの受給者情報をもとに、個別の被保険者ごとの支払回数割保険料額を年金保険者に通知して、徴収を依頼する。

(5)　前年度から継続して特別徴収を受けている者の場合、その年度の前半の保険料については仮徴収が行われる。

ポイント解説　　　　　　　　　　　　　　　📖上－P.64〜65

(1)　**○**　第1号保険料は、**特別徴収**によるのが原則である。特別徴収とは、**年金保険者**が年金を支給する際に、**天引き**で保険料を徴収し、市町村に納入する仕組みである。

(2)　**✕**　特別徴収の対象になる年金は、老齢基礎年金・遺族年金・障害年金をはじめとして、ほとんどすべての年金に拡大されている。

(3)　**✕**　特別徴収は、年金額が**年額18万円（月額1万5000円）**以上の者を対象とする。

(4)　**○**　市町村は、年額18万円以上の**老齢等年金**を受給する者の一覧表の送付を年金保険者から受け、個別の被保険者ごとの支払回数割保険料額を年金保険者に通知して、徴収を依頼する。年金保険者は、定期支払月（偶数月）ごとにその額を年金の支払額から徴収する。

(5)　**○**　その年度の後半の保険料については、前半に**仮徴収**した金額と調整したうえで、**本徴収**が行われる。第1号保険料は所得段階別の金額であるため、その年度の保険料は、前年度の所得が確定しないと決定できないからである。

正解　(1)(4)(5)

第1号被保険者の保険料(5) 普通徴収

問題110 第1号保険料の普通徴収について、正しいものを3つ選べ。

(1) 第1号被保険者に対して、市町村が直接、納入通知書を交付して保険料の納付を求めることを普通徴収という。

(2) 遺族年金や障害年金を受給している第1号被保険者は、普通徴収の対象となる。

(3) 老齢等年金の受給者でも、年金額が一定未満の者は、普通徴収の対象となる。

(4) 普通徴収では、確実な保険料の徴収により保険料負担の公平性を確保するため、配偶者および世帯主に対して保険料の連帯納付の義務が課される。

(5) 普通徴収の収納事務は、市町村が直接行うこととされている。

ポイント解説　　　　　　　　　　　　　　　📖 上－P.65

(1) ◯　**普通徴収**とは、市町村が直接、第1号被保険者に対して納入の通知をして保険料を徴収する方法で、特別徴収に対する用語である。

(2) ✕　老齢基礎年金（厚生年金や各種共済年金などから退職を事由に支給される年金）に加えて、遺族年金や障害年金（これらも含めて「**老齢等年金**」と呼ばれる）を受給する第1号被保険者も、**特別徴収の対象**とされている（従って普通徴収の対象からは外されている）。

(3) ◯　**年金額**が**年額18万円**（月額1万5000円）**未満**の者は、特別徴収の対象とすることに適さないため、**普通徴収の対象**とされる。

(4) ◯　普通徴収の場合、生計の同一性などに着目し、**配偶者や世帯主に連帯納付義務**が課される。

(5) ✕　**普通徴収の収納事務**は、コンビニエンスストアなどの**私人に委託することができる**とされている。

正解　(1)(3)(4)

保険料滞納者に対する措置・保険料の減免

> **問題111** 保険料滞納者に対する措置等について、正しいものを3つ選べ。
>
> (1) 保険料の滞納が発生し、督促による自主的な納付が期待できないときは、市町村は強制的に保険料を徴収する権限を有する。
>
> (2) 保険給付を受けている者で保険料の滞納がある場合には、直ちに保険給付の支払いを一時差し止める措置がとられる。
>
> (3) 過去に第1号被保険者の保険料の滞納がある場合、滞納した期間に応じて、保険給付率が5割に引き下げられることがある。
>
> (4) 国民健康保険に加入している第2号被保険者が、医療保険料を滞納している場合、市町村は介護保険給付の一時差し止めを行うことができる。
>
> (5) 市町村は、特別の理由がある者に対して、保険料を減免することができる。

ポイント解説　　　　　　　　　　　　　　📖 上－ P.66

(1) **○** 市町村は、一定の期間を設定して**督促**を行うが、それでも納付が期待できないような場合には、**強制的な保険料徴収権限**をもつ。

(2) **✕** **保険料の滞納**に対しては段階的な措置がとられる。すなわち、①**現物給付の償還払い化**、②**保険給付の支払いの一時差し止め**、③**差し止められた保険給付からの滞納保険料の控除（相殺）**である。

(3) **✕** 認定前に保険料（第1号保険料）を滞納し、かつ市町村の徴収債権が時効により消滅している場合、滞納期間に応じて、保険給付の**給付率を原則の9割から7割**※**に引き下げ、高額介護サービス費等・高額医療合算介護サービス費等・特定入所者介護サービス費等の給付の適用を行わない**措置が講じられる。

(4) **○** 第2号被保険者（国民健康保険加入者の場合）に医療保険料の滞納がある場合、市町村は介護保険制度上、**給付の一時差し止め**を行うことができる。

(5) **○** 災害等、年度当初に保険料を賦課した時点で想定し得なかった事情により、一時的に負担能力の低下が認められるような場合には、市町村は、条例により**保険料を減免**することができる。

正解 (1)(4)(5)

※利用者負担が3割（保険給付率が7割）の者は、6割に引き下げられる。

第2号被保険者の保険料(1)

問題112 第2号被保険者の保険料について、正しいものを2つ選べ。

(1) 第2号被保険者は、20歳以上65歳未満の医療保険加入者である。

(2) 第2号被保険者が負担する保険料は、医療保険者が医療保険料の一部として徴収し、各市町村に対し直接納付する。

(3) 第2号被保険者に対する保険料の賦課・徴収は、介護保険法の規定に基づいて行われる。

(4) 医療保険は、被用者を対象とする健康保険等と、地域住民を対象とする国民健康保険とに大別される。

(5) 支払基金が各医療保険者に毎年度課す納付金の額は、被用者医療保険者間では、加入者数ではなく総報酬額に比例した割合で算定される。

ポイント解説　　　　　　　　　　　　　　　　📖 上－ P.67～68

(1) ✗　第2号被保険者は、**40歳以上65歳未満の医療保険加入者**である。

(2) ✗　**第2号被保険者の保険料（第2号保険料）**は、医療に関する給付を行う全国健康保険協会、健康保険組合、都道府県・市町村、国民健康保険組合等の**医療保険者**が、医療保険料の一部として徴収し、それを**支払基金（社会保険診療報酬支払基金）**に対して**介護給付費・地域支援事業支援納付金**として納付する。

(3) ✗　第2号被保険者に対する医療保険者による保険料の賦課・徴収は、**各医療保険法の規定**に基づいて行われる。

(4) ○　医療保険は、被用者を対象とする**健康保険、船員保険、各種共済**（国家公務員、地方公務員、私立学校教職員等）と、それ以外の地域住民を対象とする**国民健康保険**とに大別される。

(5) ○　支払基金は、各医療保険者に、介護給付費・地域支援事業支援納付金を課す。納付金の額の算定は、従来、各医療保険に加入する人数に比例した割合で負担する「加入者割」がとられていたが、2017（平成29）年8月分から、**被用者保険間**に限り、**総報酬割**が導入された。激変を緩和するための経過措置を経て、2020年度から全面実施されている。

正解 (4)(5)

第2号被保険者の保険料(2)　健康保険の場合

> **問題113**　健康保険に加入している第2号被保険者について、正しいもの
> を3つ選べ。
>
> (1)　介護保険料率は、各医療保険者が定める。
>
> (2)　医療保険者は、被保険者から、介護保険料と医療保険料を、それぞれ
> 別途徴収する。
>
> (3)　介護保険料分については、一般保険料と同様に事業主負担がある。
>
> (4)　健康保険の被保険者で、第2号被保険者である被扶養者を有する場合
> は、40歳未満であっても介護保険料額の算定が可能である。
>
> (5)　総報酬割の実施により、被用者保険に加入する第2号被保険者の介護
> 保険料は、すべて負担増となる。

ポイント解説　　　　　　　　　　　　　　　📖 上－ P.68～69

(1)　**○**　**医療保険者**は、支払基金（社会保険診療報酬支払基金）から毎年
　度課される介護給付費・地域支援事業支援納付金の額をもとに、定率の
　介護保険料率を算出する。この介護保険料率に標準報酬月額（ボーナス
　については標準賞与額）を乗じて得たものが、**介護保険料額**となる。

(2)　**✕**　医療保険者は、介護保険料額と一般保険料額を合算したものを、
　医療保険料として徴収する。

(3)　**○**　介護保険料分についても、一般保険料と同様に**事業主負担**が行わ
　れる。

(4)　**○**　健康保険組合は、規約により、**第2号被保険者である被扶養家族
　を有する40歳未満の健康保険の被保険者**に対しても、介護保険料額を算
　定できる。

(5)　**✕**　被用者保険には、健康保険組合、共済組合、協会けんぽなどが
　あるが、**総報酬額には格差がある**。負担増となる被保険者は約1300万人、
　負担減となる被保険者は約1700万人と推定されている(厚生労働省資料)。

正解　(1)(3)(4)

第2号被保険者の保険料⑶　国民健康保険の場合

> **問題114**　国民健康保険に加入している第2号被保険者について、正しいものを3つ選べ。
>
> (1)　都道府県と市町村は、国民健康保険を行う。
>
> (2)　第2号被保険者で、国民健康保険に加入している者は、国民健康保険料のほかに介護保険料を納付する。
>
> (3)　国民健康保険料は、世帯単位で賦課される。
>
> (4)　介護給付費・地域支援事業支援納付金相当分は、それぞれの国民健康保険の保険料の算定ルールによって算定される。
>
> (5)　国民健康保険の場合、介護給付費・地域支援事業支援納付金相当分の国庫負担はない。

ポイント解説　　　　　　　　　　　　　　📖 上－ P.69

(1)　**○**　2018年度から、**都道府県が市町村とともに、国民健康保険**を実施することになった。

(2)　**✕**　第2号被保険者で、国民健康保険に加入している者は、従来の**医療分に加え、介護給付費・地域支援事業支援納付金相当分を上乗せして、国民健康保険料（税）を納付**する。

(3)　**○**　国民健康保険料の賦課は世帯単位で行われ、**世帯主**は、その世帯に属する被保険者の保険料をまとめて納付する。

(4)　**○**　介護給付費・地域支援事業支援納付金相当分も、医療分と同じように、**所得割**（所得に応じた保険料）、**均等割**（その世帯に属する被保険者の人数に応じた定額の保険料）等に按分して算定される。

(5)　**✕**　国民健康保険の場合には、医療分の保険料と同様、**介護給付費・地域支援事業支援納付金相当分**にも**国庫負担**等がある。

正解　(1)(3)(4)

支払基金の業務

問題115 社会保険診療報酬支払基金（支払基金）の業務について、正しいものを３つ選べ。

(1) 支払基金は、本来、健康保険法等の規定に基づき、診療報酬の審査・支払いを行う機関で、各市町村に事務所がある。

(2) 支払基金は、介護保険関係業務として、医療保険者から介護給付費・地域支援事業支援納付金を徴収し、介護給付費交付金・地域支援事業支援交付金として市町村に交付する。

(3) 支払基金が国民健康保険の保険者に課す介護給付費・地域支援事業支援納付金の額は、第２号被保険者１人当たりの平均保険料にその国民健康保険に加入する第２号被保険者の数を乗じて算定する。

(4) 支払基金は、各市町村に対して、市町村に住所をもつ第２号被保険者数に応じた介護給付費交付金・地域支援事業支援交付金を交付する。

(5) 支払基金は、介護保険関係業務について厚生労働大臣の認可を受け、その指導・監督に服することになっている。

ポイント解説　　　　　　　　　　　　　　　　　　　📖 上－ P.67～68

(1) ✕ 記述の前半は正しいが、**支払基金（社会保険診療報酬支払基金）**の事務所は**各都道府県**に１か所ずつ設置されている。

(2) ◯ 医療保険者によって徴収された第２号保険料は、支払基金に納付され、支払基金が市町村に交付する。

(3) ◯ 被用者保険ではない国民健康保険では、納付金の額は**加入者割**で算定する。

(4) ✕ **各市町村に介護給付費交付金・地域支援事業支援交付金を交付する**のは正しいが、その額は、その市町村の第２号被保険者数には関係なく、その市町村の介護給付費や介護予防・日常生活支援総合事業の費用の**定率負担分（現在は27%）**である。

(5) ◯ 支払基金が**厚生労働大臣から受ける認可や指導・監督**については、法第162条、165条、166条、172条などに規定されている。なお、指導・監督は都道府県知事も行うことができるとされている。

正解 (2)(3)(5)

財政安定化基金

問題116 財政安定化基金について、正しいものを３つ選べ。

(1) 財政安定化基金は、都道府県圏域の市町村における介護保険財政の安定化を図るために、各都道府県に設置される。

(2) 財政安定化基金の財源は、国が２分の１、都道府県と市町村がそれぞれ４分の１ずつを負担する。

(3) 通常の努力を行っても、保険料未納により収入不足が生じた場合、基金から市町村に必要な資金が貸与される。

(4) 見込みを上回る給付費の増大により、介護保険財政に不足を生じた場合、市町村に基金から必要な資金が貸与される。

(5) 資金の貸与を受けた市町村は、借入れをした期の次の期の市町村介護保険事業計画の計画期間において、３年間の分割で返済を行う。

ポイント解説　　　　　　　　　　　　　　　📖 上－ P.69～70

(1) 〇 **財政安定化基金**は、保険料収納率の悪化や見込みを上回る給付費の増大等により、介護保険財政に収支不均衡が生じた場合に、介護保険財政の安定化を図る目的で、**各都道府県に設置される**。

(2) ✕ **財源**は、**国・都道府県・市町村**が、それぞれ**３分の１**ずつ負担する。市町村の負担する拠出金は、第１号保険料で賄われる。

(3) ✕ **保険料収納率の悪化による収入不足の場合**には、資金の貸与ではなく、**不足額の２分の１**を基準として、**交付金**が交付される（残りの不足分については貸与される）。交付金は返済不要である。

(4) 〇 **給付費の増大による収支不均衡の場合**には、必要な資金が**貸与**される。借り入れたものであるから、返済をしなければならない。

(5) 〇 この場合の分割返済の財源は、第１号保険料で賄うものとされているので、借入れを行った次の期には、第１号保険料が高くなることになる。

正解 (1)(4)(5)

市町村相互財政安定化事業

問題117 市町村相互財政安定化事業について、正しいものを３つ選べ。

(1) 小規模な市町村などで介護保険財政が不安定な場合、複数の市町村が共同でこの事業を行うことができる。

(2) この事業を行う市町村は、広域連合による場合と同様、保険者としても１つになる。

(3) この事業に参加する市町村間では同一の保険料率が設定され、保険料水準の均衡を図ることができる。

(4) この事業に参加する市町村間で同一の保険料率が設定されていれば、各市町村の介護保険特別会計の収入と支出は自動的に均衡する。

(5) 都道府県は、この事業に参加しようとする市町村間の調整を行い、必要な助言や情報提供を行う。

ポイント解説　　　　　　　　　　　　　　　　　📖上- P.70

(1) **〇** **市町村相互財政安定化事業**は、小規模な市町村などでも健全な保険運営ができるように、**財政単位の広域化**をめざすものである。この事業を行う市町村は、**特定市町村**と呼ばれる。

(2) **✕** 広域連合による場合とは異なり、介護保険の保険者としては**独立**しており、事業運営も各市町村が行うことになる。

(3) **〇** 記述の保険料率を**調整保険料率**という。これにより、事業に参加する市町村の保険料水準の均衡が図られる。

(4) **✕** 調整保険料率は、**参加している市町村全体で介護保険財政の収入と支出が均衡する**ように設定される。そのうえで、保険料収入が介護給付費などの支出を上回る市町村は、その差額を収入額が不足する市町村に交付するのである。各市町村だけで均衡するわけではない。

(5) **〇** 市町村間の調整では、特に**調整保険料率の提示**が重要である。こうした調整や助言・情報提供などが都道府県の責務とされている。

正 解　(1) (3) (5)

地域支援事業(1)

問題118 地域支援事業について、正しいものを３つ選べ。

(1) 地域支援事業は、介護保険制度の創設時から行われている。

(2) 市町村は、地域支援事業として、地域における介護予防を中心とした さまざまな事業を、保険給付とは別に行う。

(3) 地域支援事業には、必ず行うものとされる必須事業と、任意で行う任 意事業とがある。

(4) 介護予防・日常生活支援総合事業には、予防給付から移行した訪問介 護および通所介護のサービスが組み込まれた。

(5) 介護予防・日常生活支援総合事業の対象者は、要支援１・２の者に限 られる。

ポイント解説 📖 上－ P.147～150

(1) ✕ **地域支援事業**は、2005年改正により、予防重視型システムへの転 換の一環として介護保険制度に新たに位置づけられた。そして、2011年 改正を経て、**2014年改正で再編**されたものである。

(2) ◯ 地域支援事業の実施主体は保険者である市町村であるが、**保険給 付とは別枠の事業**として行われる。

(3) ◯ 地域支援事業は、**必須事業**である**介護予防・日常生活支援総合事 業**と**包括的支援事業**、任意で行う**任意事業**の３つに大別される（P.155 参照）。

(4) ◯ **介護予防・日常生活支援総合事業**（以下、総合事業という）は、 2011年改正で導入されたが、すべての市町村で行うというものではなか った。2014年改正によってすべての市町村で行うものとされ、予防給付 から移行した**訪問介護サービス・通所介護サービス**を、総合事業の一部 として行うこととなった。

(5) ✕ 総合事業には、**要支援認定を受けた者**と**基本チェックリスト該当 者**、および**要介護者の一部で利用を希望する者**を対象とする**介護予防・ 生活支援サービス事業**と、**第１号被保険者であるすべての者とその支援 のための活動にかかわる者**を対象とする**一般介護予防事業**がある。

正解 (2) (3) (4)

地域支援事業⑵　介護予防・日常生活支援総合事業①

問題119　介護予防・日常生活支援総合事業（総合事業）について、正しいものを３つ選べ。

(1) 総合事業は、2017年４月からは、すべての市町村で実施されている。

(2) 総合事業は、介護予防・生活支援サービス事業と一般介護予防事業に大別される。

(3) 介護予防・生活支援サービス事業のサービス利用を希望する者は、要支援認定を受けなければならない。

(4) 介護予防・生活支援サービス事業では、介護予防ケアマネジメントによって、訪問・通所の介護サービスのほか、配食・見守り等の生活支援サービスを適切に提供する。

(5) 要支援者に認定された者は、介護予防・生活支援サービス事業の利用と並行して予防給付を受けることはできない。

ポイント解説　　　　　　　　　　　　　　　　　　　　📖上－ P.150〜156

(1) ○　受け皿の整備等のため、２年間の経過措置期間が設けられていたが、2017年度からは、すべての市町村で実施されている。

(2) ○　**介護予防・生活支援サービス事業**は、**第１号事業**とも呼ばれ、第１号訪問事業・第１号通所事業・第１号生活支援事業・第１号介護予防支援事業で構成されている。**一般介護予防事業**は、従来の介護予防事業から移行して総合事業に位置づけられたものである。

(3) ✕　サービス事業の対象者は、**要支援認定を受けた者**のほか、**基本チェックリストで事業対象者に該当すると判断された者**である（基本チェックリストは次ページ参照）。なお、2021年度からは、要介護者に認定される以前から継続的に利用していた要介護者も、市町村の判断により対象とすることが可能になった。

(4) ○　選択肢(2)の解説で挙げた**第１号介護予防支援事業**は、総合事業によるサービスが適切に提供されるよう地域包括支援センターが行うケアマネジメントである。

(5) ✕　要支援に認定された者は、予防給付の訪問看護や福祉用具貸与等を、**並行して利用することができる**。　　　　　**正解**　(1)(2)(4)

■基本チェックリスト

No.	質　問　項　目	回　　　答 （いずれかに○をお付け下さい）			
1	バスや電車で１人で外出していますか	0	はい	1	いいえ
2	日用品の買物をしていますか	0	はい	1	いいえ
3	預貯金の出し入れをしていますか	0	はい	1	いいえ
4	友人の家を訪ねていますか	0	はい	1	いいえ
5	家族や友人の相談にのっていますか	0	はい	1	いいえ
6	階段を手すりや壁をつたわらずに昇っていますか	0	はい	1	いいえ
7	椅子に座った状態から何もつかまらずに立ち上がっていますか	0	はい	1	いいえ
8	15分位続けて歩いていますか	0	はい	1	いいえ
9	この１年間に転んだことがありますか	1	はい	0	いいえ
10	転倒に対する不安は大きいですか	1	はい	0	いいえ
11	６か月間で２～３kg以上の体重減少がありましたか	1	はい	0	いいえ
12	身長　　　　cm　体重　　　　kg（ＢＭＩ＝　　　）（注）				
13	半年前に比べて固いものが食べにくくなりましたか	1	はい	0	いいえ
14	お茶や汁物等でむせることがありますか	1	はい	0	いいえ
15	口の渇きが気になりますか	1	はい	0	いいえ
16	週に１回以上は外出していますか	0	はい	1	いいえ
17	昨年と比べて外出の回数が減っていますか	1	はい	0	いいえ
18	周りの人から「いつも同じ事を聞く」などの物忘れがあると言われますか	1	はい	0	いいえ
19	自分で電話番号を調べて、電話をかけることをしていますか	0	はい	1	いいえ
20	今日が何月何日かわからない時がありますか	1	はい	0	いいえ
21	（ここ２週間）毎日の生活に充実感がない	1	はい	0	いいえ
22	（ここ２週間）これまで楽しんでやれていたことが楽しめなくなった	1	はい	0	いいえ
23	（ここ２週間）以前は楽にできていたことが今ではおっくうに感じられる	1	はい	0	いいえ
24	（ここ２週間）自分が役に立つ人間だと思えない	1	はい	0	いいえ
25	（ここ２週間）わけもなく疲れたような感じがする	1	はい	0	いいえ

（注）ＢＭＩ（＝体重（kg）÷身長（m）÷身長（m））が18.5未満の場合に該当とする。

事業対象者に該当する基準

①	No.1～20までの20項目のうち10項目以上に該当	（複数の項目に支障）
②	No.6～10までの５項目のうち３項目以上に該当	（運動機能の低下）
③	No.11～12までの２項目のすべてに該当	（低栄養状態）
④	No.13～15までの３項目のうち２項目以上に該当	（口腔機能の低下）
⑤	No.16～17までの２項目のうちNo.16に該当	（閉じこもり）
⑥	No.18～20までの３項目のうちいずれか１項目以上に該当	（認知機能の低下）
⑦	No.21～25までの５項目のうち２項目以上に該当	（うつ病の可能性）

地域支援事業(3)　介護予防・日常生活支援総合事業②

問題120　介護予防・日常生活支援総合事業（総合事業）について、正しいものを3つ選べ。

(1)　介護予防・生活支援サービス事業のサービスを提供することができるのは、市町村の指定する指定事業者に限られる。

(2)　介護予防・生活支援サービス事業を実施する事業者に係る基準やサービスの単価等は、国の定める基準、単価を勘案して市町村が定める。

(3)　第1号介護予防支援事業で行う介護予防ケアマネジメントは、地域包括支援センターが直接行い、居宅介護支援事業所への委託はできない。

(4)　市町村や地域包括支援センターの窓口において、相談に訪れた利用者に基本チェックリストを活用した判定を行い、介護予防・生活支援サービス事業の対象者であるか否かの判断を行う。

(5)　一般介護予防事業では、介護予防の機能を強化するため、リハビリテーション専門職等の関与を促進する事業などが行われる。

ポイント解説　　　　　　　　　　　　　📖上－ P.150〜156

(1)　✕　**指定事業者制**が導入され指定事業者によるサービスの提供も行われるが、市町村の直接実施、事業者への委託による実施、NPOやボランティアへの補助など、**多様な実施方法**が想定されている。

(2)　〇　市町村は、国が定める基準、単価を**勘案**して設定する。従来、国の定めるものを上限として定めるとされてきたが、2020年改正でこのようになった。

(3)　✕　利用者の居住する地域の地域包括支援センターが行うが、介護予防支援と同様に**居宅介護支援事業所に委託することもできる**。

(4)　〇　明らかに要介護1以上と判断できる場合や、介護予防訪問看護等の利用が必要な場合は、認定の申請を勧め、**介護予防・生活支援サービス事業の対象者と判断される場合**は、介護予防ケアマネジメントにつなぐ。

(5)　〇　**一般介護予防事業**では、介護予防把握事業、介護予防普及啓発事業、地域介護予防活動支援事業、一般介護予防事業評価事業、地域リハビリテーション活動支援事業を行う（P.155参照）。

正解　(2)(4)(5)

地域支援事業⑷　介護予防・日常生活支援総合事業③

問題121　介護予防・日常生活支援総合事業（総合事業）について、正しいものを３つ選べ。

(1)　市町村は、第１号事業を行う者の申請により事業者を指定して、事業を行わせることができる。

(2)　第１号事業のサービスの費用については、第１号事業支給費が利用者に支給されるが、償還払いが原則である。

(3)　第１号事業のサービス費用の単価や利用者負担の割合は、市町村が設定することができる。

(4)　市町村は、第１号事業支給費に係る審査・支払いの事務を、国民健康保険団体連合会に委託することができる。

(5)　指定事業者に対する報告の徴収、検査等の権限は、市町村長だけでなく都道府県知事にもある。

ポイント解説　　　　　　　　　　　　　　　　📖 上－ P.150〜156

(1)　○　**第１号事業**は、予防給付と同様に**指定事業者**を指定して行わせることができる。この指定は市町村長が行う。制度施行時には、都道府県知事が指定している予防給付（訪問介護・通所介護）の事業者を、総合事業の指定事業者とみなす経過措置が行われた。

(2)　✕　第１号事業に要した費用については、利用者負担分を除いて、**第１号事業支給費**として市町村（国保連）から指定事業者に支払われる。つまり**現物給付**である。

(3)　○　従来の介護予防訪問介護や介護予防通所介護に相当するサービスの単価は、**国が定める予防給付の単価を勘案して、市町村が設定**する。また、利用者負担は、**介護給付費の利用者負担**（１割、一定以上所得者は２割または３割）**を勘案して設定**するが、介護給付費の利用者負担割合を下回ることはできない。

(4)　○　介護給付費の審査・支払いと同様に、**国保連に委託**して行う。

(5)　✕　指定事業者の**指定や指導監督の権限**は、**市町村長のみがもつ**。

正解　(1)(3)(4)

地域支援事業⑸　包括的支援事業・任意事業①

問題122　地域支援事業について、正しいものを３つ選べ。

⑴　包括的支援事業では、地域支援事業の必須事業として、６つの事業・業務を行う。

⑵　高齢者虐待の防止および早期発見のための業務などの権利擁護業務は、包括的支援事業として行われる。

⑶　居宅サービス計画や施設サービス計画の検証、地域のケアマネジャーのネットワークづくり、支援困難事例に関してケアマネジャーに助言を行うなどの業務も、包括的支援事業に含まれている。

⑷　市町村は、必須事業である包括的支援事業として、介護教室の開催などを行う家族介護支援事業を実施する。

⑸　被保険者のコスト意識を喚起する事業は、必須事業として行われる。

ポイント解説　　　　　　　　　　　　　　　　📖 上－ P.156〜159

⑴　○　**包括的支援事業は**、法115条の45第２項に規定する**６つの事業・業務で構成されている**（P.155参照）。2014年改正により、地域包括ケアの実現のため、新たに３つの事業が加わったものである。

⑵　○　包括的支援事業では、記述の**権利擁護業務、総合相談支援業務、包括的・継続的ケアマネジメント支援業務**に、社会保障充実分として加わった**在宅医療・介護連携推進事業、生活支援体制整備事業、認知症総合支援事業**を行う。また、法115条の45には位置づけられていないが、**地域ケア会議推進事業**も、この枠内で行う。

⑶　○　**地域のケアマネジャーに対する支援**は、包括的・継続的ケアマネジメント支援業務である。また、**総合相談支援業務**は、被保険者を対象に実態把握や相談対応などの総合的な支援を行う業務である。

⑷　✕　**家族介護支援事業**や**介護給付等費用適正化事業、その他の事業**は、**任意事業**であり、必須事業とはされていない。

⑸　✕　記述の事業は、上記⑷の介護給付等費用適正化事業であり、**任意事業**として行われる。

正解　⑴⑵⑶

地域支援事業⑹　包括的支援事業・任意事業②

問題123　地域支援事業について、正しいものを３つ選べ。

(1)　市町村は、包括的支援事業の実施を地域包括支援センターに委託することができるが、委託する場合には、社会保障充実分の３事業を含めて一括して委託しなければならない。

(2)　生活支援体制整備事業では、生活支援コーディネーターを配置して、生活支援サービスの担い手となるボランティアの養成・発掘を行う。

(3)　認知症総合支援事業では、具体的な取組みとして、認知症初期集中支援チームの設置や認知症地域支援推進員の配置を行う。

(4)　社会保障充実分として包括的支援事業に加わった３事業と地域ケア会議推進事業は、地域包括ケアシステムの構築を、地域支援事業の枠組みを活用して推進しようとするものである。

(5)　地域支援事業の事業費は、地域の実情に合わせて設定するものとされ、上限は定められていない。

ポイント解説　　　　　　　　　　　　　　上－ P.156〜159

(1)　✕　総合相談支援業務、権利擁護業務、包括的・継続的ケアマネジメント支援業務は、一括して委託しなければならないとされるが、**社会保障充実分の３事業**は、**地域包括支援センター以外に委託することができる**。

(2)　○　**生活支援体制整備事業**では、生活支援コーディネーター（地域支え合い推進員）の配置や、協議体の設置を行う。

(3)　○　**認知症総合支援事業**で実施する認知症初期集中支援チームは、専門医１人と医療・保健・福祉の国家資格を有する者や介護支援専門員等の２人以上（計３人以上）で構成する。

(4)　○　これらの施策は、地域包括ケアシステムの充実・強化をめざすものである。

(5)　✕　総合事業の上限額と、それ以外の事業の上限額に分けて**政令で定める範囲内**で行う。実績に高齢者の伸び率を勘案したり、社会保障充実分の３事業を個別に評価したりするなど、事業計画のための計算式が示されている。　　　　　　　　　　　**正解**　(2)(3)(4)

地域支援事業⑺　その他の事項

問題124　地域支援事業について、正しいものを３つ選べ。

(1)　第２号被保険者が、基本チェックリストによってサービス事業の対象者と判断された場合は、介護予防・生活支援サービスを利用することができる。

(2)　要支援者が総合事業を利用する場合は、予防給付の支給限度額の範囲内で給付管理が行われる。

(3)　市町村またはその委託を受けた者は、地域支援事業のうちの一定の事業を行うために、地域包括支援センターを設置する。

(4)　市町村は、地域支援事業の枠内で、保健福祉事業を行うことができる。

(5)　市町村は、包括的・継続的ケアマネジメント支援業務の効果的な実施のために、会議を置くように努めなければならない。

ポイント解説　　　　　　　　　　　　　　📖 上－ P.156〜164

(1)　✕　**第２号被保険者**は、基本チェックリストではなく、**要支援認定等の申請**を行って、要支援者に認定される必要がある。

(2)　◯　**要支援者**が介護予防サービスと併せて総合事業を利用する場合は、**支給限度額による給付管理**が行われる。事業対象者(要支援者を除く者)については、指定事業者のサービスを利用する場合にのみ、給付管理が行われる。

(3)　◯　**地域包括支援センター**は、包括的支援事業その他の事業を行うことを目的に設置される。なお、地域包括支援センターには、指定介護予防支援事業者の指定を受けて、要支援者のケアマネジメントを行うという別の役割もある。

(4)　✕　**保健福祉事業**は、市町村が第１号保険料を財源として行うものとされ、地域支援事業に含まれるものではない。

(5)　◯　記述の**会議**は、**地域ケア会議**として従来から行われてきたが、2014年改正で法115条の48として新たに規定された。介護支援専門員、保健医療・福祉に関する専門的知識を有する者、民生委員その他の関係者・関係団体等で構成される。

正解　(2) (3) (5)

地域支援事業(8)　地域ケア会議の機能

問題125　地域ケア会議について、正しいものを３つ選べ。

(1)　すべての地域ケア会議は、地域包括支援センターの主催で行われる。

(2)　地域ケア会議には、「個別課題解決機能」から「政策形成機能」に至る５つの機能がある。

(3)　居宅介護支援事業者は、地域ケア会議から個別事例の提供の求めがあった場合には、協力するように努めなければならない。

(4)　地域ケア会議の規模や構成メンバーは、会議の議題によって異なる。

(5)　地域ケア会議にかかる費用は、市町村の一般会計から支出される。

ポイント解説　　　　　　　　　　　📖上－ P.158、P.162～164

(1)　**✕**　地域ケア会議には、**地域包括支援センターが主催する実務者レベルの会議**と、**市町村が主催する代表者レベルの会議**がある。

(2)　**○**　５つの機能とは、「個別課題解決機能」、「ネットワーク構築機能」、「地域課題発見機能」、「地域づくり・資源開発機能」、「政策形成機能」である。

(3)　**○**　記述の内容は、居宅介護支援の運営基準に定められている。なお、居宅介護支援事業者の特定事業所加算の算定には、この事例検討会への参加が要件となっているものもある。

(4)　**○**　個別ケースの検討を行う実務者レベルの会議から、地域づくり・資源開発、政策形成のための代表者レベルの会議まで、規模や構成メンバーは異なってくる。

(5)　**✕**　地域ケア会議にかかる費用は、包括的支援事業の**地域ケア会議推進事業**の費用として計上し、地域支援事業の枠内で処理される。

正解　(2) (3) (4)

■地域支援事業の概要

必須事業

●**介護予防・日常生活支援総合事業**（法115条の45第1項）

(1) **第1号事業**（介護予防・生活支援サービス事業）

イ　第1号訪問事業

ロ　第1号通所事業

ハ　第1号生活支援事業

ニ　第1号介護予防支援事業

・要支援者、要介護者の一部、基本チェックリスト該当者が対象[※1]

(2) **一般介護予防事業**

・介護予防把握事業

・介護予防普及啓発事業

・地域介護予防活動支援事業

・一般介護予防事業評価事業

・地域リハビリテーション活動支援事業

・第1号被保険者のすべての者およびその支援のための活動にかかわる者が対象

●**包括的支援事業**（法115条の45第2項）

① 総合相談支援業務

② 権利擁護業務

③ 包括的・継続的ケアマネジメント支援業務

④ 在宅医療・介護連携推進事業

⑤ 生活支援体制整備事業

⑥ 認知症総合支援事業

⑦ 地域ケア会議推進事業[※2]

・すべての被保険者と関係者が対象

任意事業

●**任意事業**（法115条の45第3項）

① 介護給付等費用適正化事業

② 家族介護支援事業

③ その他の事業

※1　市町村の補助により実施される第1号事業のサービスについて、要介護者になったあとも継続的に利用することを希望する者。

※2　地域ケア会議推進事業は、法115条の45第2項には位置づけられていないが、地域支援事業実施要綱では、この枠内で行うこととしている。

地域包括支援センター(1)

> **問題126** 地域包括支援センターについて、正しいものを2つ選べ。
> (1) 地域包括支援センターは、被保険者の数がおおむね3,000〜6,000人の圏域ごとに設置される。
> (2) 老人福祉センターの設置者は、市町村の委託を受けて、地域包括支援センターを設置することができる。
> (3) 地域支援事業のうち包括的支援事業は、地域包括支援センターが行う。
> (4) 市町村は、社会保障充実分を除く包括的支援3業務の一部だけを、地域包括支援センターの設置者に委託することができる。
> (5) 地域包括支援センターの中立性・公正性の確保や人材確保の支援のために、市町村ごとに地域包括支援センター運営協議会が設置される。

ポイント解説　　　　　　　　　　　　📖 上－ P.160〜162

(1) **✕** **地域包括支援センター**は、地域の高齢者の保健医療の向上および福祉の増進を包括的に支援することを目的として、市町村に設置される。**第1号被保険者の数**が、おおむね3,000〜6,000人の圏域ごとに設置するのが原則であるが、3,000人未満の圏域に設置されることもある。市町村の直営で設置する場合と、委託によって設置する場合とがある。

(2) **✕** 市町村の委託を受けて、地域包括支援センターを設置することができるのは、**老人介護支援センター（在宅介護支援センター）**の設置者や**社会福祉法人・医療法人・NPO法人**などとされる。「老人福祉センター」は、老人福祉法に基づき設置され、地域の老人に対して各種の相談などの事業を行う施設である。

(3) **○** 地域包括支援センターは、地域支援事業のうち、**包括的支援事業**を一体的に実施する中核的拠点である。

(4) **✕** 原則として委託する場合は、**事業の実施に係る方針**を示したうえで、包括的支援事業全体を**一括して委託**しなければならない（前ページの④〜⑥の事業は除く）。

(5) **○** **地域包括支援センター運営協議会**のメンバーは、事業者・関係団体・被保険者等により構成され、地域包括支援センターの設置・運営がチェックされる。

正解 (3) (5)

地域包括支援センター⑵

問題127 地域包括支援センターについて、正しいものを３つ選べ。

(1) 地域包括支援センターは、市町村の指定を受けて、指定介護予防支援事業者としての業務を行う。

(2) 地域包括支援センターが介護予防支援事業者としての指定を受けた場合、介護予防支援の業務を他に委託することはできない。

(3) 地域包括支援センターには、原則として保健師、社会福祉士、主任介護支援専門員を１人ずつ配置しなければならない。

(4) 市町村は、介護予防・日常生活支援総合事業や任意事業の全部または一部を、地域包括支援センターに委託することはできない。

(5) 地域包括支援センターの設置者は、介護サービス事業者、医療機関、民生委員、ボランティアその他の関係者との連携に努めなければならない。

ポイント解説　　　　　　　　　　📖 上－ P.160〜162

(1) ○　それと同時に、**地域支援事業におけるケアマネジメント**も行い、連続性・一貫性をもったケアマネジメントを実施する。

(2) ✕　指定介護予防支援事業者（地域包括支援センター）は、介護予防支援の業務の一部を**指定居宅介護支援事業者に委託する**ことができる。

(3) ○　**保健師、社会福祉士、主任介護支援専門員**（準ずる者も含む）は、原則として各事業所ごとに１人ずつ、合計３人を配置するものとされる。ただし、第１号被保険者の数が3,000人未満の圏域にある事業所等については、緩和規定が設けられている。

(4) ✕　市町村は、介護予防・日常生活支援総合事業および任意事業の全部または一部を、老人介護支援センターの設置者（**地域包括支援センター**）など市町村が適当と認める者に**委託することができる**。

(5) ○　包括的支援事業の効果的な実施のためには、これらの関係者との連携が必要である。

正解　(1)(3)(5)

※2014年度から、地域包括支援センターの基準は市町村の条例に委任されています。ここではそのもととなる厚生労働省令に沿って記述しています。

157

地域支援事業の財源構成

> **問題128** 地域支援事業の財源構成について、正しいものを3つ選べ。
>
> (1) 地域支援事業のうち、介護予防・日常生活支援総合事業とそれ以外の事業とでは財源構成が異なる。
>
> (2) 介護予防・日常生活支援総合事業の財源構成は、居宅給付費の財源構成と同じである。
>
> (3) 介護予防・日常生活支援総合事業の財源において、国の負担分については、調整交付金の制度はない。
>
> (4) 介護予防・日常生活支援総合事業以外については、第2号被保険者の負担はない。
>
> (5) 任意事業に関する費用は、すべて市町村の一般会計から支弁される。

ポイント解説　　　　　　　　　　　　　　　　　　📖上－ P.150

(1) **○** 地域支援事業には、**介護予防・日常生活支援総合事業**（以下「総合事業」という）とそれ以外の事業があるが、**財源構成が異なる**（次ページ参照）。

(2) **○** **総合事業**については、国から25％、都道府県から12.5％の交付金が交付され、市町村は一般会計から12.5％を負担する。支払基金からは、**地域支援事業支援交付金**として第2号被保険者負担である27％が交付され、残りの23％に第1号被保険者の保険料が充てられる。つまり、総合事業に要する費用の財源構成は、**居宅給付費の財源構成と同じである**。

(3) **✕** **総合事業に要する費用**については、介護給付費と同様に、国の負担分のうち5％は、**調整交付金**として傾斜的に交付される。

(4) **○** **総合事業以外**（包括的支援事業と任意事業）については、国から38.5％、都道府県から19.25％の交付金が交付され、市町村は19.25％を負担する。残りの23％に第1号被保険者の保険料が充てられ、**第2号被保険者の負担はない**（第2号被保険者分は、国、都道府県、市町村が2：1：1の比率で負担している）。

(5) **✕** 解説(4)のとおり、**国・都道府県の負担**も、**第1号保険料**による負担もある。

正解　(1) (2) (4)

■財源構成のまとめ

保険給付・地域支援事業の費用負担割合

		介 護 給 付 費		地 域 支 援 事 業	
		居宅給付費	施設等給付費	介護予防・日常生活支援総合事業	包括的支援事業と任意事業
保険料	第1号保険料	平均[1] 23%	平均[1] 23%	平均[1] 23%	23%
保険料	第2号保険料	27% （介護給付費交付金） ※2	27% （介護給付費交付金） ※2	27% （地域支援事業支援交付金） ※2	19.25%
保険料	第2号保険料				19.25%
公費	市町村	12.5%	12.5%	12.5%	
公費	都道府県	12.5% 調整交付金	17.5%	12.5% 調整交付金	
公費	国		調整交付金		38.5%
公費	国	25%	20%	25%	

※1　国からの調整交付金が傾斜的に交付されるため、23％より多く負担する市町村もあれば、23％を下回る市町村もある。

※2　第2号保険料は、医療保険者が徴収し、支払基金から介護給付費交付金および地域支援事業支援交付金として交付される。

国民健康保険団体連合会の業務(1)

> **問題129** 国民健康保険団体連合会（国保連）について、正しいものを3つ選べ。
>
> (1) 介護保険法の規定に基づいて、市町村ごとに設置されている。
>
> (2) 市町村から委託を受けて、介護報酬の審査・支払い業務を行う。
>
> (3) 介護給付費請求書等の審査を行うため、介護給付費等審査委員会が置かれている。
>
> (4) 介護給付費等審査委員会の委員は市町村が委嘱し、任期は2年である。
>
> (5) 国保連は、介護サービスの提供事業や介護保険施設の運営を行うこともできる。

ポイント解説　　　　　　　　　　　　　　📖 上－ P.173～175

(1) **✕**　**国民健康保険団体連合会（国保連）**は、**国民健康保険法**に基づいて、**都道府県**ごとに設置されている。本来は国民健康保険の診療報酬の審査・支払いを行う公法人である。介護保険制度ができてからは、介護保険事業関係業務も行うようになった。

(2) **○**　事業者・施設は、介護報酬の請求を国保連に対して行い、その審査を経て支払いを受ける。なお、市町村は、**介護予防・日常生活支援総合事業**を委託した場合の事業費用の審査・支払い業務や、指定事業者に対する第1号事業支給費の審査・支払い業務も、国保連に委託することができる。

(3) **○**　**介護給付費等審査委員会**は、それぞれ同数の①介護給付等対象サービス担当者または介護予防・日常生活支援総合事業担当者代表委員、②市町村代表委員、③公益代表委員で構成される。

(4) **✕**　委員は、市町村ではなく**国保連が委嘱**する。上記①②の委員については関係団体の推薦が必要である。任期が2年であるのは正しい。

(5) **○**　国保連は、介護サービスの提供事業や介護保険施設の運営、その他介護保険事業の円滑な運営に資する事業を行うことができる。

　　　　　　　　　　　　　　　　　　　　　正 解　(2) (3) (5)

国民健康保険団体連合会の業務⑵

> **問題130** 国民健康保険団体連合会（国保連）の業務について、正しいものを２つ選べ。
>
> (1) サービス提供事業者の提供するサービスについて、利用者等からの苦情を受け付ける。
>
> (2) 利用者等からの苦情を受け付けて、事実関係の調査を行うが、調査結果について事業者・施設に対する指導・助言は行わない。
>
> (3) サービス提供事業者が指定基準に違反した場合は、指定の取消し処分を行う権限が与えられている。
>
> (4) 苦情の申立ては、必ず書面によるものとされている。
>
> (5) 第三者行為による保険事故について保険給付を行ったときに、第三者に対して市町村が取得する損害賠償請求権について、市町村から委託を受けて、損害賠償金の徴収・収納の事務を行う。

ポイント解説　　　　　　　　　　　　　📖 上－ P.173〜175

(1) **○**　国保連は、業務の中立性・広域性の観点から、**苦情処理業務**を必須業務として行うこととされている。

(2) **✕**　苦情の受付窓口である国保連事務局は、必要に応じて調査を行い、苦情処理担当委員が調査結果に基づいて、改善すべき事項を検討し、事務局から**事業者・施設に提示**する。また、苦情の申立人に調査結果や指導内容等を通知する。

(3) **✕**　業務の対象とされているのは、指定基準違反には至らない程度の事項に関する苦情等であり、強制権限を伴う立入検査、指定の取消し等は、指定権者である都道府県知事または市町村長が行う。

(4) **✕**　苦情の申立ては、原則として書面によるものとされているが、必要に応じ**口頭による申立ても受け付ける**。なお、サービスについての苦情は、市町村の窓口や居宅介護支援事業者等の窓口でも受け付ける。

(5) **○**　この事務は、**第三者行為求償事務**と呼ばれる。

正解 (1) (5)

介護保険審査会(1)

問題131 介護保険審査会への審査請求について、正しいものを3つ選べ。

(1) 要介護認定等の処分に不服がある者は、介護保険審査会に審査請求をすることができる。

(2) 保険料の納付延滞金に関する処分に不服がある者は、介護保険審査会に審査請求をすることができる。

(3) 介護保険審査会は、各市町村に1つずつ設置される。

(4) 審査請求は、処分があった日の翌日から起算して3か月以内に、介護保険審査会に対して行わなければならない。

(5) 処分の取消しを求める行政訴訟は、その処分についての審査請求に対する介護保険審査会の裁決を経た後でなければ提起することができない。

ポイント解説 📖上－ P.176～178

(1) **〇** **介護保険審査会**における審査の対象となる事項は、次のとおりである。

　① **保険給付に関する処分**（被保険者証の交付の請求に関する処分および要介護認定・要支援認定に関する処分を含む）

　② **保険料その他介護保険法の規定による徴収金に関する処分**（財政安定化基金拠出金、介護給付費・地域支援事業支援納付金およびその納付金を滞納した場合の延滞金に関する処分を除く）

　要介護認定等の処分に対する不服審査は、上記①に含まれる。

(2) **〇** この場合は、上記②に該当する。

(3) **✕** 介護保険審査会は、市町村の行った処分に対する不服を審査する機関であり、中立性・公平性の観点から、**都道府県**に1つ設置される。

(4) **✕** **処分があったことを知った日**（処分があった日ではない）の翌日から起算して**3か月以内**に、文書または口頭で審査請求を行わなければならない。

(5) **〇** これを**審査請求前置**という。ただし、審査請求があった日から3か月を経過しても裁決がないとき等は、裁決を経ないで処分の取消しの訴えを提起することができる。

正解 (1)(2)(5)

介護保険審査会(2)

問題132　介護保険審査会について、正しいものを３つ選べ。
- (1)　介護保険審査会の委員は、厚生労働大臣によって任命される。
- (2)　介護保険審査会は、被保険者を代表する委員３人、市町村を代表する委員３人、公益を代表する委員３人以上の三者で構成される。
- (3)　要介護認定・要支援認定に係る審査請求事件については、三者構成の合議体で審理裁決する。
- (4)　要介護認定・要支援認定に係る審査請求事件の処理の迅速化・正確化を図るため、専門調査員を配置することができる。
- (5)　専門調査員も含めて、介護保険審査会の委員または委員であった者には、守秘義務が課される。

ポイント解説　　　　　　　　　　　　　　　　　　📖上－ P.176〜178

- (1)　✕　**介護保険審査会の委員**は、**都道府県知事が任命**する。委員の**任期**は**３年**であり、再任も可能とされる。
- (2)　○　介護保険審査会は、**被保険者を代表する委員**（３人）、**市町村を代表する委員**（３人）、**公益を代表する委員**（３人以上であって、政令で定める基準に従い条例で定める員数）の三者構成となっている。介護保険審査会の会長は、公益を代表する委員のうちから委員が選出する。
- (3)　✕　**要介護認定・要支援認定に係る審査請求事件**については、**公益を代表する委員**により構成される合議体で審理裁決する（合議体を構成する委員の定数は、都道府県の条例で定める）。それ以外の審査請求事件は、三者構成の合議体で審理裁決を行う。審査請求に係る処分の種類によって、審査請求事件を取り扱う合議体の組織が異なることになる。
- (4)　○　**専門調査員**には、保健医療・福祉の学識経験者を、都道府県知事が任命する。
- (5)　○　委員の身分は**非常勤特別職の地方公務員**であり、**守秘義務**を犯し、個人の秘密を漏らした場合には、罰則が適用される。

正解　(2)(4)(5)

報告の徴収等

問題133　報告の徴収等について、正しいものを３つ選べ。

(1)　市町村長は、毎年度の介護保険事業の実施状況を、年に１回、厚生労働大臣に報告しなければならない。

(2)　厚生労働大臣は、都道府県知事または市町村長に対し、事業者・施設の指定等に関し、報告を求め、助言・勧告をする権限を有する。

(3)　医療保険者に対して、介護給付費・地域支援事業支援納付金の算定に関して、報告を徴収し、または職員に実地検査をさせる権限は、都道府県知事にのみ与えられている。

(4)　介護保険法の規定に基づく徴収金の先取特権の順位は、国税および地方税に次ぐ。

(5)　市町村は、保険給付や地域支援事業、保険料に関して、被保険者の資産・収入の状況について、銀行等に報告を求めることができる。

ポイント解説　　　　　　　　　　　📖上－ P.178〜179、P.181

(1)　✕　**市町村長**は、**毎月**の**介護保険事業の実施状況報告書**を、翌月15日までに都道府県知事または国民健康保険団体連合会および指定法人（国民健康保険中央会）に提出し、それが知事を経由して厚生労働大臣に報告される。都道府県知事・厚生労働大臣は、市町村長に対し、報告を求める権限をもつ。

(2)　◯　**厚生労働大臣**は、都道府県知事・市町村長に対し、事業者・施設の指定や指導監督のほか、介護支援専門員の登録や指導監督、介護サービス情報の公表等に関し報告を求め、助言・勧告を行う。

(3)　✕　この権限は、都道府県知事のみではなく、**厚生労働大臣**にも与えられている。

(4)　◯　**先取特権**とは、他の債権者に先立って優先的に支払いを受けることができる権利のことである。**徴収金**には、保険料のほか介護給付費・地域支援事業支援納付金、不正利得の徴収金などが含まれる。

(5)　◯　年金保険者や官公署に文書閲覧や資料提供を求めることもできる。

正解　(2)(4)(5)

時　効

> **問題134**　介護保険制度における時効について、正しいものを３つ選べ。
> (1)　権利を行使しない状態が一定期間継続することによって、その権利が消滅することを消滅時効という。
> (2)　被保険者が、償還払いの介護給付費を市町村に請求する権利は、時効によって２年で消滅する。
> (3)　市町村が、介護報酬を過払いした場合の返還請求権は、時効によって２年で消滅する。
> (4)　サービス提供事業者の介護報酬請求権についての消滅時効の起算日は、サービス提供月の翌々月の１日である。
> (5)　保険料を滞納している場合に、市町村から督促があったときには、時効は更新される。

ポイント解説　　　　　　　　　　　　　📖上－ P.179〜181

(1)　**○**　**消滅時効**に対して、権利を行使することによって時効の進行を停止させることを**時効の完成猶予及び更新**（2020年４月施行の民法改正により「時効の中断」はこう変わった）という。例えば、支払いの督促を行えば、その時点で時効は更新する。

(2)　**○**　介護保険法では、**時効の期間**と**時効の更新**に関しては、特別の規定を定めている。介護保険法において、①保険料その他の徴収金を徴収する権利、②徴収金の還付を受ける権利、③保険給付を受ける権利は、**消滅時効が２年**とされている。記述の権利は、③である。

(3)　**×**　介護報酬を過払いした場合の**返還請求権の消滅時効**は、**５年**である（ただし、不正請求が原因の場合は上記①に該当し２年）。

(4)　**×**　**時効期間の起算点**は「権利を行使することができる時」となるが、原則として初日は不算入となる。介護報酬の支払いは、サービス提供月の翌々月の末日までにされることになっているので、消滅時効の起算日は、翌々々月の１日となる。選択肢(2)の場合は、被保険者がサービス費用を支払った日の翌日が起算日となる。

(5)　**○**　介護保険法の規定による**徴収金の督促**は、**時効更新の効力**を生む。

正解　(1)(2)(5)

165

介護支援専門員の意義

問題135 介護支援専門員の意義について、正しいものを３つ選べ。

(1) 介護支援専門員は、介護保険の給付が利用者のニーズに沿って有効、適切に利用されるために、介護保険制度に位置づけられた。

(2) 居宅介護支援事業所の介護支援専門員は、サービス提供事業者等の支援者チームのコーディネーターとしての役割・機能を担う。

(3) 介護保険施設における介護支援専門員については、コーディネーターとしての役割・機能は小さい。

(4) 介護支援専門員は、居宅介護支援事業者と介護保険施設にのみ配置が義務づけられている。

(5) 介護支援専門員には、施設における生活と居宅における生活をつなぐ役割もある。

ポイント解説　　　　　　　　　　　📖 上－ P.122、P.230〜231

(1) ◯　介護保険で提供されるサービスの種類は多く、サービス提供事業者も多様化している。また、高齢者やその家族が、どのようなサービスを利用するのが適切であり有効かを的確に判断できないことも多いので、介護支援専門員の果たす役割は大きい。

(2) ◯　介護支援専門員は、支援者チームの**コーディネーター（調整役）**としての役割を担う。

(3) ✕　**介護保険施設**の介護支援専門員の役割は、居宅介護支援と同じではないが、利用者のニーズに沿った**施設サービス計画の作成**や施設内の**各種専門職間のコーディネーター**としての役割の重要性は変わらない。

(4) ✕　**特定施設入居者生活介護**、地域密着型サービスの**小規模多機能型居宅介護・認知症対応型共同生活介護**等には、介護支援専門員が配置され、ケアマネジメントが提供されている。

(5) ◯　施設の介護支援専門員が退所計画を作成して居宅介護支援事業所の介護支援専門員につなぐ場合や、施設に入所する場合に居宅介護支援事業所の介護支援専門員が要介護者等についての情報を提供する等の連携が図られる。

正解　(1) (2) (5)

介護支援専門員の位置づけ

問題136 介護支援専門員の位置づけについて、正しいものを３つ選べ。

(1) 介護支援専門員は、要介護者等が自立した日常生活を営むのに必要な援助に関する専門知識や技能を有する者である。

(2) 介護支援専門員は、多種多様な介護サービスの中から、要介護者等がニーズに応じたサービスを受けられるように援助する。

(3) 介護支援専門員は、介護予防・日常生活支援総合事業で行われる第１号訪問事業・通所事業、生活支援事業に関する連絡調整等の業務も行う。

(4) 介護支援専門員は、市町村が設置する地域ケア会議を構成する主要なメンバーからの要請があった場合には、会議に参加する。

(5) 介護支援専門員は、要介護者等が必要な介護サービスを受けられるように、都道府県と居宅サービス事業者や地域密着型サービス事業者、介護保険施設等との連絡調整を行う者とされる。

ポイント解説　　　　　　　　📖 上－ P.122～123、P.230～231

(1) 〇　制度的には、介護支援専門員**実務研修受講試験**に合格し、介護支援専門員**実務研修を受講**したうえで登録を受け、**介護支援専門員証の交付を受けた者**ということになる。

(2) 〇　具体的には、要介護者等からの相談に応じ、**居宅サービス計画や施設サービス計画の作成**などを行うことになる。

(3) 〇　介護支援専門員は、**総合事業**で行われるサービス事業について、利用者と事業者との間にあって連絡調整等の業務を行う。

(4) ✕　**地域ケア会議**は、個別の居宅サービス計画や施設サービス計画の検証や支援困難事例の検討等を通じて、地域の課題を解決するために行うもので、介護支援専門員は、その**主要なメンバー**である。

(5) ✕　保険者は**市町村**であり、要介護認定等を行うのも**市町村**である。従って、居宅サービス事業者や地域密着型サービス事業者、介護保険施設、介護予防サービス事業者、地域密着型介護予防サービス事業者等と**市町村との連絡調整**を行うことになる。

正解　(1)(2)(3)

介護支援専門員の登録

問題137 介護支援専門員の登録について、正しいものを２つ選べ。

(1) 保健・医療・福祉分野の一定の資格をもたない者であっても、一定の社会福祉施設等で介護の業務に５年以上従事した期間があれば、介護支援専門員実務研修受講試験を受けることができる。

(2) 介護支援専門員実務研修受講試験に合格すると、介護支援専門員として都道府県知事の登録を受けることができる。

(3) 介護支援専門員として都道府県知事の登録を受けた者は、介護支援専門員証の交付を申請することができる。

(4) 介護支援専門員の登録を受けただけでは、介護支援専門員として業務を行うことはできない。

(5) 介護支援専門員の登録者であっても、登録を受けた日から５年を超えると、介護支援専門員証の交付を受けることができなくなる。

ポイント解説 　　　　　　　　　　　　　　📖 上－ P.122～124

(1) ✕ **国家資格保有者**は、**実務経験５年以上**で受験することができる。しかし、2014年改正で、生活相談員等の相談援助業務の実務経験者を除いて、**介護業務の実務経験による受験はできない**ことになった。

(2) ✕ 試験の合格者を対象に行われる**介護支援専門員実務研修を修了**すると、**都道府県知事**によって**介護支援専門員資格登録簿**に登録される。

(3) 〇 実務研修を修了し介護支援専門員として登録を受けた者は、**介護支援専門員証**の交付を申請することができる。

(4) 〇 介護支援専門員として業務を行うには、介護支援専門員証の交付を受けることが必要である。

(5) ✕ 介護支援専門員の登録を受けても、すぐに実務に就かない場合は、介護支援専門員証の交付を申請しないこともできる。期間の経過により登録が無効になることはないが、登録を受けた日から５年を超えて介護支援専門員証の交付を受ける場合には、都道府県知事の行う**再研修**を受けなければならない。

正解 (3) (4)

介護支援専門員の欠格事由

問題138 介護支援専門員の登録を受けられない者として、正しいものを3つ選べ。

(1) 精神の機能の障害により介護支援専門員の業務を適正に行うに当たって必要な認知、判断および意思疎通を適切に行うことができない者

(2) 禁錮以上の刑や、介護保険法等の法律で政令の定めるものの規定により罰金の刑に処せられ、刑の執行が終わってから５年を経過していない者

(3) 登録の申請前６年以内に居宅サービス等に関し不正または著しく不当な行為をした者

(4) 都道府県知事により介護支援専門員の業務禁止処分を受けている期間中に、本人の申請により登録が消除され、まだその業務禁止処分の期間が経過しない者

(5) 都道府県知事により介護支援専門員の登録の消除の処分を受け、その処分の日から起算して５年を経過しない者

ポイント解説　　　　　　　　　　　　　　　　　　　　　📖上－P.123

(1) **○**　この欠格条項は、従来「成年被後見人または被保佐人」とされていたが、2019年12月14日施行の法令の改正により、記述の内容に改正された。

(2) **✕**　記述のような刑に処せられても、その**刑の執行を終わった者**、または**執行を受けることがなくなった者**（執行猶予期間が満了した者）は**該当しない**。ただし、介護支援専門員の登録を受けている者が、記述の刑に処せられると登録が消除され、その場合は選択肢(5)に該当して、処分の日から５年間は登録を受けられない。

(3) **✕**　申請前の**５年以内**が対象となる。

(4) **○**　介護支援専門員の**業務禁止**処分については、問題140を参照のこと。

(5) **○**　都道府県知事により介護支援専門員の**登録の消除**の処分を受けるのは、不正の手段により介護支援専門員の登録や介護支援専門員証の交付を受けた者や、(4)の業務禁止処分に違反した者等である。登録の消除に関しては、問題141参照。　　　　　　　**正解**　(1)(4)(5)

登録の移転、更新、更新研修、専門員証の提示

問題139 介護支援専門員の登録の移転、更新等について、正しいものを2つ選べ。

(1) 登録を受けている介護支援専門員が、登録している都道府県以外の都道府県の事業者や施設の業務に従事しようとするときは、その事業者の事業所または施設の所在地を管轄する都道府県知事に直接、登録の移転を申請できる。

(2) 介護支援専門員証の有効期間は6年で、申請により更新する。

(3) 介護支援専門員証の更新を受けようとする者は、都道府県知事の行う研修を受けなければならない。

(4) 介護支援専門員の登録の移転が行われると、介護支援専門員証の有効期間は残りの期間となる。

(5) 介護支援専門員は、その業務を行うときは、必ず介護支援専門員証を提示しなければならない。

ポイント解説　　　　　　　　　　　　　　📖 上－ P.123〜124

(1) **✗** **登録の移転の申請**は、現に登録している**都道府県知事を経由**して行われる。

(2) **✗** 介護支援専門員証の有効期間は**5年**で、申請により更新されることになる。なお、登録については有効期間の定めはない。

(3) **○** この研修を**更新研修**という。ただし、現に介護支援専門員の業務に従事していて、かつ更新研修に相当するものとして都道府県知事が指定する研修を修了している場合は、更新研修は受けなくてよい。

(4) **○** 例えば、介護支援専門員証の交付を受けて3年が経過して登録の移転をした場合、有効期間は残りの2年間となる。

(5) **✗** 「必ずいつでも」というわけではなく、**初回訪問時**や関係者から**請求があったとき**に提示する義務がある。

正解 (3)(4)

義務・禁止行為

問題140　介護支援専門員の義務・禁止行為等について、正しいものを3つ選べ。

(1)　介護支援専門員は、担当する利用者に提供する居宅サービス等が特定の種類または特定の事業者に偏ることのないよう、公正かつ誠実に業務を行わなければならない。

(2)　看護師の業務に従事する者などで介護支援専門員の資格を有する者は、指定居宅介護支援事業者に名義を貸すことができる。

(3)　介護支援専門員は、その業務に関して知り得た人の秘密を漏らしてはならない。

(4)　介護支援専門員でなくなった後、居宅サービス事業者などからサービスの提供に必要であるとして求められた場合には、利用者に関する情報を提供することができる。

(5)　都道府県知事から業務について必要な報告を求められたら、それに応じなければならない。

ポイント解説　　　　　　　　　　　　　　　　📖上－ P.125〜126

(1)　〇　介護支援専門員やその所属する指定居宅介護支援事業者が、特定の居宅サービス事業者などと不公正に結びつくことを防止しようとする規定。この規定に違反していると認めたときは、**都道府県知事**は必要な**指示**を出すか、**指定する研修**を受けるよう**命令**することができる。この指示・命令に従わない場合は、**1年以内**の**業務禁止**になることがある。

(2)　✕　現に介護支援専門員としての業務を行っているかどうかにかかわりなく、いかなる場合も**名義を貸すことはできない**。

(3)　〇　**秘密保持義務**は厳しく規定されている。サービス提供に必要な場合であっても、**同意を得なければ情報の提供はできない**。

(4)　✕　介護支援専門員でなくなった後でも、(3)と同様である。

(5)　〇　報告を求められたら、**報告する義務**がある。報告をしなかったり虚偽の報告をしたりした場合は、介護支援専門員の登録を消除されることもある（問題141参照）。

正解　(1)(3)(5)

登録の消除

問題141 介護支援専門員の登録を必ず消除される者として、正しいものを3つ選べ。

(1) 個別審査により「認知、判断および意思疎通を適切に行うことができない者」に該当すると判断された者

(2) 禁錮以上の刑や、介護保険法等の法令で定める規定により罰金の刑に処せられた者

(3) 介護支援専門員の義務違反等で都道府県知事の業務禁止処分を受けた者

(4) 介護支援専門員の業務について都道府県知事から報告を求められて、報告をせず、または虚偽の報告をした者

(5) 介護支援専門員証の交付を受けていない段階で、介護支援専門員としての業務を行い、情状が特に重い者

ポイント解説　　　　　　　　　　　　📖 上− P.126

(1) ○　介護支援専門員としての業務遂行ができないと思われる（施行規則第113条の5の2）。

(2) ○　「罪状を問わず禁錮以上の刑」および「業務に関する罰金刑」である。

(3) ✕　**業務禁止処分**を受けただけで登録が消除されるわけではない。禁止期間（1年以内）を経過した者は、業務を再開できる。ただし、**禁止処分に違反して業務を行った者**は、登録が消除される。

(4) ✕　法69条の39第2項で「**登録を消除できる**」とされるものの1つで、必ず消除されるわけではない。同様に、義務違反等について**指示・命令**を受け、それに**違反**し情状が重い場合も、登録を消除できるとされている。

(5) ○　介護支援専門員の業務を行うには、登録した後に**介護支援専門員証の交付**を受けることが前提になっている。なお、更新研修の未受講や更新手続きの失念により、資格のない状況で業務を行った場合は登録の消除の対象であるが、**都道府県知事**には、更新研修受講の指示をしたり更新申請を行うよう指示をしたりして、直ちに登録消除の処分を行わない**裁量権**が与えられている。

正解 (1)(2)(5)

第3章

事業者および施設

居宅サービス事業者の指定

> **問題142** 指定居宅サービス事業者の指定について、正しいものを３つ選べ。
>
> (1) 介護保険の給付対象となる指定居宅サービスを提供しようとする者は、市町村長の指定を受けなければならない。
>
> (2) 指定は、サービスの種類ごとに、事業所ごとに受けなければならない。
>
> (3) すべての指定居宅サービス事業者は、法人でなければならない。
>
> (4) 健康保険法の保険医療機関である病院・診療所は、居宅療養管理指導・訪問看護・訪問リハビリテーション・通所リハビリテーション・短期入所療養介護に係る指定があったものとみなされる。
>
> (5) 介護老人保健施設は、介護保険法に基づく開設許可があった場合には、短期入所療養介護および通所リハビリテーションに係る指定があったものとみなされる。

ポイント解説　　　　　　　　　　　📖 上－ P.127～130

(1) ✕　**指定居宅サービス**を提供するためには、**都道府県知事**による指定を受けて、**指定居宅サービス事業者**になる必要がある。なお、**指定都市・中核市**にあっては、指定・勧告命令等の権限は、都道府県から委任（大都市特例）※されているので、市長が指定する。

(2) 〇　居宅サービス事業者の指定は、**居宅サービスの種類ごと**に、かつそれを行う**事業所ごと**に行われる。「法人ごと」ではない。

(3) ✕　**法人**であることは指定の要件の１つであるが、**病院・診療所**による居宅療養管理指導・訪問看護・訪問リハビリテーション・通所リハビリテーション・短期入所療養介護、および**薬局**による居宅療養管理指導については、法人でなくともよいとされる。

(4) 〇　これを、**みなし指定**と呼ぶ。保険薬局の場合も、居宅療養管理指導について、みなし指定が行われる。

(5) 〇　**介護医療院**についても同様に、**短期入所療養介護**と**通所リハビリテーション**についてみなし指定が行われる。

正解　(2)(4)(5)

　※本書では、指定都市や中核市に権限がある場合も含めて、単に「都道府県」と表記しています。

居宅サービス事業者の欠格事由、指定の更新

問題143 指定居宅サービス事業者の指定について、正しいものを３つ選べ。

(1) 介護保険法や労働に関する法律などで罰金の刑に処せられ、その執行が終わっていない者は、指定居宅サービス事業者の指定を受けられない。

(2) かつて指定居宅サービス事業者としての指定を取り消されたことがあり、取消しの日から５年を経過していない者は、指定を受けられない。

(3) 指定の申請前６年以内に居宅サービス等に関して不正または著しく不当な行為をした者は、指定を受けられない。

(4) 介護専用型特定施設については、その地域の特定施設入居者生活介護の利用定員の合計数が必要利用定員の合計数に達している場合などには、特定施設入居者生活介護の指定を受けられないことがある。

(5) 指定居宅サービス事業者は、５年ごとに指定の更新を受けなければならない。

ポイント解説　　　　　　　　　　　　　📖 上－ P.127〜130

(1) 〇　介護保険法等の**保健医療・福祉に関する法律**のほか、労働基準法等の**労働に関する法律**による罰金刑も**欠格事由**になる。

(2) 〇　指定を取り消された事業者が法人であった場合（親会社なども含む）は、その**役員であった者**、非法人の病院などでは**管理者であった者**も該当する。指定の取消し履歴を重視して、規制を厳しくしようとするものである。

(3) ✕　(2)と同様に申請前**５年間**に適用される。他の記述は正しい。

(4) 〇　**介護専用型特定施設**については、都道府県知事は、都道府県介護保険事業支援計画に基づき、記述のような状況においては「**指定しないことができる**」とされている。混合型特定施設についても、同様の規定がある。

(5) ✕　居宅サービス事業者の**指定の有効期間**は**6年**で、６年ごとに更新される。介護支援専門員証の有効期間の５年と混同しないこと。

正解　(1)(2)(4)

居宅サービス事業者の指導・監督

> **問題144** 指定居宅サービス事業者の指導・監督について、正しいものを3つ選べ。
> (1) 都道府県知事は、指定居宅サービス事業者に対して、報告または帳簿の提出を求めたり、事業所の立入検査をすることができる。
> (2) 都道府県知事は、指定居宅サービス事業者の人員・設備・運営などが適正でないと認めるときは、基準を遵守するように勧告することができる。
> (3) 都道府県知事は、指定居宅サービス事業者に勧告を行ったときは、そのことを公表しなければならない。
> (4) 都道府県知事は、指定居宅サービス事業者が勧告に従わなかった場合は、その勧告に係る措置をとるように命令することができる。
> (5) 市町村長は、指定居宅サービス事業者の指導・監督に関しては、何の権限ももたない。

ポイント解説　　　　　　　　　　　　　　　　📖 上－ P.131～132

(1) **○**　**報告**や**帳簿提出**の求めに応じなかったり、虚偽の報告をしたりすると、指定の**取消し**や**一部効力の停止**の事由となる。

(2) **○**　この**勧告**や(4)の**命令**は、指定から指定の更新または取消しに至る手続きを明確にして、適正な運営を確保しようとするものである。

(3) **✕**　この段階での公表は義務づけられていない。**勧告に従わなかったときは「公表**することが**できる」**とされ、(4)の**命令**をしたときは「**公示**しなければ**ならない**」とされる。

(4) **○**　「命令」は、「勧告」の次の手続きである。

(5) **✕**　**市町村長**にも、選択肢(1)の報告徴収、帳簿の提出、立入検査等の権限が与えられている。また、居宅サービス事業が適正に運営されていないと認めるときは、「**都道府県知事に通知しなければならない**」とされる。

正解　(1)(2)(4)

居宅サービス事業者の指定の取消し・効力停止

問題145 指定居宅サービス事業者の指定の取消し等について、正しいものを３つ選べ。

(1) 都道府県知事は、指定居宅サービス事業者が介護保険法等の罰金の刑に処せられた場合は、その指定を取り消すことができる。

(2) 都道府県知事は、指定居宅サービス事業者が人員などの基準を満たすことができなくなった場合は、その指定を取り消すことができる。

(3) 指定居宅サービス事業者が、人員・設備・運営などについての都道府県知事の勧告に従わなかったときは、その指定を取り消すことができる。

(4) 市町村は、指定居宅サービス事業者が取消しの事由に当たる状況にあると認めるときは、都道府県知事に通知することができるとされる。

(5) 都道府県知事は、指定居宅サービス事業者の指定の取消しや効力停止を行った場合は、その旨を公示しなければならない。

ポイント解説　　　　　　　　　　　　　　　📖 上－ P.133

(1) **〇**　指定の欠格事由に当たる状況が生じた場合である。なお、法77条の取消しに関する条文には、取消しのほかに「**期間を定めてその指定の全部若しくは一部の効力を停止することができる**」とあることに注意。サービスの種類、事業所ごとの指定のどれかだけが、一時的に効力を停止される状況もあり得る。

(2) **〇**　記述のほか、次の場合など、13の場合が取消しの事由として規定されている。

　① **設備・運営基準に従った適正な運営ができなくなったとき**

　② **居宅介護サービス費の請求に関して不正があったとき**

　③ **不正の手段により指定を受けたとき**

(3) **✕**　記述は問題144の(2)の段階であり、この後に**命令**が出され、**命令に従わなかったとき**に**取消し**の事由になる。

(4) **✕**　「通知することができる」ではなく、「**通知しなければならない**」である。

(5) **〇**　記述のほか、居宅サービス事業者の**指定を行ったとき**、**事業の廃止の届出があったとき**も、同様にその旨を**公示**しなければならない。

正解　(1)(2)(5)

広域事業者の指定・廃止等

問題146　広域事業者の指定・廃止等について、正しいものを３つ選べ。

(1)　申請者と密接な関係を有する法人（親会社等）が指定を取り消され、その日から５年を経過していない場合は、指定を受けることができない。

(2)　立入検査等を受けた後、自ら事業の廃止を届け出た場合には、５年を経過しなくても再び指定を受けることができる。

(3)　指定居宅サービス事業者が事業を廃止または休止しようとするときは、その10日前までに都道府県知事に届け出なければならないとされる。

(4)　事業の廃止や休止を届け出た事業者は、サービスを受けていた者がその後も必要なサービスを受けられるように便宜の提供を行わなければならない。

(5)　厚生労働大臣は、２以上の都道府県知事が廃止・休止した事業者に関する連絡調整を行う場合には、都道府県の区域を超えた見地から助言その他の援助を行うことができる。

ポイント解説　　　　　　　　　　　📖 上－ P.127～128、P.131～133

(1)　**○**　親会社を中心に広域で事業を展開していた事業者の法令違反の事例に即して、**指定要件の対象を親会社等にまで広げる**ために、2009年度から追加された条項である。(2)以下の規定も含めて、指定居宅サービス事業者に限らず、すべての事業者に適用される。

(2)　**✕**　事業の**廃止**を届け出た場合も、取消しの場合と同様、**５年の経過**を必要とすることが明文化された。処分を逃れるための事業の廃止の届出を許さないという趣旨である。

(3)　**✕**　**１か月前までに**届け出なければならない。指定地域密着型サービス事業者の場合は、１か月前までに市町村長に届け出る。

(4)　**○**　具体的には、指定居宅介護支援事業者や他の指定居宅サービス事業者との**連絡調整等**の便宜の提供を行う。

(5)　**○**　２以上の市町村や都道府県にまたがる**広域事業者**が事業の廃止や休止を行う場合について、都道府県知事や厚生労働大臣の権限を規定したものである。

正　解　(1) (4) (5)

共生型居宅サービス事業者の指定の特例

問題147 共生型居宅サービス事業者の指定について、正しいものを3つ選べ。

(1) 障害福祉サービス事業者から、介護保険法の居宅サービス事業者の指定の申請があった場合に、特例的に指定された事業者のことを、共生型居宅サービス事業者という。

(2) 指定は、類似のサービスについて行われるが、障害福祉サービスの「生活介護」は、介護保険の訪問介護に該当する。

(3) 指定を受けやすくするために、指定に関する基準が緩和されている。

(4) 障害福祉サービスを利用してきた人が65歳になると、同種の介護保険サービスを受けなければならなくなるが、なじみの事業所から引き続きサービスを受けることが可能になった。

(5) 共生型居宅サービス事業所では、指定を受けたサービスについては、介護保険の居宅サービス等と同額の介護報酬が算定される。

ポイント解説　　　　　　　　　　　　　　　📖 上－ P.130

(1) ○　逆に、介護保険の居宅サービス事業者が、児童福祉法に基づく障害児通所支援事業者や障害者総合支援法に基づく障害福祉サービス事業者の指定を受けて、同一の事業所でサービスを提供することもできる。

(2) ✕　**生活介護**は、介護保険の**通所介護に該当**する。介護保険の**訪問介護**に該当するのは、障害福祉サービスの**居宅介護**および**重度訪問介護**である。そのほか、共生型居宅サービスの対象になるのは、障害者支援施設の併設型・空床利用型の**短期入所**である。

(3) ○　障害福祉サービスに従事する介護職員の資格要件となる養成研修課程は、介護保険の介護職員の研修課程を満たしていないが、都道府県知事は、一定の基準を満たしているときは指定を行うことができる。

(4) ○　共生型居宅サービスの利用者におけるメリットである。また、限られた社会資源を有効に活用することにもつながる。

(5) ✕　人員基準等について、介護保険法の基準を完全には満たしていないので、介護報酬の額には**ある程度の差が設けられている**。

正解 (1)(3)(4)

基準該当サービス・相当サービス

問題148　基準該当サービス等について、正しいものを３つ選べ。

(1)　事業者として居宅サービスを提供するには、必ず法人格をもち、人員・設備・運営の基準を満たしていなければならない。

(2)　すべてのサービスに、基準該当サービスが認められている。

(3)　離島等における相当サービスは、地域密着型サービスについても認められている。

(4)　基準該当サービスや相当サービスを利用した場合は、原則として、特例サービス費が償還払いで支給される。

(5)　基準該当サービスや相当サービスの保険給付について、市町村が手続きを定めて、現物給付化することも可能である。

ポイント解説　　　　　　　　　　　　　　　📖 上－ P.139～140

(1)　**✗**　指定に必要な条件を完全には満たしていなくても、一定の水準を満たしていると市町村が認めれば、**基準該当サービス事業者**として、その市町村内に限りサービスを提供することができる。また、離島等のように、指定居宅サービスも基準該当サービスも確保することが困難な地域においては、市町村の判断により、**相当サービス事業者**としてサービスを提供することができる。

(2)　**✗**　基準該当サービスが認められているのは、居宅サービス（介護予防サービスがあるものはそれも含む）のうち、**訪問介護・訪問入浴介護・通所介護・短期入所生活介護・福祉用具貸与**の５つに限られ、**医療系のサービスには認められていない**。なお、居宅介護支援・介護予防支援には基準該当サービスは認められるが、施設サービスや市町村が独自に指定できる地域密着型サービスには、基準該当サービスに当たるものはない。

(3)　**○**　**離島等**においては、介護予防を含む居宅サービス、地域密着型サービス、居宅介護支援が、相当サービスとして認められる。

(4)　**○**　特例サービス費が支給される場合の１つに当たる。

(5)　**○**　介護保険法上の規定はないが、現物給付化は可能である。

正解　(3)(4)(5)

居宅サービスの基準上の共通事項(1)

問題149 居宅サービス提供にあたっての共通事項について、正しいもの
を3つ選べ。

(1) 事業者は、サービス提供の開始に際し、あらかじめ利用申込者または
その家族に、事業所の運営規程の概要等の重要事項を記した文書を交付
して説明し、サービス提供の開始について、利用申込者の同意を書面で
得なければならない。

(2) 要介護度が重いことを理由に、サービスの提供を拒んではならない。

(3) 事業所の現員からは利用申込みに応じきれない場合は、サービスの提
供を断ることができる。

(4) 利用申込者の居住地が、事業所の通常の事業の実施地域外である場合、
サービスの提供を断ることができる。

(5) 正当な理由により、自ら適切なサービスを提供することが困難である
と認めた場合に、他の事業者を紹介するなどの対応をする義務はない。

ポイント解説　　　　　　　　　　　　📖 上— P.423〜426

指定居宅サービス事業の人員・設備・運営に関する基準は、都道府県の
条例に委任されている。ここでは、その基準となる厚生労働省令に沿って
述べる。

(1) **✕ サービス提供の開始についての同意**は、利用者・事業者双方を保
護する立場から、**書面**により確認することが**望ましい**とされているが、
必ず書面でとはされていない。ただし、特定施設入居者生活介護の場合
は、合意を契約書で締結しなければならない。他の記述は正しい。

(2) **○ 要介護度**や**所得の多寡**など、**正当な理由なくサービスの提供を拒
む**ことは禁じられている。

(3) **○** この場合は、正当な理由と認められる。

(4) **○** サービスの提供を拒むことのできる正当な理由とは、選択肢(3)(4)
の場合と、自ら適切なサービスを提供することが困難な場合である。

(5) **✕** このような場合にあっても、居宅介護支援事業者への連絡、適当
な他の指定居宅サービス事業者等の紹介など、**必要な措置を速やかにと
る**ものとされている。　　　　　　**正解** (2)(3)(4)

居宅サービスの基準上の共通事項(2)

問題150 居宅サービス提供にあたっての共通事項について、正しいものを２つ選べ。

(1) 事業者は、サービス提供の開始に際し、被保険者証によって、被保険者資格、要介護認定等の有無、その有効期間を確かめなければならない。

(2) 利用申込者が要介護認定等を受けておらず、申請も行われていないことを確認した場合には、速やかに申請の代行を行わなければならない。

(3) 居宅介護支援が利用者に対して行われていない場合、必要と認めるときは、要介護認定等の更新の申請が、有効期間の満了日までに行われるよう、必要な援助を行わなければならない。

(4) すべての指定居宅サービスの従業者は、身分を証する書類を携行し、初回訪問時等に利用者やその家族に提示しなければならない。

(5) サービス担当者会議等で利用者あるいはその家族の個人情報を用いる場合には、あらかじめ文書で同意を得ておかなければならない。

ポイント解説 　　　　　　　　　　　　　　　　📖 上－ P.423〜426

(1) **○** また、被保険者証に**認定審査会意見**が記載されている場合には、これに配慮してサービスを提供するように努めるべきこととされる。

(2) **✕** 要介護認定の申請の代行を行うことができるのは、居宅介護支援事業者や介護保険施設等であり、**居宅サービス事業者は申請の代行をすることはできない**。運営基準には、申請が行われるよう**必要な援助**を行わなければならないとされている。

(3) **✕** 更新認定の申請は有効期間満了の日までに行えば有効であるが、スムーズな更新がなされるよう、遅くとも**有効期間満了の30日前**に申請するよう、必要な援助を行わなければならない。

(4) **✕** **身分を証する書類の携行**を義務づけられているのは、**訪問系の居宅サービス**（訪問介護・訪問入浴介護・訪問看護・訪問リハビリテーション・居宅療養管理指導・福祉用具貸与・特定福祉用具販売）の従業者だけである。通所系や居住系のサービスでは義務づけられていない。

(5) **○** 利用者についての情報は**利用者本人**の同意、家族についての情報は**家族**の同意が必要である。 　　　　　　**正解** (1)(5)

居宅サービスの基準上の共通事項(3)

問題151 指定居宅サービスの利用料について、正しいものを3つ選べ。

(1) 事業者が、利用者から利用料の一部として支払いを受けられるのは、実際にかかったサービスの費用から、現物給付の額を除いた額である。

(2) 償還払いとなるサービスを提供したときの利用料と、居宅介護サービス費用基準額との間に、不合理な差額を設けたりしてはならない。

(3) サービス提供にあたって、あらかじめ利用者または家族に、サービス内容と金額の説明を行い、利用者の同意を得なければならない。

(4) 通常の食費・滞在費のほか、利用者の選定により特別な居室や療養室を提供した場合は、その費用の支払いを利用者から受けることができる。

(5) 訪問系の居宅サービス事業者が、通常の事業実施地域外の利用者にサービスを提供した場合であっても、利用者から交通費の支払いを受けることはできない。

ポイント解説　　　　　　　　　　　　　　📖 上－ P.423〜426

(1) **✕** 実際にかかったサービスの費用ではなく、**介護報酬で算定した額（居宅介護サービス費用基準額）**から現物給付の額を除いた額、つまり、介護報酬で算定した額の原則1割である。なお、実際にかかった費用が算定額を下回った場合は、その費用から現物給付の額を除いた額である。

(2) **〇** 代理受領の要件を満たさない場合や、基準該当サービスを受けた場合には、**償還払い**となるが、代理受領の場合と同額の支払いを受けなければならない。

(3) **〇** 利用料をめぐるトラブルを未然に防ぐための措置である。

(4) **〇** 短期入所サービスの通常の**食費・滞在費は全額利用者負担**である。個室などの特別な居室・療養室の場合も、もちろん利用者負担である。また、理美容代その他の**日常生活費**の支払いを受けることもできる。

(5) **✕** 訪問介護などの訪問系のサービスや、通所介護などの通所系サービスでは、別途交通費や送迎費を利用者から受領することはできないのが原則である（居宅療養管理指導を除く）。しかし、**通常の事業実施地域外**の利用者に**利用者の選定でサービスを提供する場合**には、交通費や送迎費を受領することができる。　　**正解** (2)(3)(4)

居宅サービスの基準上の共通事項(4)

問題152 居宅サービス提供にあたっての共通事項について、正しいもの
を3つ選べ。

(1) 事業者は、利用申込者が現物給付化の要件を満たしていないときは、
居宅介護支援事業者に関する情報の提供など、法定代理受領サービスを
行うために必要な援助を行わなければならない。

(2) 居宅サービス計画が作成されている利用者であっても、事業者の判断
で独自に個別サービス計画を作成してサービスを提供するのが望ましい。

(3) 利用者が居宅サービス計画の変更を希望する場合は、担当の居宅介護
支援事業者への連絡など、必要な援助を行わなければならない。

(4) 事業者は、サービス提供の記録を、利用者の居宅サービス計画を記載
した書面またはサービス利用票等に記載しなければならない。

(5) 事業者は、提供した具体的なサービスの内容を記録し、毎月利用者に
文書で交付しなければならない。

ポイント解説　　　　　　　　　　　　　　　　　　📖 上－ P.423～426

(1) ○ **現物給付化の要件**とは、指定居宅介護支援（指定介護予防支援）
を受けることにつき、あらかじめ市町村に届け出ること等であるため、
このことを利用申込者や家族に説明しなければならない。

(2) ✕ **居宅サービス計画**が作成されている場合は、事業者はその**計画に
沿ったサービスを提供**しなければならない。居宅サービス計画の対象に
なっていないサービスは、保険給付が行われない。また、**個別サービス
計画**は、**居宅サービス計画の内容に沿って作成する**。

(3) ○ 利用者の状態の変化等により追加的なサービスが必要になり、居
宅サービス計画の変更が必要になった場合で、利用者が変更の必要性に
つき同意したときも同様である。

(4) ○ **サービス提供の記録**とは、サービスの提供日、その内容、保険給
付の額などである。

(5) ✕ 提供した具体的なサービスの内容を記録しなければならないが、
利用者に対する情報の提供は、**利用者からの申し出があった場合**に行わ
なければならないとされる。　　　　　　　　**正解** (1)(3)(4)

居宅サービスの基準上の共通事項(5)

問題153 居宅サービス提供にあたっての共通事項について、正しいものを3つ選べ。

(1) 事業者は、提供したサービスについての苦情があった場合には、苦情の内容等を記録しなければならない。

(2) 事業者は、利用者に関するいかなる情報も、市町村に通知する義務はない。

(3) 事業者は、サービスの提供により事故が発生した場合には、必要な措置を講じるとともに、事故の状況や処置について記録しなければならない。

(4) サービス提供の記録等の保存期間は、厚生労働省令で2年間とされ、これと異なる期間を都道府県の条例で定めることはできない。

(5) 事業者は、居宅介護支援事業者またはその従業者に対し、利用者に対して特定の事業者によるサービスを利用させることの対償として、金品その他の財産上の利益を供与してはならない。

ポイント解説　　　　　　　　　　　　　　　　　　📖 上－ P.423〜426

(1) **○**　また、**苦情を受け付けるための窓口**を設ける等の必要な措置を講じなければならない。

(2) **✕**　利用者が、正当な理由なく**サービスの利用に関する指示に従わないこと**により**要介護状態等の程度を増進させた**と認められるとき、および偽りその他**不正な行為**によって**保険給付を受け**、または**受けようとしたとき**は、**市町村に通知**しなければならない。

(3) **○**　事故発生時には、**市町村・利用者の家族・担当の居宅介護支援事業者**に**連絡**を行うことも義務づけられている。

(4) **✕**　**記録の保存期間**は、厚生労働省令では2年間とされているが、これは「厚生労働省令で定める基準を参酌するもの」とされ、条例で異なる内容を定めることもできる。5年間と定めるところも多い。

(5) **○**　居宅介護支援の公正中立性を確保するための規定である。居宅介護支援の基準にも利益収受の禁止規定があり、これに違反すると直ちに指定を取り消すことができる。

正解　(1) (3) (5)

居宅サービスの基準上の共通事項(6)

問題154　居宅サービス事業の基準について、正しいものを3つ選べ。

(1) 訪問系・通所系サービスで事業所と同一の建物に居住する利用者に対してサービスを提供する場合には、その建物に居住する利用者以外の者に対してもサービスの提供を行うよう努めなければならない。

(2) 感染症や非常災害の発生時に備えて、業務継続計画を策定しなければならない。

(3) 感染症の予防および蔓延の防止のための対策を検討する委員会を、おおむね3か月に1回以上開催しなければならない。

(4) 事業所における虐待を防止するために、対策を検討する委員会の開催、指針の整備、従業者の研修のいずれかを行わなければならない。

(5) 事業者は、介護に直接たずさわる職員のうち、医療・福祉関係の資格を有しない者に対し、認知症介護に係る基礎的な研修を受講させるために必要な措置を講じなければならない。

ポイント解説
上ー P.423〜426

(1) ◯　高齢者向け集合住宅等と同一の建物に所在する事業所が、地域に開かれた事業所として、その建物の居住者のみを対象としてサービス提供を行わないようにするための規定である。福祉用具貸与と特定福祉用具販売でも定められている。

(2) ◯　感染症や非常災害の発生時でも、継続的にサービスの提供を行うことができるよう、あるいは早期にサービスの提供を再開できるように、**業務継続計画**を策定する。

(3) ✕　**感染対策委員会**の開催は、施設系サービスではおおむね3か月に1回以上だが、居宅サービスではおおむね**6か月に1回以上**とされている。**委員会の開催**のほか、**指針の整備、従業者の研修と訓練**を行う。

(4) ✕　**虐待防止検討委員会の開催、指針の整備、従業者の研修**は、いずれかではなく、すべて行わなければならない。

(5) ◯　介護に関わるすべての者の**認知症対応力**を向上させることが目的である。

正解　(1)(2)(5)

地域密着型サービス事業者の指定等

問題155　指定地域密着型サービス事業者・指定地域密着型介護予防サービス事業者の指定等について、正しいものを3つ選べ。

(1)　地域密着型サービス事業者、地域密着型介護予防サービス事業者の指定は、市町村長が行う。

(2)　市町村の条例に定めれば、事業者は法人でなくてもよい。

(3)　これらの事業者の従業者や設備・運営に関する基準は、省令に定められたものが遵守される。

(4)　指定を受けた事業者は、6年ごとに指定の更新を受けなければならない。

(5)　市町村長は、これらの事業者を指定したときは、都道府県知事に届け出るとともに、公示しなければならない。

ポイント解説　　　　　　　　　📖 上－ P.135～137

(1)　○　居宅サービス事業者・介護保険施設の指定は都道府県知事が行うのに対して、この点が異なる。「地域密着型」とされる由縁である。なお、指定をしようとするときは、**市町村長**は、あらかじめその旨を**都道府県知事に届け出なければならない**。

(2)　✕　地域密着型サービスの事業者の基準は市町村の条例に委任されているが、事業者指定に関する市町村の条例は、厚生労働省令で定める基準に従うものとされる。これは具体的には「**法人であること**」である。

(3)　✕　基準は、市町村の実情に応じて**独自に定めることができる**とされている。ただし、省令で定める範囲内とされ、被保険者その他の関係者、学識経験者の意見を反映させる必要がある。

(4)　○　**指定の有効期間**が**6年**であるのは、他の事業者や施設と同じである。ただし、公募指定の場合は「6年を超えない範囲内で市町村長が定める期間」とされている。

(5)　○　**公示**については、**事業廃止の届出、指定の辞退、指定の取消し・効力停止の処分**があったときも行われる。

正解　(1) (4) (5)

187

地域密着型サービス事業者の指定の取消し等

問題156 指定地域密着型サービス事業者・指定地域密着型介護予防サービス事業者の指定の取消し等について、正しいものを3つ選べ。

(1) 市町村長は、これらの事業者に対して報告や帳簿の提出・提示を命じたり、事業所に立入検査をすることができる。

(2) 市町村長は、これらの事業者が指定の際に付した条件に従っていないと認めるときは、直ちに指定を取り消すことができる。

(3) 市町村長は、指定地域密着型サービス事業者が要介護認定の更新の調査を委託され、虚偽の報告をしたときは、指定を取り消すことができる。

(4) 市町村長は、これらの事業者が人員などの基準を満たさず、適正な運営ができなくなったときは、その指定を取り消すことができる。

(5) これらの事業者の役員が、禁錮以上の刑に処せられたり、過去5年以内に指定の取消しを受けた事業者の役員であったりしたことは、指定の取消しの事由に当たらない。

ポイント解説 📖 上－P.138

(1) ◯ この規定は、指定居宅サービス事業者などの場合と同じである。ただし、実施するのは**市町村長**であり、都道府県知事は行わない。この**命令**や**立入検査**を拒んだ場合は指定の**取消しの事由**になる。

(2) ✕ まず改善の**勧告**を行い、それに従わなかったとき改善の**命令**を出す。これも、指定居宅サービス事業者などと同じである。

(3) ◯ 地域密着型サービス事業者(地域密着型介護老人福祉施設に限る)は、指定居宅介護支援事業者や介護保険施設などと同様、**更新認定の調査を委託される**ことがある。なお、指定居宅サービス事業者などと同様、取消しの条文は「取り消し、又は**期間を定めて**その**指定の全部若しくは一部の効力を停止**することができる」となっている。

(4) ◯ その他、サービス費の**請求に不正があった場合**、**不正の手段により指定を受けた場合**なども取消しの事由になる。

(5) ✕ 指定居宅サービス事業者などの場合と同様、これらは取消しの事由となる。

正解 (1)(3)(4)

介護保険施設の指定・許可

問題157　介護保険施設について、正しいものを２つ選べ。

(1)　介護保険施設には、指定介護老人福祉施設、介護老人保健施設、介護医療院の３種類がある。

(2)　指定介護老人福祉施設は、厚生労働大臣の指定を受けたものである。

(3)　指定介護老人福祉施設は、老人福祉法の特別養護老人ホームのうち、入所定員が50人以上のものである。

(4)　介護老人保健施設は、都道府県知事（指定都市・中核市の市長）の開設許可を受けたものである。

(5)　介護医療院は、医療法においては病院・診療所に分類される。

ポイント解説　　　　　　　　　　　　　📖 上－ P.140〜142

(1)　○　**介護保険施設**には、**指定介護老人福祉施設**（入所定員30人以上の特別養護老人ホーム）、**介護老人保健施設、介護医療院**の**３種類**がある。なお、経過措置により存続していた指定介護療養型医療施設は、2024年３月末で廃止された。

(2)　✕　指定介護老人福祉施設は、**都道府県知事**（指定都市・中核市の市長）の**指定**を受ける。

(3)　✕　定員が**30人以上**（であって都道府県の条例で定める数）の特別養護老人ホームが対象となる。なお、特別養護老人ホームは、**老人福祉法の適用**を受け、老人福祉法上の基準などを満たす施設である。

(4)　○　**介護老人保健施設**は、介護保険法に基づいて**都道府県知事**（指定都市・中核市の市長）**の開設許可**を受けることとなるので、別途指定を受けなくても、施設給付の対象となる指定施設サービス等を提供することが可能となる。

(5)　✕　**介護医療院**は、医療法上では病院・診療所ではなく、**医療提供施設**とされる。介護医療院は、**都道府県知事**（指定都市・中核市の市長）の**開設許可**を受ける。

正解　(1)(4)

指定介護老人福祉施設

問題158 指定介護老人福祉施設について、正しいものを３つ選べ。

(1) 指定介護老人福祉施設の事業主体は、原則として地方公共団体と社会福祉法人に限られる。

(2) 老人福祉法上の特別養護老人ホームは、何らの手続きを要さず、すべて介護保険法上の指定介護老人福祉施設となる。

(3) 都道府県知事は、都道府県老人福祉計画に支障を生ずるおそれのあるときは、特別養護老人ホームの設置を認可しないことができる。

(4) 都道府県知事が指定介護老人福祉施設の指定をするときは、関係市町村長の意見を求める必要はない。

(5) 指定介護老人福祉施設が更新認定に係る調査の委託を受けた場合に、虚偽の報告をしたときは、指定の取消しまたは効力停止の事由となる。

ポイント解説　　　　　　　　　　　　　　📖 上－ P.140

(1) **○** **指定介護老人福祉施設**は、別途老人福祉法に定める**特別養護老人ホーム**の設置認可を受けていなければならない。老人福祉法では、特別養護老人ホームの**事業主体**を**都道府県**および**市町村**、**地方独立行政法人**、**社会福祉法人**と定めている。

(2) **✕** 介護保険施設としての指定は、開設主体の**申請によって行われる**ものである。また、指定を受けた場合でも、１か月以上の予告期間を設けて指定を辞退できるものとされている。地域密着型介護老人福祉施設の指定を受ける入所定員29人以下の特別養護老人ホームについても同様である。

(3) **○** 老人福祉法の規定である。

(4) **✕** 指定にあたって、関係市町村の市町村介護保険事業計画との調整を図るため、**関係市町村長の意見を求める**ものとされる。

(5) **○** 介護保険施設は更新認定の調査を受託することができるが、その際に虚偽の報告をすることは、指定の取消し、効力停止の事由となる。

正解 (1)(3)(5)

介護老人保健施設、介護医療院

問題159 介護老人保健施設について、正しいものを３つ選べ。

(1) 都道府県知事は、営利を目的として介護老人保健施設を開設しようとする者に対しては、許可を与えないことができる。

(2) 介護老人保健施設の管理者は、原則として医師でなければならない。

(3) 都道府県知事は、介護老人保健施設の管理者の業務について勧告をすることはできるが、開設者に対し管理者の変更を命ずることはできない。

(4) 介護老人保健施設には広告できる事項についての制限はない。

(5) 介護老人保健施設の開設者に、犯罪または医事に関する不正行為があった場合には、許可の取消しが行われることもある。

ポイント解説　　　　　　　　　　　　　　📖 上－ P.141～142

(1) ○ **介護老人保健施設**を開設することができるのは、**地方公共団体、医療法人、社会福祉法人**その他厚生労働大臣が定めるもの（国、日本赤十字社、健康保険組合、共済組合等）であり、いずれも**非営利**である。

(2) ○ 原則として記述のとおりである。ただし、開設者は都道府県知事の承認を受けて、医師以外の者を管理者とすることができる。

(3) × **都道府県知事**は、**管理者**が介護老人保健施設の管理者として不適当であると認めるときは、開設者に対し、期限を定めてその**変更を命ずる**ことができる。

(4) × **広告できる事項**として、医師・看護師の氏名、施設および構造設備に関する事項、職員の配置員数、提供するサービスの種類および内容、利用料の内容など、一定の事項が定められている。

(5) ○ 記述の場合に、都道府県知事は、**許可の取消し**または期間を定めて許可の全部もしくは一部の**効力を停止**することができる。また、開設許可後、正当な理由なく６か月以上業務を開始しないときも、この処分が行われる。

　(1)～(5)の内容は、**介護医療院**についても同様である。

正解　(1) (2) (5)

介護保険施設の欠格事由

問題160 介護保険施設の指定・許可の欠格事由として、適切なものを3つ選べ。

(1) 申請者が、申請前5年以内に居宅サービス等に関し、不正な行為をした者であるとき。

(2) 設備・運営基準に従って適正な運営をすることができないと認められるとき。

(3) 入所定員が29人以下であるとき。

(4) 申請者（役員などを含む）が禁錮以上の刑や介護保険法などの罰金の刑に処せられ、まだ執行が終わっていないとき。

(5) 指定・許可を取り消されて、取消しの日から6年を経過していないとき。

ポイント解説 📖 上－P.140〜142

(1) ◯ 申請者が、記述のように、施設サービスに関してのみならず、居宅サービス等に関して不正行為や著しく不当な行為をした場合も、欠格事由となる。

(2) ◯ ほかに、人員基準で定める人員を有しないときも欠格事由となる。

(3) ✕ **入所定員が30人以上**とされるのは**指定介護老人福祉施設**だけで、他の2種類には定員の条件はない。なお、定員29人以下の特別養護老人ホームは、**指定を受ければ、指定地域密着型介護老人福祉施設**となる。

(4) ◯ **一般の刑については禁錮以上の刑、保健医療や福祉、労働に関しては罰金の刑**が対象となる。この欠格事由は、指定居宅サービス事業者などの事業者にも共通である。

(5) ✕ 期間は6年ではなく、**5年**である。指定・許可を取り消された施設や事業者に対して、欠格事由は厳しくされている。

なお、**サービスについての不正または著しく不当な行為**などについては、どの施設・事業者についても共通して欠格事由となる。

正解 (1)(2)(4)

介護保険施設の指定の更新、指導・監督等

問題161　介護保険施設の指定・許可の更新、指導・監督等について、正しいものを3つ選べ。

(1)　都道府県知事は、介護保険施設の指定・許可をしようとするときは、厚生労働大臣の意見を求めなければならない。

(2)　介護保険施設の指定・許可は、6年ごとに更新しなければならない。

(3)　都道府県知事は、介護保険施設が人員基準を満たしていなかったり、適正な運営が行われていなかったりするときは、改善の勧告をすることができる。

(4)　都道府県知事は、(3)の勧告をしたときは、その旨を公示しなければならない。

(5)　都道府県知事は、介護保険施設の開設者が(3)の勧告に従わなかったときは、勧告に係る措置をとるように命令することができる。

ポイント解説　　　　　　　　　　　　　📖 上－ P.140〜142

(1)　**✗**　市町村介護保険事業計画との調整を図る見地から、**関係市町村長の意見を求めなければならない**とされる。これは、市町村による地域密着型サービス事業の運営などの障害にならないようにするという趣旨である。

(2)　**○**　介護保険施設のいずれについても、指定・許可の有効期間は6年で、**6年ごとに更新**しなければならない。これは、指定居宅サービス事業者などの事業者と同様である。

(3)　**○**　**期限を定めて**、人員・設備・運営の基準を遵守するように**勧告できる**とされている。これも、他の事業者と同様である。

(4)　**✗**　勧告をしたときではなく、**期限内に勧告に従わなかったときに**「公表することができる」とされている。

(5)　**○**　**期限を定めて命令する**。この場合は、**命令をした時点**で「その旨を**公示しなければならない**」とされる。

正解　(2) (3) (5)

介護保険施設の指定・許可の取消し

> **問題162** 介護保険施設の指定・許可の取消しについて、正しいものを3つ選べ。
>
> (1) 介護保険施設に対して、報告や帳簿の提出・提示を求めたり、施設に立入検査をさせたりできるのは、都道府県知事だけである。
>
> (2) 市町村は、介護保険施設が適正な運営をしていないと認めるときは、都道府県知事に通知することができると定められている。
>
> (3) 都道府県知事は、介護保険施設が指定・許可の欠格事由に該当するに至ったときは、その指定・許可を取り消すことができる。
>
> (4) 都道府県知事は、介護保険施設が更新認定の調査を委託され、調査結果について虚偽の報告をしたときは、その指定・許可を取り消すことができる。
>
> (5) 都道府県知事は、介護保険施設の指定・許可を取り消したときは、その旨を公示しなければならない。

ポイント解説　　　　　　　　　　　　　　　　📖 上－ P.140〜142

(1) ✕　これらの行為は都道府県知事だけでなく、**市町村長もできる**。虚偽の報告、立入検査の妨害などは、指定・許可の取消しの事由になる。

(2) ✕　「通知することができる」ではなく、**「通知しなければならない」**である。

(3) ○　禁錮以上の刑や保健医療・福祉、労働関係の罰金の刑に処せられたこと、指定・許可を**取り消された施設の役員など**であって**5年が経過していない**ことなどが該当する。なお、これらの処分には**一時的な効力の停止**も含む。

(4) ○　介護保険施設は新規認定の調査にかかわることはないが、**更新認定の調査**を委託されることはある。このほか、取消しの事由としては、**人員基準を満たせない**、**適正な運営ができない**、**要介護者の人格尊重の義務違反**、サービスなどに関して**不正または著しく不当な行為**などが挙げられている。これらの事由は、他の事業者にも共通する。

(5) ○　**指定・許可をしたとき**などにも、**公示**が義務づけられている。

正解　(3) (4) (5)

介護保険施設の基準上の共通事項(1)

問題163 介護保険施設の人員基準等について、正しいものを2つ選べ。

(1) いずれの施設においても、介護・看護を担当する職員は、入所者4人に対して1人以上の割合であることを原則とする。

(2) 介護職員と看護職員の割合は、いずれの施設においても変わらない。

(3) 介護保険施設ごとに、常勤の介護支援専門員を1人以上置かなければならない。

(4) 在宅への復帰は、介護老人保健施設と介護医療院では目標として重視されるが、生活施設である介護老人福祉施設では重視されない。

(5) 指定施設サービスの提供の開始についての同意は、入所申込者から得なければならない。

ポイント解説　　　　　　　　　　　　　　📖 上－ P.694〜702

(1) **✕　介護・看護を担当する職員**は、入所者**3人に対して1人以上**の割合であることを原則とする。

(2) **✕　介護職員と看護職員の割合**は、医療の必要度に応じて**施設により異なる**。例えば、入所者100人の場合、介護老人福祉施設では介護職員31人・看護職員3人、介護老人保健施設では介護職員24人・看護職員10人、介護医療院（Ⅱ型）では介護職員17人・看護職員17人となっている。

(3) **〇　介護支援専門員**は、入所者**100人に対して1人以上**を**常勤**で配置しなければならない。

(4) **✕　介護老人福祉施設**においても、居宅における生活への復帰を念頭に置いてサービスを提供するものとされ、**在宅復帰は重視**されている。また、**介護医療院**の「基本方針」には、他の2施設と異なり在宅復帰をめざすことは規定されていないが、在宅復帰が可能かどうかを定期的に検討することは必要とされる。

(5) **〇　指定施設サービスの提供の開始**に際しては、あらかじめ入所申込者または家族に対し、運営規程の概要等の重要事項について、文書を交付して説明を行い、サービス提供の開始について、**必ず入所申込者の同意を得なければならない**。この同意については、**書面によることが望ましい**。

正解　(3)(5)

※介護保険施設の基準は、都道府県の条例に委任されています。ここでは、その基準となる厚生労働省令に沿って記述します。

介護保険施設の基準上の共通事項(2)

問題164 介護保険施設への入退所について、正しいものを３つ選べ。

(1) 介護保険施設は、入所を待っている申込者がいる場合には、申込順に入所させなければならない。

(2) 介護保険施設は、正当な理由なく入所を拒んではならない。

(3) 入所申込者が入院治療の必要があると認められる場合には、入所を拒むことができる。

(4) 指定施設サービスの提供の開始に際し、入所者の提示する被保険者証によって、受給資格等を確認しなければならない。

(5) 入所申込者が要介護認定を受けておらず、申請も行われていないことを確認した場合には、速やかに申請が行われるよう必要な援助を行わなければならないが、申請の代行はできない。

ポイント解説　　　　　　　　　　　　　　　📖上－ P.694〜702

(1) **✕** 入所を待っている申込者がいる場合には、申込順ではなく、**必要性が高いと認められる者を優先的に入所させなければならない**。この優先的な入所の取り扱いについては、透明性・公平性が求められる。

(2) **◯** 介護保険施設は、正当な理由なく施設サービスの提供を拒んではならない。特に、**要介護度**や**所得の多寡**を理由にサービスの提供を拒否することは禁止されている。

(3) **◯** 申込者が**入院治療の必要がある場合**は、サービスの提供を拒む正当な理由となる。

(4) **◯** 入所者の提示する**被保険者証**によって、被保険者資格、要介護認定の有無、要介護認定の有効期間を確かめなければならない。また、被保険者証に**認定審査会意見**が記載されているときは、これに配慮して施設サービスを提供するように努めるべきこととされている。

(5) **✕** **介護保険施設**は、指定居宅介護支援事業者や地域包括支援センター等とともに、要介護認定等の**申請の代行を行うことができる**。

正 解　(2)(3)(4)

介護保険施設の基準上の共通事項(3)

問題165　介護保険施設の利用料について、正しいものを３つ選べ。

(1)　介護保険施設は、利用料の一部として、厚生労働大臣が介護報酬算定基準で定める費用から、施設に支払われる施設介護サービス費分を除いた額の支払いを入所者から受ける。

(2)　食費・居住費にあたる費用は、原則９割が保険給付され、利用者は１割を負担する。

(3)　介護保険施設は、日常生活費としておむつ代および理美容代の支払いを入所者から受けることができる。

(4)　介護保険施設は、入所者が選定する特別な居室や特別な食事を提供することに伴い必要となる費用を入所者から受けることができる。

(5)　介護保険施設は、法定代理受領に該当しない場合の利用料の額と法定代理受領となる利用料の額の間に、不合理な差額が生じないようにしなければならない。

ポイント解説　　　　　　　　　　　　　　　　📖上－ P.694〜702

(1)　**○**　施設に支払われる**施設介護サービス費分**は**介護報酬の原則９割**に該当し、残りの**１割が利用者負担**である。

(2)　**✗**　**食費・居住費**は、**全額利用者負担**である。低所得者については、特定入所者介護サービス費の給付によって利用者負担が軽減されている。

(3)　**✗**　日常生活において通常必要となるものに係る費用（**日常生活費**）は入所者から受領することができる。**理美容代**や入所者の趣味に係る費用はこれに含まれるが、施設サービスでは**おむつ代は保険給付の対象**になっているので、入所者から別途支払いを受けることはできない。

(4)　**○**　**入所者が希望した**個室などの特別な居室や特別な食事に伴う**費用**は、**利用者から受けることができる**。

(5)　**○**　認定の申請前に緊急やむを得ない理由でサービスを受けた場合や、被保険者証を提示できないでサービスを受けた場合は、償還払いとなる。

正解　(1)(4)(5)

介護保険施設の基準上の共通事項(4)

問題166 施設サービス計画の作成について、正しいものを３つ選べ。
(1) 介護保険施設の管理者は、施設サービス計画の作成に関する業務の主要な過程を介護支援専門員に担当させなければならない。
(2) 計画担当介護支援専門員は、課題分析を行うにあたって、必要に応じて入所者およびその家族に対して面接または照会を行う。
(3) 計画担当介護支援専門員は、施設サービス計画原案を作成し、施設サービスの担当者から専門的な意見を求め調整を図る必要がある。
(4) 計画担当介護支援専門員は、施設サービス計画原案について入所者に説明し、文書によって同意を得ることが必要とされ、作成した施設サービス計画は、遅滞なく入所者に交付しなければならない。
(5) 計画担当介護支援専門員は、毎月１回、入所者に面接してモニタリングを行わなければならない。

ポイント解説　　　　　　　　　　　　　　　　　📖 上－ P.698〜701

(1) ○ この業務を担当する介護支援専門員を**計画担当介護支援専門員**という。計画担当介護支援専門員は、施設サービス計画の内容を他の従業者と十分に検討することが必要であるとされている。

(2) × **課題分析（アセスメント）**は、**必ず**入所者およびその家族に**面接**して行わなければならない。

(3) ○ **専門的意見の聴取**や**調整**は、施設サービスの担当者からなる**サービス担当者会議**の開催や担当者への**照会**により行う。

(4) ○ **施設サービス計画原案についての同意**は、入所者の家族からも得ることが望ましい。施設サービス計画は、基準に定められた期間保存しておかなければならない。

(5) × **モニタリング**（施設サービス計画の実施状況の把握と継続的なアセスメント）は、**定期的に入所者に面接**して行うものとされているが、毎月１回と定められているわけではない。なお、定期的にモニタリングの結果を記録することも義務づけられている。

正解 (1)(3)(4)

介護保険施設の基準上の共通事項(5)

問題167 計画担当介護支援専門員について、正しいものを２つ選べ。

(1) 計画担当介護支援専門員は、入所者の入所に際し、その者に係る居宅介護支援事業者に対する照会を行ってはならない。

(2) 計画担当介護支援専門員は、入所者が、居宅において日常生活を営むことができるかどうかについて、定期的に検討しなければならない。

(3) 計画担当介護支援専門員は、入所者の退所に際して、居宅介護支援事業者等に情報を提供する義務はない。

(4) 事故が発生した場合に、事故の状況、事故に際して採った処置について記録するのは管理者であり、計画担当介護支援専門員の責務ではない。

(5) 提供した施設サービスに対する入所者およびその家族からの苦情を記録するのは、計画担当介護支援専門員の責務である。

ポイント解説　　　　　　　　　　　　　📖 上－ P.698〜702

(1) **✕** **入退所**に係る居宅介護支援事業者や介護・福祉関連機関との**連携や調整の業務**は、計画担当介護支援専門員の責務である。入所に際しては、居宅介護支援事業者に対する照会等により、心身の状況・生活歴・病歴・指定居宅サービス等の利用状況等を把握しなければならない。

(2) **〇** **在宅復帰**は至上の目標であり、その可能性は常に検討されなければならない。

(3) **✕** 入所者の**退所**に際しては、居宅サービス計画の作成等の援助に資するため、**居宅介護支援事業者に情報を提供**するほか、保健医療サービス・福祉サービスの事業者と密接に連携しなければならない。

(4) **✕** **事故**が発生した場合に、その状況および採った処置について記録するのは、計画担当介護支援専門員の責務である。

(5) **〇** 入所者およびその家族からの**苦情**は、その内容等を記録しなければならない。(4)(5)の記録の保存期間は、厚生労働省令では２年間とされているが、条例で５年間と定める都道府県も多い。

正解 (2)(5)

居宅介護支援事業者

> **問題168** 指定居宅介護支援事業者について、正しいものを3つ選べ。
> (1) 指定居宅介護支援事業者は、要介護者の心身の状況などに応じて、適切な居宅介護支援を提供することを主な業務とする。
> (2) 居宅介護支援事業者の指定を受けるには、必ずしも法人である必要はない。
> (3) 厚生労働省令に定められた指定居宅介護支援事業の基準には、設備に関する基準はない。
> (4) 指定居宅介護支援事業者は、要介護者の人格を尊重し、要介護者のため忠実にその職務を遂行しなければならない。
> (5) 居宅介護支援については、基準該当サービスは認められていない。

ポイント解説 📖 上－ P.134

(1) ○ **要介護者**からの相談に応じ、**居宅サービス計画の作成**や、市町村・**指定居宅サービス事業者との連絡調整**などを行う事業者である。要支援者の**介護予防支援**については、2023年改正によって、指定居宅介護支援事業者が指定を受けて、指定介護予防支援事業者を兼ねることも可能になった。また従来通り、**地域包括支援センター**の設置者である介護予防支援事業者の委託を受けて**ケアマネジメントを行う**こともある。

(2) ✕ **法人格**を有することは、指定の要件になっている。

(3) ○ 指定居宅介護支援事業の**基準**は、「指定居宅介護支援等の事業の**人員及び運営**に関する基準」であり、**設備**に関する基準はない。

(4) ○ 要介護者に対する**人格尊重の義務**は、すべての事業者・施設について規定されている。この義務に違反すると、指定の**取消しの事由**になる。

(5) ✕ 居宅介護支援については、**基準該当サービス**および離島等における**相当サービス**が認められている。これらのサービスの場合には、法人格は不要とされる。

正解 (1)(3)(4)

居宅介護支援事業者の指定、指導・監督

> **問題169** 指定居宅介護支援事業者の指定等について、正しいものを3つ選べ。
>
> (1) 指定居宅介護支援事業者の指定は、都道府県知事が行う。
>
> (2) 指定居宅介護支援事業者の指定は、事業を行う事業所ごとに行われる。
>
> (3) 申請者が過去に指定を取り消されたことがあり、取消しの日から5年を経過していないときは、指定を受けられない。
>
> (4) 市町村長は、指定居宅介護支援事業者が適正な運営をしていないと認めるときは、改善の勧告を出し、それに従わないときは改善の命令を出すことができる。
>
> (5) 都道府県知事は、指定居宅介護支援事業者が介護サービス情報の公表についての命令に従わないときは、その指定を取り消すことができる。

ポイント解説　　　　　　　　　　　　　　　　　　　　📖 上－ P.134

(1) **✕**　指定を行うのは、**市町村長**である。2018（平成30）年4月に、指定居宅介護支援事業者の指定・指導監督の権限は、都道府県知事から市町村長に移行した。

(2) **〇**　従って、ある事業者が2つの事業所をもつ場合は、同一の市町村内であっても、それぞれについて指定を受けなければならない。

(3) **〇**　また、**禁錮以上の刑**や、**保健医療・福祉、労働関係で罰金の刑**に処せられて、執行が終わっていない者なども指定を受けることはできない。申請者の**役員**にも適用される欠格事由である。これらの欠格事由は、その他の事業者や施設にも共通である。

(4) **〇**　この**勧告・命令**も、すべての事業者・施設に共通して定められている。この**命令**を出したときは、市町村長は、その旨を**公示**する。

(5) **✕**　「介護サービス情報の公表」は都道府県知事の権限だが、指定の取消しは市町村長に属する権限である。都道府県知事は、その命令に従わず指定の取消しや効力の停止が適当であると認めるときは、理由を付して指定をした市町村長に通知する。

正解　(2)(3)(4)

居宅介護支援事業者の指定の更新、取消し

問題170 指定居宅介護支援事業者の指定の更新、取消しについて、正しいものを3つ選べ。

(1) 指定の有効期間は5年間で、5年ごとに更新を受けなければ、その効力を失う。

(2) 指定居宅介護支援事業者に報告や帳簿の提出・提示を求め、事業所に立入検査をする権限は、市町村長に限らず都道府県知事にも与えられている。

(3) 指定居宅介護支援事業者が更新認定に係る認定調査の委託を受け、その調査結果について虚偽の報告をしたときは、指定の取消しを行うことができる。

(4) 指定居宅介護支援事業者が自己の利益を図るために基準に違反した場合は、直ちに指定の取消しを行うことができる。

(5) 市町村長は、指定居宅介護支援事業者の指定を取り消すか、その効力を停止したときは、その旨を公示しなければならない。

ポイント解説　　　　　　　　　　　　　　📖上－P.134

(1) **✕** **指定の有効期間は6年間で**、6年ごとに更新を受ける。

(2) **✕** 記述の権限は**市町村長のみに与えられ**、都道府県知事は関与しない。これらの要求に応じず、虚偽の報告をしたり妨害したりすると、指定の取消しの事由になる。

(3) **〇** 指定居宅介護支援事業者は、**更新認定や変更認定の認定調査の委託を受けることができる**ので、記述の事由で指定を取り消されることもある。

(4) **〇** 具体的な例としては、特定の居宅サービス事業者のサービスを利用させることの代償として、その**事業者から金品その他の利益を収受した場合**が挙げられる。

(5) **〇** 居宅介護支援事業者の**指定をしたとき**も同様である。この公示に係る規定はすべての指定事業者・施設について共通である。

正解 (3) (4) (5)

居宅介護支援の人員基準

問題171 指定居宅介護支援事業の人員基準について、正しいものを2つ選べ。

(1) 指定居宅介護支援事業所ごとに、必ず1人以上の常勤の介護支援専門員を置かなければならない。

(2) 常勤の介護支援専門員の配置は、利用者40人に対して1人を基準とする。

(3) 介護支援専門員は、専らその職務に従事する者でなければならない。

(4) 指定居宅介護支援事業所の管理者は、常勤の主任介護支援専門員でなければならない。

(5) 指定居宅介護支援事業所の管理者は、同一敷地内にある他の事業所の職務に従事することはできない。

ポイント解説 　　　　　　　　　　　　　　　　　　　📖 上－ P.311

(1) **〇** 介護保険施設とともに、**指定居宅介護支援事業所**には、**介護支援専門員の配置が必須**である。

(2) **✕** **常勤の介護支援専門員**の配置は、**利用者35人に対して1人**を基準とする。なお、増員分については、非常勤であってもよい。

(3) **✕** 介護支援専門員については、**他の業務との兼務が認められている**（ただし、介護保険施設の常勤専従の介護支援専門員との兼務を除く）。これは、居宅介護支援の事業が、居宅サービス等の実態に通じた者により併せて行われることが、効果的だと考えられるからである。

(4) **〇** 指定居宅介護支援事業所には**常勤**の**管理者**を置くことが必須とされ、管理者は、2017年改正により、2021年4月以降は原則として**主任介護支援専門員**でなければならないとされた。ただし、2021年3月末時点で介護支援専門員を管理者としている事業所では、その者が管理者である限り、2027年3月末まで適用が猶予される。

(5) **✕** 管理者は、原則として専従でなければならないが、①管理する指定居宅介護支援事業所の**介護支援専門員の職務**に従事する場合、②**同一敷地内にある他の事業所の職務**に従事する場合（管理に支障がない場合に限る）は、兼務することができる。　**正解** (1)(4)

※指定居宅介護支援事業の基準は、市町村の条例に委任されました。ここではそのもととなる厚生労働省令に沿って記述します。

居宅介護支援の運営基準(1)　サービス提供の開始

問題172　指定居宅介護支援のサービス提供の開始について、正しいものを３つ選べ。

(1)　指定居宅介護支援事業者は、サービスの提供の開始に際し、あらかじめ重要事項を記した文書を交付して説明を行い、サービスの提供の開始について、利用申込者またはその家族の同意を得なければならない。

(2)　居宅サービス計画に位置づける居宅サービスについて、利用者は複数の事業者の紹介を求めることができることを説明しなければならない。

(3)　前６か月間に事業所で作成された居宅サービス計画の総数のうち、訪問介護、通所介護、福祉用具貸与、地域密着型通所介護が位置づけられた居宅サービス計画の数が占める割合について説明しなければならない。

(4)　要介護認定の申請がされていない場合には、利用申込者の意思を踏まえて申請の代行等の必要な援助を速やかに行わなければならない。

(5)　要介護認定の更新の申請が、遅くとも有効期間が満了する日までには行われるよう、必要な援助を行わなければならない。

ポイント解説　　　　　　　　　　　　　　　　　📖 上－ P.311〜312

(1)　**✕**　サービスの提供の開始についての**同意**は、**利用申込者**から得なければならない。また、この同意は、**書面によることが望ましい**。

(2)　**○**　公正中立なケアマネジメントを確保するため、利用者との契約にあたって、利用者やその家族に対して、**複数の事業者の紹介を求めることができる**ことを**説明する義務**がある。

(3)　**○**　また、前６か月間の居宅サービス計画に位置づけられた**訪問介護**、**通所介護、福祉用具貸与、地域密着型通所介護**のうち、**同一の事業者**によって提供されたものが占める割合についても説明しなければならない。

(4)　**○**　指定居宅介護支援事業者は、**申請の代行**を行うことができる。

(5)　**✕**　**更新認定の申請**は、有効期間が満了するまでに行われれば有効であるが、更新認定には最長30日の日時を要するので、**有効期間の満了日の30日前**までには申請がされるよう、必要な援助を行わなければならないと規定されている。

正解　(2)(3)(4)

居宅介護支援の運営基準⑵　利用料等

問題173　指定居宅介護支援の利用料等について、正しいものを３つ選べ。

(1)　指定居宅介護支援事業者は、利用者負担として、利用者から居宅介護支援費の原則１割にあたる金額の支払いを受けることができる。

(2)　償還払いの場合には、居宅介護サービス計画費の額と異なる額を、利用者から受け取ることができる。

(3)　利用者の選定により、通常の事業実施地域以外の地域の利用者に指定居宅介護支援を行う場合には、それに要した交通費の支払いを利用者から受けることができる。

(4)　償還払いの場合にあっては、指定居宅介護支援提供証明書を、利用者に交付しなければならない。

(5)　指定居宅介護支援事業所の介護支援専門員は、介護支援専門員証を携行し、初回訪問時等に提示しなければならない。

ポイント解説　　　　　　　　　　　　　　　　📖 上－ P.312〜313

(1)　**✕**　**居宅介護支援費（居宅介護サービス計画費）は10割給付**であり、利用者負担はない。介護予防支援費（介護予防サービス計画費）も同様である。

(2)　**✕**　被保険者証を提示できずに居宅介護支援を受けた場合には償還払いになるが、償還払いの場合の利用料の額と、代理受領の場合の費用の額との間に、**不合理な差額を設けてはならない**とされている。

(3)　**○**　この場合、事業者は、**あらかじめ**その額などに関して利用者や家族に対して**説明**を行い、利用者の**同意**を得なければならない。

(4)　**○**　**指定居宅介護支援提供証明書**には、利用料の額その他利用者が保険給付を請求するうえで必要な事項が記載される。

(5)　**○**　**介護支援専門員証**は、**初回訪問時**や利用者または家族から**求められたとき**に提示しなければならない。

正解　(3)(4)(5)

居宅介護支援の運営基準⑶　居宅サービス計画の作成①

> **問題174**　居宅サービス計画の作成について、正しいものを３つ選べ。
> ⑴　指定居宅介護支援は、要介護状態の軽減または悪化の防止に資するように行われるとともに、医療サービスとの連携に十分配慮して行われなければならない。
> ⑵　指定居宅介護支援事業所の管理者は、介護支援専門員に居宅サービス計画の作成に関する業務の主要な過程を担当させなければならない。
> ⑶　介護支援専門員は、居宅サービス計画の作成にあたって、利用者が抱える問題点を明らかにし、解決すべき課題を把握しなければならない。
> ⑷　課題分析は、利用者または家族の事情に応じて、利用者の居宅以外の場所で行うなど柔軟な方法で行わなければならない。
> ⑸　介護支援専門員は、介護給付等対象サービス以外の保健医療サービスや福祉サービスを、居宅サービス計画上に位置づけてはならない。

ポイント解説　　　　　　　　　　　　　　　📖上－ P.313〜334

⑴　**○**　運営基準の**基本取扱方針**にうたわれている。また、2017年改正で、医療と介護の連携の強化が図られ、①利用者が入院する場合に、入院先の医療機関に担当の介護支援専門員の氏名等を提供するよう、利用者に依頼すること、②医療系サービスの利用について意見を求めた主治医にケアプランの交付や情報伝達を行うことが義務づけられた。

⑵　**○**　指定居宅介護支援事業所の**管理者**は、**介護支援専門員**に**居宅サービス計画の作成**を担当させる。ただし、管理者自身が介護支援専門員として居宅サービス計画を作成する場合もある。

⑶　**○**　この過程を**課題分析（アセスメント）**という。

⑷　**✕**　課題分析は、利用者が入院中など物理的な理由がある場合を除き、必ず**利用者の居宅を訪問**し、**利用者およびその家族に面接**して行わなければならない。

⑸　**✕**　居宅介護支援は利用者の**日常生活全般を支援**するものであり、保険給付の対象サービスに限らず、ボランティアによるサービス等を含めて、居宅サービス計画上に位置づけるよう努めなければならない。

正解　⑴⑵⑶

居宅介護支援の運営基準⑷　居宅サービス計画の作成②

問題175　居宅サービス計画の作成について、正しいものを３つ選べ。

⑴　介護支援専門員は、課題分析の結果に基づき、サービス担当者会議を招集し専門的意見を聴取してから居宅サービス計画原案の作成を始める。

⑵　居宅サービス計画原案には、課題分析の結果に対応するための最も適切なサービスの組み合わせを記載し、利用者および家族の生活に対する意向は記載しないほうがよい。

⑶　居宅サービス計画に記載される提供するサービスの目標とは、利用者がサービスを受けつつ到達しようとする目標である。

⑷　介護支援専門員は、居宅サービス計画原案の内容について、サービス担当者会議を招集して、専門的な見地からの意見を求める。

⑸　サービス担当者会議は、担当者と利用者・家族が一堂に会して行うのが原則であるが、やむを得ない理由がある場合には、担当者に対する照会等によって意見を求めることもできる。

ポイント解説　　　　　　　　　　　　　📖 上－ P.313〜334

⑴　**✕**　**居宅サービス計画原案**の作成は、**サービス担当者会議の開催に先立って行われる**。会議では計画の原案について担当者から意見を求める。

⑵　**✕**　居宅サービス計画原案には、最も適切なサービスの組み合わせはもちろん、利用者および家族の生活に対する意向、総合的な援助の方針、生活全般の解決すべき課題、サービスの目標・達成時期、サービスの種類・内容・利用料などが記載される。

⑶　**○**　提供するサービスについては、**長期的な目標**と、それを達成するための**短期的な目標**およびそれらの**達成時期**を記載し、達成時期には居宅サービス計画と各種サービスの評価ができるようにする。

⑷　**○**　居宅サービス計画原案に位置づけたサービス等の担当者からなる**サービス担当者会議**において、利用者の状況等に関する情報を共有するとともに、専門的な見地からの意見を求める。

⑸　**○**　サービス担当者の事情により日程の調整がつかなかった場合などには、**照会等によることもできる**。なお、サービス担当者会議は、**テレビ電話**を使って行うことも可能となった。　　　**正解**　⑶⑷⑸

居宅介護支援の運営基準(5) 居宅サービス計画の作成③

> **問題176** 居宅サービス計画の作成について、正しいものを２つ選べ。
> (1) 介護支援専門員は、居宅サービス計画原案の内容について利用者または家族に対して説明し、文書により利用者の同意を得なければならない。
> (2) 介護支援専門員は、作成した居宅サービス計画をサービス担当者には交付するが、利用者に交付する必要はない。
> (3) 介護支援専門員は、サービス事業者との連絡を継続的に行い、事業者からの情報で利用者に特段の変化がない場合には、利用者の居宅を訪問して実施状況の把握を行う必要はない。
> (4) 介護支援専門員は、少なくとも３か月に１回、モニタリングの結果を記録しなければならない。
> (5) 介護支援専門員は、利用者が要介護更新認定や要介護変更認定を受けた場合には、居宅サービス計画の変更の必要性について、サービス担当者会議を開催して担当者から意見を求めなければならない。

ポイント解説　　　　　　　　　　　　📖 上－ P.314〜334

(1) **○** 居宅サービス計画に位置づける指定居宅サービス等は、利用者自身の選択によることが基本であり、**利用者への説明・同意**は重要である。

(2) **✕** 居宅サービス計画は、**サービス担当者**および**利用者**に遅滞なく交付しなければならない。また、医療系サービスの利用を指示した主治医にも交付する。さらに、指定居宅サービス等の担当者から**個別サービス計画の提出を求めること**が義務づけられている。

(3) **✕** 居宅サービス計画の**実施状況の把握（モニタリング）**は、特段の事情のない限り、**少なくとも１か月に１回**、利用者の**居宅を訪問**し、利用者に**面接**して行うこととされている。

(4) **✕** **モニタリングの結果の記録**は、**少なくとも１か月に１回行わな**ければならない。

(5) **○** ただし、やむを得ない場合には、担当者への照会等により意見を求めることもできる。居宅サービス計画の変更を行う際には、再び居宅サービス計画作成にあたっての一連の作業を行うことになる。

正解 (1)(5)

居宅介護支援の運営基準⑹　居宅サービス計画の作成④

問題177　居宅サービス計画の作成について、正しいものを３つ選べ。

(1)　介護支援専門員は、利用者が介護保険施設への入所を希望する場合に、介護保険施設への紹介その他の便宜を図ってはならない。

(2)　介護支援専門員は、利用者が訪問看護等の医療サービスの利用を希望している場合には、利用者の同意を得て主治医等の意見を求めなければならない。

(3)　介護支援専門員は、短期入所生活介護または短期入所療養介護を居宅サービス計画に位置づける場合には、利用日数が認定の有効期間の３分の１を超えないようにしなければならない。

(4)　介護支援専門員は、居宅サービス計画に福祉用具貸与を位置づける場合にあっては、利用の妥当性を検討し、福祉用具貸与が必要な理由を記載しなければならない。

(5)　介護支援専門員は、居宅サービス計画に福祉用具貸与を位置づけている場合にあっては、必要に応じて随時、サービス担当者会議を開催し、継続の必要性について検証しなければならない。

ポイント解説　　　　　　　　　　　　　　　　📖 上－ P.314～334

(1)　**✕**　記述の場合や利用者が居宅において日常生活を営むことが困難になった場合には、**介護保険施設への紹介その他の便宜の提供を行う。**

(2)　**○**　医療サービスの利用は、**医師がその必要性を認めたものに限られる**ことから、あらかじめ主治医等の意見を求めなければならない。作成した**居宅サービス計画**は、意見を求めた**医師に交付しなければならない。**

(3)　**✕**　**短期入所サービス**を居宅サービス計画に位置づける場合には、利用日数が認定の**有効期間のおおむね半数を超えない**ようにしなければならない。

(4)　**○**　特定福祉用具販売についても同様である。

(5)　**○**　貸与を**継続する場合**には、**理由**を居宅サービス計画に記載する。

正解　(2) (4) (5)

居宅介護支援の運営基準(7) 居宅サービス計画等

問題178 指定居宅介護支援事業の基準について、正しいものを3つ選べ。

(1) 介護支援専門員は、要介護認定を受けていた利用者が要支援認定を受けた場合には、指定介護予防支援事業者に必要な情報を提供する等の連携を図らなければならない。

(2) 介護支援専門員は、利用者が提示する被保険者証に、利用できるサービスの市町村による指定がある場合には、その指定が動かせないものであることを説明し、指定に沿って居宅サービス計画を作成する。

(3) 介護支援専門員は、一定回数以上の訪問介護（生活援助に限る）を居宅サービス計画に位置づける場合には、必要な理由を記載した居宅サービス計画を市町村に届け出なければならない。

(4) 居宅サービス計画に位置づけられたサービス費の総額が、区分支給限度基準額に占める割合、および訪問介護がサービス費の総額に占める割合が高い場合に、居宅サービス計画を市町村に届け出るよう求められることがある。

(5) 指定居宅介護支援事業者は、毎月、法定代理受領サービスに係る給付管理票を国民健康保険団体連合会に送付し、基準該当サービスに係る給付管理票は市町村に送付する。

ポイント解説 　　　　　　　　　　　　📖上－ P.313～334

(1) **○** 要介護認定を受けている利用者が要支援認定を受けた場合には、指定介護予防支援事業者が介護予防サービス計画を作成することになる。

(2) **✗** **利用できるサービスについての市町村の指定**は、**被保険者から変更の申請**ができる。そのことを説明し理解を得たうえで、変更の申請をする意向がなければ、その内容に沿って居宅サービス計画を作成する。

(3) **○** 要介護度ごとに定められた**一定回数以上の生活援助**は、**市町村がその利用の妥当性を検討する**ことになる。

(4) **○** 市町村からの求めがあった場合には、その**サービスが必要な理由を記載した居宅サービス計画**を**市町村**に届け出なければならない。

(5) **✗** **法定代理受領サービス**も**基準該当サービス**についても、いずれも**国民健康保険団体連合会**に送付する。　　　**正解** (1)(3)(4)

居宅介護支援の運営基準⑻　その他の基準

問題179　指定居宅介護支援事業の基準について、正しいものを３つ選べ。

(1)　居宅介護支援事業者は、利用者が他の居宅介護支援事業者の利用を希望する場合その他、利用者からの申出があった場合は、利用者に対し直近の居宅サービス計画等の書類を交付しなければならない。

(2)　居宅介護支援事業者は、利用者が正当な理由なくサービスの利用に関する指示に従わないことにより、要介護状態の程度を悪化させたときは、その旨を市町村に通知することができると定められている。

(3)　居宅介護支援事業者は、地域ケア会議から個別のケアマネジメント事例の提供の求めがあった場合には、協力するよう努めなければならない。

(4)　居宅介護支援事業者は、サービス担当者会議等において、利用者や家族の個人情報を用いることについては、そのつど利用者および家族の同意を文書によって得なければならない。

(5)　介護支援専門員は、利用者に対して、特定の居宅サービス事業者によるサービスを利用するよう指示をしてはならない。

ポイント解説　　　　　　　　　　　　　　📖 上－ P.313～334

(1)　○　要介護認定を受けていた利用者が要支援認定を受けた場合も同様である。

(2)　×　記述の場合や、偽りその他の不正の行為によって保険給付を受けたり受けようとしたときは、遅滞なく、意見を付して市町村に**通知しなければならない**とされる。

(3)　○　居宅介護支援事業者は、**地域包括ケアシステム**の構築を推進するために設けられた**地域ケア会議に協力**することが求められている。そこでは、地域課題を解決するため、個別事例の検討が行われる。

(4)　×　利用者および家族の個人情報を用いることについての同意は、**居宅介護支援開始時**に、文書によって、利用者および家族の代表から**包括的に同意を得ることで足りる**とされている。

(5)　○　また、**管理者**は、所属する介護支援専門員に対し、同一法人の事業者など特定の居宅サービス事業者によるサービスを居宅サービス計画に位置づけるよう指示をしてはならない。　　　**正解**　(1)(3)(5)

居宅介護支援の運営基準⑨　記録の整備・保存

問題180　指定居宅介護支援事業者が整備・保存しておくことが定められている記録として、適切なものを3つ選べ。

(1) サービスの提供の開始に際し、利用者の主治の医師より受けた指示の文書

(2) サービス担当者会議の要点や担当者に対する照会内容等の記録

(3) 利用者およびその家族から苦情を受け付けた場合の、その苦情の内容等の記録

(4) 利用者に対するサービスの提供により事故が発生した場合の、その事故の状況等についての記録

(5) 利用者に提供した具体的なサービスの内容等の記録

ポイント解説　　　　　　　　　　　　　　　📖 上－ P.314

　厚生労働省令において、指定居宅介護支援事業者は、利用者に対する指定居宅介護支援の提供に関する次の①〜⑤の記録を**整備**し、その完結の日から**2年間保存しなければならない**とされている。なお、基準は市町村の条例に委任され、保存期間については市町村によって異なる。

① **指定居宅サービス事業者等との連絡調整**に関する記録

② 個々の利用者ごとに次に掲げる事項を記載した**居宅介護支援台帳**

　イ　**居宅サービス計画**

　ロ　課題分析（**アセスメント**）の結果の記録

　ハ　**サービス担当者会議等**の記録

　ニ　サービスの実施状況の把握（**モニタリング**）の結果の記録

③ 利用者に関する**市町村への通知**に係る記録

④ 利用者およびその家族の**苦情**の内容等の記録

⑤ 居宅介護支援の提供により発生した**事故**の状況および事故に際して採った処置についての記録

　従って、(2)(3)(4)は正しい。(1)は訪問看護事業者等に、(5)は居宅サービス事業者等に、義務づけられているものである。

正解　(2)(3)(4)

居宅介護支援の介護報酬⑴

> **問題181** 居宅介護支援の介護報酬について、正しいものを２つ選べ。
>
> ⑴ 居宅介護支援費は、利用者の要介護状態区分にかかわらない一律のものとして設定されている。
>
> ⑵ 居宅介護支援費（Ⅰ）を算定する事業所にあっては、介護支援専門員１人当たりの取扱件数が45以上になると、45未満の部分も45以上の部分も算定単位数が低くなる。
>
> ⑶ 介護予防支援を担当する場合は、要支援の利用者数の３分の１を加えた数を介護支援専門員１人当たりの取扱件数とする。
>
> ⑷ 介護予防支援を受託する場合は、算定基準に定められた介護予防支援費の額で受託する。
>
> ⑸ １単位の単価は、地域差を反映するように定められている。

ポイント解説　　　　　　　　　　　　　　📖 上－ P.335、P.339

⑴ **✕　居宅介護支援費（居宅介護サービス計画費）** は、要介護１・２と要介護３～５の**２段階**で１か月当たりで設定されている。2020年改正により、従来の居宅介護支援費（Ⅰ）に加えて、⑵に述べる居宅介護支援費（Ⅱ）が新設された。

⑵ **✕**　全体の算定単位数ではなく、取扱件数が**45以上の部分**の算定単位数が低くなる。介護支援専門員１人当たりの取扱件数が45以上の場合、60以上の場合で、２段階の逓減が行われる。2020年改正により、**ICTの活用や事務職員の配置を要件**に、逓減制の適用を40件以上から45件以上へと移行した居宅介護支援費（Ⅱ）が新設され、さらに2023年改正で、45件以上から50件以上への見直しが行われる。

⑶ **〇**　例えば、居宅介護支援の利用者40人、介護予防支援の取扱が12人である場合、取扱件数は44件となる。

⑷ **✕**　地域包括支援センターから居宅介護支援事業者が受託する場合の報酬の額は、**介護予防支援事業者との契約**による。

⑸ **〇　１単位の単価**は、10円を基本とし、人件費等の**地域差を反映**するように定められている。

正解 ⑶⑸

居宅介護支援の介護報酬(2)

> **問題182** 居宅介護支援の介護報酬について、正しいものを2つ選べ。
>
> (1) 居宅介護支援費は、施設サービスを受けている間は算定されないが、居宅サービス・地域密着型サービスについては、いかなるサービスを受けている間にも算定される。
>
> (2) 要支援者が要介護認定を受けた場合に居宅サービス計画を作成すると、初回加算が算定される。
>
> (3) 要介護状態区分が1区分以上変更された場合に居宅サービス計画を作成すると、初回加算が算定される。
>
> (4) 利用者が病院・診療所において医師の診察を受けるときに、介護支援専門員が同席し、医師等との間で、利用者に関する情報のやり取りをするなどした場合には、通院時情報連携加算が算定される。
>
> (5) ターミナル期の利用者に対するサービス提供についての加算の設定はない。

ポイント解説　　　　　　　　　　　　　　　　　📖 上－ P.336～339

(1) ✕　利用者が、月を通じて**認知症対応型共同生活介護、小規模多機能型居宅介護、特定施設入居者生活介護**（地域密着型を含む）、**看護小規模多機能型居宅介護**（いずれも短期利用の場合は除く）を受けている間は、その月については**居宅介護支援費は算定されない**。

(2) ◯　要支援者が要介護認定を受けた場合は、新規に居宅サービス計画を作成する場合と同様に、**初回加算**を算定することができる。

(3) ✕　**変更認定**の場合に、初回加算が算定できるのは、要介護状態区分が**2区分以上**変更された場合である。

(4) ◯　**通院時情報連携加算**は、利用者が診察を受けるときに**介護支援専門員が同席**して、医師等に対して利用者に係る情報を提供するとともに、医師等から利用者に関する情報の提供を受けるなどの要件で算定される。

(5) ✕　在宅で死亡した**末期の悪性腫瘍**の利用者に対して、死亡日および死亡日前14日以内に2日以上、居宅を訪問するなどした場合には、**ターミナルケアマネジメント加算**が算定される。

正解　(2) (4)

居宅介護支援の介護報酬⑶

問題183 居宅介護支援の介護報酬について、正しいものを３つ選べ。

⑴ 病院・診療所や介護保険施設等から利用者が退院・退所する際に、病院や施設の職員と連携した場合は、退院・退所加算を算定できる。

⑵ 利用者が病院・診療所から退院するにあたって、病院・診療所の職員から必要な情報を得た場合は、入院時情報連携加算が算定される。

⑶ 常勤の主任介護支援専門員を置くなど、一定の基準に適合しているものとして届け出た事業所には、特定事業所加算が算定される。

⑷ 特定事業所集中減算は、居宅サービス計画に位置づけられた居宅サービス等の６か月間の提供総数について、サービスの種類を問わず同一の事業者によって提供されたものの占める割合が一定割合を超えている場合に行われる。

⑸ １か月に１回も利用者の居宅を訪問して利用者に面接を行わなかった場合は、所定単位数の５割に減算され、この減算要件が２か月以上継続している場合は、報酬はゼロになる。

ポイント解説　　　　　　　　　　　　　　📖 上－ P.336〜339

⑴ **○** 利用者の退院・退所にあたって病院や施設の職員から情報を得たうえで居宅介護支援を行った場合に算定されるのが**退院・退所加算**である。カンファレンスへの参加の有無、連携の回数によって５種類に算定する。初回加算との同時算定はできない。

⑵ **×** **入院時情報連携加算**とは、利用者の心身の状況等の必要な情報を、入院に際して**病院・診療所に提供した場合**に算定されるものである。

⑶ **○** ４種類の**特定事業所加算**があり、主任介護支援専門員や介護支援専門員の配置数など、多くの要件が定められている。

⑷ **×** **特定事業所集中減算**は、居宅サービス等のうち、**訪問介護**、**通所介護**、**福祉用具貸与**、**地域密着型通所介護**に限定して適用されている。**集中の割合が80％**を超えた場合に適用される。

⑸ **○** 記述の場合のように、居宅介護支援の運営基準に定められた一定の規定に違反すると、**運営基準減算**として介護報酬が減算される。

正解 ⑴⑶⑸

介護予防サービス事業者等

問題184　指定介護予防サービス事業者・指定地域密着型介護予防サービス事業者について、正しいものを3つ選べ。

(1)　どちらの事業者も、要支援者や認定に至らない高齢者に対して介護予防サービスを提供する。

(2)　指定介護予防サービス事業者は都道府県知事、指定地域密着型介護予防サービス事業者は市町村長の指定を受けたものである。

(3)　事業の基準については、どちらの事業者にも、介護予防のための効果的な支援の方法に関する基準が定められている。

(4)　提供するサービスの種類は、指定介護予防サービスは指定居宅サービスと、指定地域密着型介護予防サービスは指定地域密着型サービスと同じである。

(5)　要介護者対象の介護サービスと、介護予防サービスを一体的に提供する場合は、どちらかの人員・設備基準を満たしていれば、もう一方の基準も満たしているとみなされるものが多い。

ポイント解説　　　　　　　　　　　　📖 上－ P.134、P.139

(1)　✗　どちらの事業者も、**要支援者に予防給付の対象となる介護予防サービスを提供する**。認定に至らない者に予防給付が支給されることはない。ただし、地域支援事業の第1号事業によるサービスを提供することはある。

(2)　○　**指定**に関しては、要介護者対象の居宅サービス事業者・地域密着型サービス事業者と同じである。

(3)　○　**利用者の介護予防に資する**よう、目標を設定して計画的にサービス提供を行うことなどが定められている。

(4)　✗　介護予防サービスは、12種の居宅サービスから訪問介護と通所介護を除いた**10種**である。地域密着型介護予防サービスは、9種の地域密着型サービスのうち**3種**である。

(5)　○　居宅サービスと介護予防サービス、地域密着型サービスと地域密着型介護予防サービスは一体的に提供されることが多く、その場合には記述の**みなし規定**が適用される。　　　　**正解**　(2)(3)(5)

介護予防支援事業者(1)

問題185 指定介護予防支援事業者について、正しいものを3つ選べ。

(1) 指定介護予防支援事業者は、市町村長が指定する。

(2) 指定居宅介護支援事業者は、申請により指定介護予防支援事業者となることができる。

(3) 指定介護予防支援事業者が自己の利益を図るために運営基準に違反したときは、市町村長は直ちに指定を取り消すことができる。

(4) 地域包括支援センターの設置者である指定介護予防支援事業者は、事業所ごとに1人以上の介護支援専門員を配置しなければならない。

(5) 地域包括支援センターの設置者である指定介護予防支援事業者は、その業務の一部を指定居宅介護支援事業者に委託することはできない。

ポイント解説　　　　　　　　　　　　📖 上－ P.135、P.370～374

(1) ○ **指定介護予防支援事業者**は**市町村長**が指定する。

(2) ○ 2023年改正により、指定居宅介護支援事業者が指定介護予防支援事業者を兼ねることが可能となった。

(3) ○ 利用者の生命または身体の安全に危害を及ぼすおそれがあると認めたときも同様である。

(4) × 地域包括支援センターの設置者である指定介護予防支援事業者は、事業所ごとに1以上の員数の指定介護予防支援の提供にあたる必要な数の保健師その他の**指定介護予防支援に関する知識を有する職員**を置かなければならないとされている。この**担当職員**には、保健師、介護支援専門員、社会福祉士、経験ある看護師、3年以上高齢者保健福祉に関する相談業務に従事した社会福祉主事のいずれかを充てなければならない。

(5) × 従来どおり、指定居宅介護支援事業者への委託も行われている。委託にあたっては、中立性・公平性を確保するため、市町村が設置する**地域包括支援センター運営協議会の議を経なければならない**。

正解　(1) (2) (3)

※指定介護予防支援事業の基準は、市町村の条例に委任されています。ここではそのもととなる厚生労働省令に沿って記述します。

介護予防支援事業者⑵

問題186　指定介護予防支援の介護報酬について、正しいものを３つ選べ。

(1)　指定介護予防支援の介護報酬は、要支援１、２の別に、１か月当たりで設定されている。

(2)　地域包括支援センターが介護予防支援を居宅介護支援事業者に委託する場合、報酬は両者による契約で決められる。

(3)　介護予防支援費は、利用者がいかなる介護予防サービス、地域密着型介護予防サービスを利用している間にも算定される。

(4)　新規に介護予防サービス計画を作成する利用者に介護予防支援を行った場合は、初回加算が算定される。

(5)　地域包括支援センターが介護予防支援を居宅介護支援事業所に委託する際、利用者の情報を居宅介護支援事業所に提供し、居宅介護支援事業所における介護予防サービス計画の作成等に協力した場合は、委託連携加算が算定される。

ポイント解説　　　　　　　　　　　　　　　📖 上－ P.375

(1)　✕　**介護予防支援費**（予防給付の名称としては**介護予防サービス計画費**）は、要支援１・２の別なく**１種類**である。

(2)　○　いくらで委託しなければならないというような規定はなく、介護予防支援事業者と居宅介護支援事業者の間の**契約**で決められる。

(3)　✕　利用者が、月を通じて、**介護予防特定施設入居者生活介護、介護予防小規模多機能型居宅介護**（短期利用を除く）、**介護予防認知症対応型共同生活介護**（短期利用を除く）を受けている間は、算定されない。

(4)　○　**初回加算**は、300単位である。

(5)　○　**委託連携加算**は、介護予防支援事業者が居宅介護支援事業者に介護予防支援を委託しやすくするための加算である。

正 解　(2)(4)(5)

介護サービス情報の公表(1)

問題187 介護サービス情報の公表について、正しいものを3つ選べ。

(1) 介護サービス事業者は、介護サービスの提供を開始しようとするとき、および年に1回程度定期的に、介護サービス情報を都道府県知事に報告しなければならない。

(2) (1)の「介護サービス事業者」には、介護保険施設は含まれない。

(3) 都道府県知事は、介護サービス情報の報告を受けて、必要と認める場合には、報告を受けた情報について調査を行うことができる。

(4) 都道府県知事は、報告を受けた介護サービス情報の調査に関する事務を、都道府県ごとに指定する指定調査機関に行わせることができる。

(5) 都道府県知事は、報告や調査の規定に違反した介護サービス事業者については、直ちに指定や許可を取り消すか、一部の効力を停止する。

ポイント解説　　　　　　　　　　📖 上－ P.143～146

(1) **○ 介護サービス情報公表の制度**は、介護サービス事業者や介護サービスに関する情報を**都道府県ごとに集約**し、利用者や介護支援専門員などが**情報を共有**できるようにするための制度である。この制度は、記述のように**事業者による報告**がもとになる。

(2) **✕ 介護保険施設**も、介護サービス情報公表の対象である。公表の制度が導入されてから、年度ごとに公表対象のサービスが拡大され、現在ではほとんどのサービスが対象となっている。

(3) **○** 報告どおりであるかどうか**調査**することになる。

(4) **○** 実際の調査事務は、**指定調査機関**が行うことになる。以前は**調査にかかわる手数料**を事業者から徴収することができるとされていたが、2011年改正によりこの条項は削除された（ただし、地方自治法に基づき都道府県の条例に定めて徴収することは可能）。

(5) **✕** まず、期限を定めて、報告をしたり調査を受けたりするように**命令**する。その命令に従わないときに、記述のような**処分**をすることになる。ただし、市町村長が指定を行う事業者の場合は、都道府県知事は取消し等を行えないので、市町村長に通知する。

正解 (1)(3)(4)

介護サービス情報の公表⑵

問題188　介護サービス情報の公表について、正しいものを3つ選べ。

(1)　介護サービス情報には、基本情報と運営情報があるが、いずれも事実かどうか必要に応じて調査することができる。

(2)　事業者から提供された介護サービスの質や従業者に関する情報で、基本情報と運営情報に該当しないものについても、公表を行うよう配慮するものとされている。

(3)　介護サービス情報の調査を行う指定調査機関の調査員の要件は、介護支援専門員であることとされる。

(4)　都道府県知事は、介護サービス情報の公表に関する事務を、指定情報公表センターに委託して行わせることができる。

(5)　指定調査機関の職員は、調査事務について知り得た秘密を守る義務があるが、指定情報公表センターの職員にはその義務はない。

ポイント解説

📖上－ P.143〜146

(1)　○　**基本情報**は、職員の体制・床面積や設備・利用料金等の事実情報であり、**運営情報**は、介護サービスに関するマニュアルの有無・職員研修のガイドラインや実績の有無等が含まれる。

(2)　○　**介護サービスの質**および**従業者に関する情報**で、提供を希望する介護サービス事業者から提供された情報（**任意報告情報**）について、都道府県知事は公表を行うよう配慮するものとされる。2011年改正により追加された条項である。

(3)　×　**指定調査機関**の**調査員**は、**調査員養成研修**を修了し、都道府県知事が作成する**調査員名簿**に登録されていることとされる。

(4)　○　**指定情報公表センター**は、介護サービス情報の公表だけでなく、介護サービス事業者からの報告の受理や指定調査機関の指定に関する事務にもかかわる。これらはまとめて「**情報公表事務**」と呼ばれる。

(5)　×　どちらの機関の職員にも**守秘義務**があり、刑法などの罰則については、どちらの職員も**公務員とみなされる**。

正解　(1) (2) (4)

第4章

ケアマネジメントと
居宅介護支援

ケアマネジメント確立の経緯とその機能

問題189 ケアマネジメント確立の経緯とその機能について、正しいものを3つ選べ。

(1) 介護保険制度創設に先立ち、高齢者介護・自立支援システム研究会の報告書で、介護の基本理念として「高齢者の自立支援」が提言された。

(2) 老人保健福祉審議会の最終報告では、専門職が連携して高齢者およびその家族を支援する「サービス提供者本位」の仕組みとしてケアマネジメント（介護支援サービス）を確立することが提言された。

(3) ケアマネジメントは、「利用者の立場に立って支援を行う機能」である。

(4) ケアマネジメントは、居宅介護支援と同義であり、在宅の要介護者に対するサービスの利用援助等を行うものである。

(5) ケアマネジメントは、介護保険法の理念を実現するための実践的な手段である。

ポイント解説　　　　　　　　　　　📖上－P.186〜195

(1) ◯ 介護保険制度創設に先立つ1994（平成6）年の報告書で介護の基本理念として「**高齢者の自立支援**」を掲げ、この基本理念のもとに新介護システムの創設をめざすべきであるとした。

(2) ✕ 1996（平成8）年の報告書では、「**利用者本位**」の仕組みとして**ケアマネジメント（介護支援サービス）**を確立することが提言された。

(3) ◯ 介護保険制度は、「利用者の立場に立って支援を行う機能」である**ケアマネジメント（介護支援サービス）**を制度的に位置づけた。

(4) ✕ 介護保険制度における**ケアマネジメント（介護支援サービス）**は、居宅介護支援に限らず、介護保険施設や居住系の施設においても行われている。また、介護予防支援もケアマネジメントに含まれる。

(5) ◯ 法第2条に掲げる理念では、①**医療との連携**に十分に配慮し、②**被保険者の選択**に基づき、③**適切なサービスが総合的かつ効率的に提供され**、④被保険者が**居宅において自立した生活を営む**ように配慮されなければならないとしている。ケアマネジメントは、この理念を実現するための手段である。

正解 (1)(3)(5)

ケアマネジメントのあり方

問題190 ケアマネジメントのあり方として、適切なものを3つ選べ。

(1) 高齢者自身による選択

(2) 施設介護の重視

(3) 予防・リハビリテーションの充実

(4) 画一的なサービスの提供

(5) 市民の幅広い参加と民間活力の活用

ポイント解説　　　　　　　　　　　　　　📖 上－ P.198〜200

　介護保険制度の具体的な検討を行った老人保健福祉審議会の最終報告には、次のように介護保険制度の基本理念、基本目標が盛り込まれている。

① **高齢者介護に対する社会的支援**

② **高齢者自身による選択**

③ **在宅介護の重視**

④ **予防・リハビリテーションの充実**

⑤ **総合的、一体的、効率的なサービスの提供**

⑥ **市民の幅広い参加と民間活力の活用**

⑦ **社会連帯による支え合い**

⑧ **安定的かつ効率的な事業運営と地域性の配慮**

　このうち、主な事項は介護保険法の総則にも規定されている。特に①〜⑥は、ケアマネジメントのあり方を示す重要な理念であり、現在に至っても変わっていない。

　従って、選択肢(1)(3)(5)は適切である。また、(2)は上記の③にあるように**在宅介護の重視**、(4)は⑤にあるように**総合的、一体的、効率的なサービスの提供**が正しい。

　上記の理念のもと、2005年改正以降「介護予防」や「地域性の配慮」の観点を一層重視して、地域密着型サービスや地域支援事業の創設と強化、地域包括支援センターの機能の強化などが行われている。

正解　(1)(3)(5)

介護支援専門員の基本倫理・視点⑴

問題191 介護支援専門員の基本倫理・視点について、正しいものを３つ選べ。

(1) 介護支援専門員が業務を遂行するうえで最も重要な視点は、「自立支援」「自己決定の尊重」および「要介護者の尊厳の保持」である。

(2) 介護保険制度における自立支援は、ADL などの身体的な自立（身辺自立）を目標に掲げて行う。

(3) 「自立支援」には、「自立を支援する」、および「自律を支援する」という２つの意味が含まれている。

(4) 高齢者の自己決定を支援するには、介護支援専門員自身の価値基準に立った提案を優先する。

(5) 高齢者本人の自己決定と介護者の意見が異なる場合、介護支援専門員は、より発言しにくい人の立場に立って発言して調整を行う。

ポイント解説　　　　　　　　　　　　　　　📖上－ P.200〜205

(1) **○** 記述の３つの基本となる理念は、業務を遂行するうえで常に確認しなければならない重要な視点である。

(2) **✕** **自立支援**は、身体的な自立のみをめざすものではなく、高齢者が自身の尊厳を保つことができるように、**精神的な自立**を視野に入れて行われなければならない。

(3) **○** **自立**は、他の援助をできるだけ受けずに生活を維持していくことであり、**自律**は、他人の制約を受けずに自ら自分の立てた規範に従って生活していくことである。介護支援専門員は、この両面を支援していく。

(4) **✕** 介護支援専門員は、高齢者の自己決定を支援するために、選択・決定に必要な情報を幅広く分かりやすく提供する。**自身の価値基準を押し付けてはならない**。

(5) **○** ただし、一方の側の決定や考えによって生命の危険が生じるような場合には、介護支援専門員は、ていねいに説明してその決定や考えを制止するのが原則である。

正解　(1)(3)(5)

介護支援専門員の基本倫理・視点⑵

問題192 介護支援専門員の基本倫理・視点について、正しいものを3つ選べ。

(1) サービスの選択やサービスを提供する事業者の選択において、利用者の主体性が尊重されなければならない。

(2) 介護支援専門員が利用者の主体性を尊重するためには、さまざまな支援の方法を提示し具体的に説明することが必要だが、その中からどの方法を選択するかは利用者側で決定することである。

(3) 利用者が認知症などの疾患や障害のために、自分の意向を表明できない場合は、介護支援専門員の専門的判断が優先される。

(4) 家族の前では自分の本音や希望を口に出して言えない利用者の場合は、介護支援専門員が、無理のない範囲で利用者を代弁して発言することもある。

(5) あらゆるケースにおいて自己決定は尊重されなければならず、例外はない。

ポイント解説　　　　　　　　　　　　　📖上－ P.200～205

(1) ○ 「主体性の尊重」とは、利用者自身による**自己決定の尊重**である。

(2) ○ 介護支援専門員は、専門職としての見解や意見を述べて、利用者・家族に情報を提供し助言する立場にあるが、それは決定権のある利用者・家族が適切な選択をできるようにするために行うものである。

(3) ✕ 記述のような場合であっても、表情や態度から利用者の意向や希望を推し測るなど、さまざまな方法で**利用者の意向を引き出していく努力**を惜しんではならない。

(4) ○ 家族への遠慮があったり家族関係に問題があったりする場合に、介護支援専門員が代弁機能を果たすこともある。

(5) ✕ **利用者の身体・生命に危険が及ぶことが予測される場合**や、**公共の福祉に反する自己決定である場合**には、介護支援専門員は、そのような自己決定を制止しなければならない。

正解 (1)(2)(4)

介護支援専門員の基本倫理・視点③

問題193　介護支援専門員の基本倫理・視点について、正しいものを2つ選べ。

(1) 介護支援専門員は、利用者・家族と個人的な関係を築くことで信頼関係をつくり、公平性を維持することができる。

(2) 介護支援専門員は、サービス提供事業者との関係において、公正中立の立場を保たなければならない。

(3) サービス利用についての公平性とは、利用者にできるだけ均等にサービスを配分することである。

(4) 介護する家族にとって負担や犠牲が多い解決策であっても、利用者本人の意向であれば取り入れなければならない。

(5) 介護支援専門員は、利用者に対して、併設の事業所のサービスや連携しやすい特定の事業所のサービスを勧めることがあってはならない。

ポイント解説　　　　　　　　　　　　　　　📖 上－ P.200〜205

(1) ✕　介護支援専門員が支援にあたって心がけなければならない**公平性**とは、**誰に対しても同じように支援する**ということである。個人的な関係を築くことで他の利用者と異なる支援を行ったりすることのないように自制しなければならない。

(2) ○　利用者のニーズに反して、自分の属する法人や関係の深い事業者のサービスを利用するように仕向けてはならない。

(3) ✕　サービス利用における公平性とは、利用者のニーズの内容や量に応じて、**適切にサービスが利用できるように支援する**ことであり、単に均等に配分することではない。

(4) ✕　一方の側に偏った解決策は、持続性のある解決策とはいえない。**利用者と家族等の関係者との間**にあっても、**中立性を保持**しなければならない。

(5) ○　居宅介護支援事業の運営基準に明文化されている。事業所の管理者についても、介護支援専門員に同様の指示をしてはならないとされている。

正解　(2) (5)

家族への支援の必要性

> **問題194**　家族への支援の必要性について、正しいものを３つ選べ。
> (1)　65歳以上の者のいる世帯の構造をみると、その５割弱が単独世帯か夫婦のみの世帯である。
> (2)　主な介護者についてみると、介護保険制度の利用により「事業者」の比率が高まり、30％を超えている。
> (3)　同居の主な介護者を年齢階層別にみると、その約７割が60歳以上であり、いわゆる「老老介護」が問題となっている。
> (4)　要介護者を抱える60歳未満の現役世代の家族にとっては、介護負担によるストレスや介護離職を余儀なくされる等の問題がある。
> (5)　介護支援専門員は、利用者の自己実現を支援することにとどまらず、家族介護者の自己実現も視野に入れて支援していく。

ポイント解説　　　　　　　　　　　　📖 上－ P.211〜217

(1)　✕　三世代世帯の減少が著しく、単独世帯、夫婦のみの世帯、親と未婚の子のみの世帯の比率が年を追って増加している。2019（令和元）年の「国民生活基礎調査」によれば、単独世帯28.8％、夫婦のみの世帯32.3％であり、両世帯で**６割を超える状況**である。同年の平均世帯人員は2.39人であり、家族の介護力は低下し続けている。

(2)　✕　主な介護者は同居・別居の**家族・親族が７割弱**を占め、**事業者は12.1％**にとどまっている。

(3)　〇　同居の主な介護者の65％にあたる女性の場合、60〜69歳が31.8％、70〜79歳が29.4％、80歳以上が12.6％であり、合わせて73.8％を占めている。介護者の身体的・精神的負担を軽減するため、デイサービスやショートステイなどを適切に利用する**レスパイトケア**の視点も大切である。

(4)　〇　仕事と介護の両立を支援する施策に、**育児・介護休業法**がある。

(5)　〇　介護サービスの活用により、家族の介護負担を軽減するとともに、家族の就労の継続や趣味などの活動の継続を支援することで、家族の自己実現を支援していく。

正解　(3)(4)(5)

チームアプローチ、サービスの調整

問題195 チームアプローチとサービスの調整について、正しいものを3つ選べ。

(1) 複数の社会生活上の課題を抱えている利用者を支援するには、多職種によるチームアプローチが欠かせない。

(2) 効率的な援助の方法や個々のケアの質の確保については、サービスを提供する事業者に任せて、介護支援専門員は関与しないほうがよい。

(3) 利用者の生活は、過去・現在・未来と時間経過を踏まえて連続したものとしてとらえる視点が必要である。

(4) 生活の継続性の支援の視点は、利用者の入院・退院、施設への入所・退所の際にも重要視される。

(5) 適切なサービスを効率的に提供するために、「ニーズ優先アプローチ」から「サービス優先アプローチ」への転換が求められている。

ポイント解説　　　　　　　　　　　　　　　📖上－ P.218〜224

(1) ○　**チームアプローチ（協働）** によって、保健・医療・福祉サービスを統合したサービスの提供が可能になる。介護支援専門員は、多職種の専門職によるチームにあって、コーディネーター（調整役）の役割を担っている。

(2) ✕　チームのメンバーは、援助の目標、援助の方法などについて**情報を共有**していなければならない。居宅サービス事業者が作成する個別サービス計画は、居宅サービス計画に沿って作成されなければならず、介護支援専門員は個別サービス計画の提出を求めることとされている。

(3) ○　時間経過を踏まえた**生活の継続性**の視点をもつことで、利用者の価値観や文化的な側面を尊重しながら支援を行うことができる。

(4) ○　介護支援専門員には、これらの移行の際に、**速やかな情報提供**、**情報連携**が求められていて、そのための加算も設定されている。

(5) ✕　記述は逆である。「サービスありき」の不必要な支援をなくし、利用者のニーズを適切に社会資源に結びつけていく**ニーズ優先アプローチ**により、保健・医療・福祉を統合したサービス提供が可能になる。

正解　(1)(3)(4)

居宅介護支援の定義とその過程

問題196 居宅介護支援とその過程について、正しいものを３つ選べ。

(1) 居宅介護支援とは、要介護者やその家族がもつ生活ニーズを社会資源と結びつけ、要介護者の在宅生活を支援することである。

(2) 居宅介護支援には、介護保険施設に入所している要介護者に対する支援も含まれる。

(3) 居宅介護支援の目的は、要介護者の自立を支援し、QOL（生活の質）を高めることにある。

(4) 居宅介護支援は、要介護者の課題分析を経て、居宅サービス計画の作成という手順を踏む。

(5) 居宅介護支援とは、居宅サービス計画に基づいて、要介護者に介護サービスを提供することである。

ポイント解説　　　　　　　　　　　　　　📖 上－ P.264〜296

(1) ◯ **「居宅介護支援」** という用語は、介護保険制度創設の過程で生み出された新しい概念で、一般に**ケアマネジメント**と呼ばれる。記述の**社会資源**は、要介護者がもつ生活全般の解決すべき課題（**生活ニーズ**）を満たすために利用・動員される事業者・施設・設備、資金や物資、集団や個人の有する知識や技能などを一体的に表す用語である。

(2) ✕ 居宅介護支援は、文字通り**在宅**（在宅とみなされるものを含む）**の要介護者を対象**とし、介護保険施設における**施設介護支援**や、要支援者に対する**介護予防支援**とは区別される。

(3) ◯ 要介護者がその尊厳を保持しつつ、能力に応じて**自立した日常生活**を営むことができるように支援することを目的とする。

(4) ◯ 課題分析のことを**アセスメント**、居宅サービス計画（施設サービス計画や介護予防サービス計画も含めて）のことを**ケアプラン**という。

(5) ✕ 実際に介護サービスを提供するのは**指定居宅サービス事業者等**である。**居宅介護支援**では、**アセスメント**、**ケアプランの作成**に続いて、**ケアプランの実施状況の把握（モニタリング）**および**再課題分析（再アセスメント）**を行うことになる。

正解　(1) (3) (4)

居宅介護支援の開始過程

> **問題197** 居宅介護支援の開始過程について、正しいものを３つ選べ。
> (1) 居宅介護支援の提供の依頼を受けた場合には、被保険者証によって受給資格等を確認しなければならない。
> (2) 要介護認定を受けていない利用者から依頼を受けた場合には、介護保険制度の内容や居宅介護支援の意義などについて説明する必要がある。
> (3) 要介護認定を受けていない利用者から相談や依頼を受けた場合には、居宅介護支援事業者は、要介護認定を申請するための援助を行うが、申請を代行することはできない。
> (4) 居宅介護支援の開始に際し、あらかじめ、利用者・家族に対し、医療機関に入院する必要が生じた場合には、担当の介護支援専門員の氏名・連絡先を医療機関に伝えるよう求めなければならない。
> (5) 居宅介護支援事業者は、通常の事業の実施地域外の利用者から依頼があった場合でも、居宅介護支援の提供を断ることはできない。

ポイント解説　　　📖 上－ P.266〜268、P.312

(1) ○ 利用者から居宅介護支援の提供を求められた場合には、**被保険者証**によって、被保険者資格・要介護認定の有無・要介護認定の有効期間を確かめなければならない。

(2) ○ 要介護認定を受けていない利用者から依頼があった場合には、制度そのものについて説明し、**居宅介護支援を利用する**ことについて、利用者の了解を得なければならない。

(3) ✕ 居宅介護支援事業者は、利用者からの依頼があれば、**要介護認定の申請の代行**を行うことができる。

(4) ○ 居宅介護支援事業所と病院・診療所との連携がスムーズに行われるように、運営基準に規定している。

(5) ✕ 居宅介護支援事業者は、**正当な理由なく居宅介護支援の提供を拒んではならない**とされているが、記述のようにサービスの提供が困難な場合には、他の事業者を紹介するなどして依頼を断ることもできる。

正解　(1)(2)(4)

課題分析の目的と内容⑴

問題198 課題分析の目的と内容について、正しいものを３つ選べ。

(1) 課題分析とは、要介護者の身体的・心理的な状態、生活環境などの評価を通じてその実情を整理し、要介護者の生活ニーズを明らかにする手続きである。

(2) 居宅介護支援では、インテーク面接で利用者の主訴に耳を傾けることから課題分析へつなげていく流れが一般的である。

(3) 課題分析では、要介護者の生活ニーズの内容やその程度を明らかにし、それに対応する要介護者の能力を明らかにする。

(4) 課題分析では、生活ニーズに対応するフォーマルサービスの必要性と内容を明らかにするが、ここではインフォーマルサポートは考慮に入れない。

(5) 課題分析表は、全国統一の書式が定められている。

ポイント解説　　　　　　　　　　　📖 上－ P.268～281

(1) **○**　居宅サービス計画の作成には、**課題分析（アセスメント）**を行うことが不可欠である。

(2) **○**　利用者が直面している問題やその置かれている状況に耳を傾ける態度が、信頼関係の構築に役立つ。この支援の流れにおいて、介護支援専門員には高いコミュニケーション技術、相談面接の技術が求められる。

(3) **○**　課題分析を通じて、**生活ニーズ**を明らかにし、それに対応する要介護者本人の対処能力を明らかにする。

(4) **×**　課題分析では、**フォーマルサービスの必要性と内容**だけでなく、家族や近隣などの**インフォーマルなサポートの力量**も明らかにしなければならない。

(5) **×**　厚生労働省通知に**課題分析標準項目**が示されているが、全国統一の書式が定められているわけではない。課題分析標準項目を含めたいくつかの課題分析表（アセスメントシート）が開発されている。

正解　(1)(2)(3)

課題分析の目的と内容⑵

> **問題199** 課題分析の目的と内容について、正しいものを２つ選べ。
> (1) 包括的・多次元的な課題分析は、要介護者の身体機能的状況、精神心理的状況、社会環境的状況に分類することができる。
> (2) 課題分析で得られる情報には「客観的事実」と利用者・家族の訴える「主観的事実」があるので、「客観的事実」に絞って収集し分析する。
> (3) 課題分析表に含まれる項目は、平均的に評価するべきで、要介護者の特性によって重みづけを変えないほうがよい。
> (4) 課題分析での質問と生活ニーズの決定は、介護支援専門員の専門的能力に負うところが大きく、要介護者や家族が参加する部分は少ない。
> (5) 要介護者や家族との面接時間は１時間〜１時間半で済む程度にし、１回か２回の面接で課題分析を終了することが望ましい。

ポイント解説　　　　　　　　　　　　　　　　📖 上－ P.268〜281

(1) ○　人々の生活は、**身体機能的状況、精神心理的状況、社会環境的状況**が関連しており、課題分析においては、それらを関連させながら利用者の生活の全体像をとらえることが重要である。

(2) ✕　**客観的事実**が支援に不可欠であるのは当然であるが、**主観的事実**も**受容的・共感的に扱う**ことで利用者を情緒的に支持し、信頼関係を構築することも必要である。

(3) ✕　課題分析表に含まれる項目は、要介護者の特性によって、**項目間の重みづけ**は異なったものとなる。例えば、身体的な問題が大きい要介護者の場合は、身体機能的状況や社会環境的状況のうちの住環境に重点が置かれることになる。また、認知症高齢者の場合には、精神心理的状況に重点が置かれることになる。

(4) ✕　課題分析での質問と生活ニーズの決定は、介護支援専門員から要介護者への一方的な過程ではなく、**要介護者や家族が積極的に課題分析に参加**していることが重要である。

(5) ○　要介護者の１回の面接時間の許容範囲は**１時間〜１時間半程度**であり、**面接を１回か２回で終了**させるためには、それに合った内容・レベルの課題分析表を使用するべきである。　　　　**正解**　(1)(5)

課題分析の目的と内容⑶

問題200 課題分析標準項目について、正しいものを２つ選べ。

(1) 課題分析標準項目として、基本情報に関する９項目と課題分析（アセスメント）に関する14項目が示され、それぞれについて主な内容が例示されている。

(2) 日常生活自立度に関する項目は含まれていない。

(3) 健康状態や ADL に関する項目は含まれるが、IADL に関する項目は含まれていない。

(4) 意思の伝達、視覚・聴覚等の能力は、「コミュニケーションにおける理解と表出の状況」としてアセスメントされる。

(5) 家族等の状況や居住環境については、基本情報に関する項目に含まれている。

ポイント解説　　　　　　　　　　　　　　　　📖 上 － P.272〜278

(1) **○** 厚生労働省通知「介護サービス計画書の様式及び課題分析標準項目の提示について」により、分析すべき標準的な項目が提示されている（次ページ参照）。これは、最低限、ここに提示されている項目に関する情報を収集し分析することで、適切にアセスメントを行うことを求めているものである。令和５年10月に一部改正されて、その内容がくわしく提示されている。

(2) **✕** 利用者および家族の主訴や要望などとともに、**障害高齢者の日常生活自立度、認知症高齢者の日常生活自立度**を、**基本情報**として記載する。

(3) **✕** 課題分析において、**健康状態**、**ADL**、**認知機能や判断能力**などとともに、**IADL** は重要な項目である。

(4) **○** **コミュニケーションの理解と表出**、**生活のリズム**についてもアセスメントが行われる。

(5) **✕** 本人の意思決定に関わる**家族等の状況**に関する項目、日常生活を行う**居住環境**に関する項目は、**課題分析に関する項目**である。

　　ここで取り上げたもの以外の内容は、次ページの表によって、頭に入れておくとよい。

正解 (1)(4)

■課題分析標準項目 （令和5年10月16日一部改正）

基本情報に関する項目

No.	標準項目名	項目の主な内容（例）
1	基本情報（受付、利用者等基本情報）	居宅サービス計画作成についての利用者受付情報（受付日時、受付対応者、受付方法等）、利用者の基本情報（氏名、性別、生年月日、住所・電話番号等の連絡先）、利用者以外の家族等の基本情報について記載する項目
2	これまでの生活と現在の状況	利用者の現在の生活状況、これまでの生活歴等について記載する項目
3	利用者の社会保障制度の利用情報	利用者の被保険者情報（介護保険、医療保険、生活保護、身体障害者手帳の有無等）について記載する項目
4	現在利用している支援や社会資源の状況	利用者が現在利用している社会資源の状況について記載する項目
5	日常生活自立度（障害）	「障害高齢者の日常生活自立度（寝たきり度）」について記載する項目
6	日常生活自立度(認知症)	「認知症高齢者の日常生活自立度」について記載する項目
7	主訴・意向	利用者・家族の主訴や意向について記載する項目
8	認定情報	利用者の認定結果（要介護状態区分、審査会の意見、区分支給限度額等）について記載する項目
9	今回のアセスメントの理由	今回のアセスメントの実施に至った理由について記載する項目

課題分析（アセスメント）に関する項目

No.	標準項目名	項目の主な内容（例）
10	健康状態	利用者の健康状態及び心身の状況について記載する項目
11	ADL	ADL等に関する項目
12	IADL	IADLに関する項目
13	認知機能や判断能力	日常の意思決定を行うための認知機能の程度に関する項目
14	コミュニケーションにおける理解と表出の状況	コミュニケーションに関する項目
15	生活リズム	1日及び1週間の生活リズム・過ごし方に関する項目
16	排泄の状況	排泄の場所・方法、排泄内容に関する項目
17	清潔の保持に関する状況	入浴や整容の状況、皮膚や爪の状況に関する項目
18	口腔内の状況	歯の状態、口腔ケアの状況に関する項目
19	食事摂取の状況	食事摂取の状況に関する項目
20	社会との関わり	家族等との関わり、地域との関わりに関する項目
21	家族等の状況	本人の日常生活あるいは意思決定に関わる家族等の状況に関する項目
22	居住環境	日常生活を行う環境について記載する項目
23	その他留意すべき事項・状況	利用者関連して、特に留意すべき状況に関する項目

※項目の主な内容（例）は、一部省略

生活ニーズの導き出し方

問題201 生活ニーズの導き出し方について、正しいものを３つ選べ。

(1) 生活ニーズとは、生活を送るうえで困っている状態のことである。

(2) 要介護者が生活を送るうえで困っている状態を解決する目標・結果については、短期目標と長期目標に分けて考えることもできる。

(3) 要介護者の身体機能的状況、精神心理的状況が同じならば、生活ニーズも同じだと考えてよい。

(4) 生活ニーズは、要介護者の意欲や潜在的な能力も含めて把握されなければならない。

(5) 生活ニーズは、居宅サービス計画書第２表の「生活全般の解決すべき課題（ニーズ）」欄に記入され、利用者やサービス事業者に交付されることになる。

ポイント解説 📖 上－ P.273〜278

(1) **✕** 記述は生活ニーズの重要な側面であるが、同時に、**その状態を解決（ときには緩和または維持）する目標・結果**を導き出さなければ、どんな介護サービスを受ければいいかなども明らかにできない。

(2) **○** 生活ニーズは複数存在することが多く、優先順位を考えることが必要になる。**短期目標**（当面の期間で達成したい目標）、**長期目標**（将来的に解決したい目標）に分けて、ケアプランを作成したほうがよいこともある。

(3) **✕** 現実の生活ニーズには**社会環境的状況**も深くかかわっており、経済状況、住生活環境、ケア提供者の状況などによって個別化されるから、要介護者一人ひとりについて**個別に考える必要**がある。

(4) **○** 生活ニーズや居宅サービス計画の内容には、要介護者の**意欲や能力を探り出し評価する**ことが含まれる必要がある。

(5) **○** 従って、利用者がみても納得いくような記述でなければならない。**生活上の困難の分析**を利用者とともに十分にして、その**解決策への利用者の同意**を得たうえで記載する。

正解 (2)(4)(5)

居宅サービス計画作成の手順(1)

問題202 居宅サービス計画の作成について、正しいものを3つ選べ。

(1) 居宅サービス計画の作成は、課題分析→サービス担当者会議の開催→居宅サービス計画の原案の作成→居宅サービス計画の修正→完成(決定)という手順を踏む。

(2) 国は、居宅サービス計画書の作成に関して、標準様式と記載要領を提示している。

(3) 居宅サービス計画書の第1表には、利用者および計画作成者に関する基本情報のほか、利用者・家族の生活に対する意向を踏まえた課題分析の結果、総合的な援助の方針などを記載する。

(4) 第6表「サービス利用票(兼居宅サービス計画)」には、利用するサービスが具体的に記載され、第7表「サービス利用票別表」には、サービス費用の額や利用者負担が記載され、利用者に交付される。

(5) 居宅サービス計画書には、モニタリングで得られた利用者の状況やサービス事業者との調整を記録する書式は含まれない。

ポイント解説   📖 上－ P.281〜287

(1) **✕** **サービス担当者会議の開催**と**居宅サービス計画の原案の作成**が逆である。サービス担当者会議は、介護支援専門員が作成した居宅サービス計画の原案を検討・評価する場である。

(2) **◯** **居宅サービス計画書**は、居宅サービス計画書(1)、居宅サービス計画書(2)、週間サービス計画表、サービス担当者会議の要点、居宅介護支援経過、サービス利用票(兼居宅サービス計画)、サービス利用票別表という**7表で構成**される (P.238〜244参照)。なお、国が提示した様式以外のものを用いることも可能である。

(3) **◯** そのほか、第1表には「介護認定審査会の意見及びサービスの種類の指定」、「生活援助中心型の算定理由」の記入欄がある。

(4) **◯** サービス利用票別表から**給付管理票**を作成し、サービス提供月の翌月10日までに国保連に送付する。

(5) **✕** 記述の内容は、第5表「**居宅介護支援経過**」に記載される。

正解 (2) (3) (4)

居宅サービス計画作成の手順⑵

問題203 居宅サービス計画の作成について、正しいものを3つ選べ。
(1) 居宅サービス計画書の第2表には、生活ニーズとそれに対応する援助目標、援助内容を一覧で記入する。
(2) 複数の生活ニーズがある場合には、原則として優先度の高いものから順に記載する。
(3) 個々の生活ニーズについて援助目標を設定し、援助内容を決定するのは、介護支援専門員である。
(4) 援助目標は、長期目標と短期目標に分けて記載するが、援助の具体的な内容や頻度は、長期目標を基本として決定する。
(5) 居宅サービス計画を作成する前に、要介護者や家族の金銭面での自己負担の限度を明らかにしておかなければならない。

ポイント解説 　　　　　　　　　　　　　　　📖 上－ P.281〜287

(1) ○ 居宅サービス計画書の第2表には、**生活全般の解決すべき課題（ニーズ）**、長期・短期の**援助目標**と期間、サービス種別・頻度・期間を含む**援助内容**を一覧で記入する。

(2) ○ 生活ニーズは、複数存在することが多い。原則として**優先度の高いものから順に記載**することが望ましい。

(3) × 援助目標・援助内容は、介護支援専門員と要介護者側の合意によってなされる。そのためには、**両者の援助目標を一致させる**ための話し合いが必要である。

(4) × **短期目標**は一定の期間で達成することが望ましい目標・結果であり、**長期目標**は最終的にめざす目標・結果である。提供するサービスの内容や頻度等は、長期目標を見据えながらも、**短期目標を基本**として決定する。目標は抽象的な言葉ではなく具体的な内容で記載し、かつ、実際に解決が可能と見込まれるものでなければならない。

(5) ○ 居宅サービス計画に組み込まれたサービスが自己負担の限度を超えている場合には、回数や時間を減らしたり、インフォーマルな社会資源で補ったりする必要が生じる。

正解 (1)(2)(5)

■居宅サービス計画書の様式

第1表

居宅サービス計画書(1)

作成年月日　　年　　月　　日

初回・紹介・継続　　　　認定済・申請中

利用者名　　　　　　　　殿　　生年月日　　年　　月　　日　　住所

居宅サービス計画作成者氏名

居宅介護支援事業者・事業所名及び所在地

居宅サービス計画作成(変更)日　　年　　月　　日　　初回居宅サービス計画作成日　　年　　月　　日

認定日　　年　　月　　日　　認定の有効期間　　年　　月　　日～　　年　　月　　日

要介護状態区分　　要介護1 ・ 要介護2 ・ 要介護3 ・ 要介護4 ・ 要介護5

利用者及び家族の生活に対する意向を踏まえた課題分析の結果

介護認定審査会の意見及びサービスの種類の指定

総合的な援助の方針

生活援助中心型の算定理由　　1. 一人暮らし　　2. 家族等が障害、疾病等　　3. その他（　　　　　）

居宅サービス計画書(2)

作成年月日　　年　　月　　日

利用者名　　　　　　　殿

生活全般の解決すべき課題 （ニーズ）	目標					援助内容				
	長期目標	（期間）	短期目標	（期間）	サービス内容	※1	サービス種別	※2	頻度	期間

※1　「保険給付の対象となるかどうかの区分」について、保険給付対象内サービスについては○印を付す。

※2　「当該サービス提供を行う事業所」について記入する。

第3表

週間サービス計画表

利用者名 _____ 殿

作成年月日 ____ 年 ____ 月 ____ 日

	月	火	水	木	金	土	日	主な日常生活上の活動
深夜 0：00								
深夜 2：00								
夜 4：00								
早朝 6：00								
午前 8：00								
午前 10：00								
午前 12：00								
午後 14：00								
午後 16：00								
夜間 18：00								
夜間 20：00								
深夜 22：00								
深夜 24：00								

週単位以外のサービス	

サービス担当者会議の要点

第 4 表

利用者名 ＿＿＿＿＿＿ 殿　　　　　　　　　　　作成年月日　年　月　日

居宅サービス計画作成者（担当者）氏名

開催日　年　月　日　　開催場所　　　　　　開催回数

　　　　　　　　　　　開催時間　　　　　　開催回数

会議出席者	所属（職種）	氏名	所属（職種）	氏名	所属（職種）	氏名
利用者・家族の出席 本人：[ ] 家族：[ ] （続柄：　）						
備考						

検討した項目	
検討内容	
結論	
残された課題 （次回の開催時期）	

241

居宅介護支援経過

利用者名　　　　　　　　殿　　　　　　　　　　　　　　居宅サービス計画作成者氏名　　　　　　　　　　作成年月日　　年　　月　　日

年 月 日	項 目	内 容	年 月 日	項 目	内 容

242

年　月分　サービス利用票（兼居宅（介護予防）サービス計画）

認定済・申請中

| 保険者番号 | | 居宅介護支援事業者・事業所名 | | | 作成年月日 | 年　月　日 |
| 被保険者番号 | | 居宅介護支援事業者事業所名
担当者名 | | | 届出年月日 | 年　月　日 |

	保険者名					
フリガナ 被保険者氏名						
生年月日	明・大・昭　　年　月　日	性別				

要介護状態区分	1　2　3　4　5	区分支給限度基準額	単位／月		限度額適用期間	年　月から 年　月まで
変更後要介護状態区分	1　2　3　4　5					
要介護状態区分変更日	年　月　日			前月までの短期入所利用日数		日

月間サービス計画及び実績の記録

サービス事業者事業所名	サービス内容	提供時間帯	日付	1	2	3	4	5	6	7	8	9	10	11	12	13	14	15	16	17	18	19	20	21	22	23	24	25	26	27	28	29	30	31	合計回数
			曜日																																
			予定																																
			実績																																
			予定																																
			実績																																
			予定																																
			実績																																
			予定																																
			実績																																
			予定																																
			実績																																
			予定																																
			実績																																
			予定																																
			実績																																

居宅介護支援事業者→利用者

サービス利用票別表

第7表

区分支給限度管理・利用者負担計算

事業所名称	事業所番号	サービス内容/種類	サービスコード	割引後率% 単位数	単位数	回数	サービス単位/金額	種類支給限度基準を超える単位数	種類支給限度基準内単位数	区分支給限度基準を超える単位数	区分支給限度基準内単位数	単位数単価	費用総額保険/事業対象分	給付率(%)	保険/事業費請求額	定額利用者負担単価金額	利用者負担保険/事業対象分	利用者負担(全額負担分)
				区分支給限度基準額（単位）		合計												

種類別支給限度管理

サービス種類	種類支給限度基準額（単位）	合計単位数	種類支給限度基準を超える単位数		サービス種類	種類支給限度基準額（単位）	合計単位数	種類支給限度基準を超える単位数
					合計			

要介護認定期間中の短期入所利用日数

前月までの利用日数	当月の計画利用日数	累積利用日数

244

課題整理総括表・評価表

問題204　課題整理総括表・評価表について、正しいものを３つ選べ。

(1)　課題整理総括表は、介護支援専門員が、どのように利用者の状態を把握し、情報の整理・分析を通じて、課題（ニーズ）を導き出したかを明らかにしようとするものである。

(2)　課題整理総括表は、アセスメントツールとして策定された。

(3)　課題把握の経緯を総括表にまとめることで、多職種間の連携やOJTにおける助言や指導を実施しやすくする効果が期待できる。

(4)　課題整理総括表は、サービス担当者会議を経て、サービス提供事業者からの意見を踏まえて作成する。

(5)　評価表は、短期目標の終期の時点で、サービス提供事業者からの報告を踏まえて作成する。

ポイント解説　　　　　　　　　　📖 上－ P.285〜287、P.295〜296

(1)　**○**　「介護支援専門員によるアセスメントが適切に行われていないのではないか」といった指摘を背景に2014（平成26）年に策定されたものであり、その活用が推奨されている（次ページ参照）。

(2)　**✕**　**課題整理総括表**はアセスメントツールではなく、アセスメントで得られた情報の分析を行い課題を抽出する過程で、**課題のとらえ方が適切であるか、漏れがないか**を**まとめる**ものである。

(3)　**○**　サービス担当者会議、地域ケア会議における多職種との効果的な連携、介護支援専門員の研修・教育に活用が期待される。

(4)　**✕**　課題整理総括表は、**サービス担当者会議に居宅サービス計画原案を提出する前に作成**する。従って、その内容は介護支援専門員が独自に作成する仮の案である。

(5)　**○**　**評価表**は、居宅サービス計画に掲げた短期目標に着目し、設定した期限の終了時期における目標の達成度合いを表現するものである。

正解　(1) (3) (5)

■課題整理総括表・評価表の様式

課題整理総括表

利用者名 ＿＿＿＿＿＿ 殿　　① ② ③ ／ ④ ⑤ ⑥

作成日　　／　／

自立した日常生活の阻害要因（心身の状態・環境等）① ② ③ ④ ⑤ ⑥	状況の事実 ※1	現在 ※2			要因 ※3	改善/維持の可能性 ※4			備考（状況・支援内容等）
移動	室内移動	自立 見守り	一部介助	全介助		改善	維持	悪化	
	屋外移動	自立 見守り	一部介助	全介助		改善	維持	悪化	
食事	食事内容	支援なし	支援あり			改善	維持	悪化	
	食事摂取	自立 見守り	一部介助	全介助		改善	維持	悪化	
	調理	自立 見守り	一部介助	全介助		改善	維持	悪化	
排泄	排尿・排便	支援なし	支援あり			改善	維持	悪化	
	排泄動作	自立 見守り	一部介助	全介助		改善	維持	悪化	
口腔	口腔衛生	支援なし	支援あり			改善	維持	悪化	
	口腔ケア	自立 見守り	一部介助	全介助		改善	維持	悪化	
服薬		自立 見守り	一部介助	全介助		改善	維持	悪化	
入浴		自立 見守り	一部介助	全介助		改善	維持	悪化	
更衣		自立 見守り	一部介助	全介助		改善	維持	悪化	
掃除		自立 見守り	一部介助	全介助		改善	維持	悪化	
洗濯		自立 見守り	一部介助	全介助		改善	維持	悪化	
整理・物品の管理		自立 見守り	一部介助	全介助		改善	維持	悪化	
金銭管理		自立 見守り	一部介助	全介助		改善	維持	悪化	
買物		自立 見守り	一部介助	全介助		改善	維持	悪化	
コミュニケーション能力		支援なし	支援あり			改善	維持	悪化	
認知		支援なし	支援あり			改善	維持	悪化	
社会との関わり		支援なし	支援あり			改善	維持	悪化	
褥瘡・皮膚の問題		支援なし	支援あり			改善	維持	悪化	
行動・心理症状(BPSD)		支援なし	支援あり			改善	維持	悪化	
介護力（家族関係含む）		支援なし	支援あり			改善	維持	悪化	
居住環境		支援なし	支援あり			改善	維持	悪化	

利用者及び家族の生活に対する意向	
見通し ※5	
生活全般の解決すべき課題（案）【ニーズ】 ※6	

※1 本欄は必ず記載のうえ、必ず別葉にてアセスメントシート等により詳細な情報収集、分析を行うこと。なお「状況の事実」の各項目は、必要に応じて追加して差し支えない。
※2 現状の状況が自立している場合には「自立」に○印を、そのほかの状況については該当する項目に○印を記入する。
※3 「要因」については、現在の状況が自立していない場合に、そのほか主要因（複数の場合あり）について②③④⑤⑥のうち該当するものを選択し、該当する要因（複数の番号を記入可）。介護支援専門員の判断として記入可。
※4 今回の認定有効期間における改善/維持の状況の改善/維持の可能性について、介護支援専門員の判断として記載。

※5 「要因」および「改善/維持の可能性」を踏まえ、要因を解決するための援助内容と、それが提供されることによって見込まれる結果・改善の状況等について課題を記載し、生活を維持向上していくうえが、必要に応じて追加に差し支えない。
※6 本計画期間における優先順位を数字で記入。ただし、解決が必要だが本計画期間に取り上げることが困難な課題には□印を記入。

246

評 価 表

利用者名 ＿＿＿＿＿ 殿　　　　　　　　　　　　　　　　　　　　　　　　　作成日 ／ ／

短期目標	（期間）	援助内容			結果 ※2	コメント（効果が認められたもの／見直しを要するもの）
		サービス内容	サービス種別	※1		

※1「当該サービスを行う事業所」について記入する。　※2 短期目標の実現度合いを5段階で記入する。　◎ 短期目標は予想を上回って達せられた。○ 短期目標は達せられた（再度アセスメントして新たに短期目標を設定する）。△ 短期目標は達成可能かつ期間延長を要する。
×1 短期目標の達成は困難であり見直しを要する。×2 短期目標だけでなく長期目標の達成は困難であり見直しを要する。

247

サービス担当者会議の目的と内容(1)

問題205 サービス担当者会議について、正しいものを3つ選べ。

(1) サービス担当者会議は、居宅サービス計画の原案の内容を検討する場である。

(2) 居宅サービス計画の原案は、それぞれのサービス担当者が作成して、サービス担当者会議に提出する。

(3) サービス担当者が一堂に会することで、チームワークを深めることができる。

(4) サービス担当者会議に提出される居宅サービス計画の原案は、要介護者や家族との話し合いを通じてほぼ完成したものでなければならない。

(5) サービス担当者会議には、要介護者本人や家族は参加できない。

ポイント解説　　　　　　　　　　　　　📖 上― P.287～290

(1) ○　居宅サービス計画は、原案をもとに**サービス担当者会議（ケアカンファレンス）**で検討され、最終的に決定されることになる。

(2) ✕　**居宅サービス計画の原案**は、**介護支援専門員**が課題分析をもとに作成し、サービス担当者会議に提出される。

(3) ○　サービス担当者が一堂に会することにより、サービス提供について複眼的な視点で検討ができ、チームワークも深めることができる。なお、サービス担当者の日程の調整がつかなかった場合や、**末期の悪性腫瘍の利用者**について主治の医師等の意見がある場合などは、**担当者に対する照会等**により居宅サービス計画の原案に対して意見を求めることができる。

(4) ○　居宅サービス計画の原案は、**ほぼ完成したもの**が提出されなければならない。さもなければ、サービス担当者会議に参加するメンバーを招集することができない。

(5) ✕　サービス担当者会議は、介護支援専門員の主宰により、**要介護者本人や家族**、**サービス提供事業者**が参加して行うのが原則である。必要な場合には、**主治医の出席も望まれる**。なお、利用者や家族の参加が望ましくない場合（家庭内暴力があるケースなど）には、必ずしも参加を求めるものではないとされる。　　　**正解** (1) (3) (4)

サービス担当者会議の目的と内容⑵

問題206 サービス担当者会議について、正しいものを３つ選べ。

(1) サービス担当者会議において、提供するサービスの内容・頻度・時間数・担当者名が確認され、週間スケジュールが決定される。

(2) 要介護者の心身の状況や置かれている環境が大きく変化したことにより、居宅サービス計画を変更しなければならない場合には、サービス担当者会議を開催しなければならない。

(3) サービスの提供時間帯の変更などの軽微な変更であっても、サービス担当者会議を開催することが望ましい。

(1) サービス担当者会議に、家族が出席して要介護者本人が出席していなかった場合には、居宅サービス計画についての最終的な同意は、家族から得れば足りる。

(5) 完成した居宅サービス計画は、要介護者およびサービス担当者に交付しなければならない。

ポイント解説　　　　　　　　　　　　　　📖 上－ P.287〜290

(1) ◯ **サービス担当者会議**において、**サービスの内容・頻度・時間数・担当者名が確認**され、**週間スケジュール**が決定されて、居宅サービス計画書に記入されることになる。

(2) ◯ 介護支援専門員は、**要介護者が更新認定・変更認定を受けた場合**や、置かれている**環境が大きく変化した場合**には、サービス担当者会議を開催して、担当者から意見を求めなければならない。

(3) ✕ サービスの提供時間帯の変更やサービス担当者の変更など、**軽微な変更**については、サービス担当者会議の**開催は必要ない**。

(4) ✕ サービス担当者会議に要介護者本人が参加していない場合には、居宅サービス計画についての最終的な同意は、**要介護者本人**から得なければならない。

(5) ◯ 完成した居宅サービス計画を**要介護者**と**サービス担当者**に交付することで、居宅サービス計画作成の過程は完結する。なお、主治の医師の指示により**医療系サービス**を計画に位置づけた場合は、**主治の医師**にも居宅サービス計画を交付する。　　　　**正解** (1) (2) (5)

モニタリングと再課題分析

問題207　モニタリングと再課題分析について、正しいものを3つ選べ。

(1)　モニタリングとは、要介護者の居宅での面接などによって、居宅サービス計画の実施状況や要介護者の生活状況などを明らかにすることである。

(2)　要介護者は日々変化を続けているから、モニタリングの頻度は高いほど望ましい。

(3)　モニタリングは、介護支援専門員が直接行い、居宅サービス事業者等からの情報の利用はできるだけ避けるようにする。

(4)　要介護者に変化が生じ、生活ニーズを充足できないことが、モニタリングによって明らかになったときは、再課題分析を行い、必要ならば居宅サービス計画を変更する。

(5)　居宅サービス計画の変更の前には、要介護度変更の申請をしなければならない。

ポイント解説　　　　　　　　　　　　　　　📖 上－ P.290〜292

(1)　○　サービスやサポートの**内容が適切であるか**、要介護者の**生活ニーズが充足しているか**などを明らかにし、サービス内容を修正したり、その質を高めたりするように見守る必要がある。また、起こり得る**リスクを管理**することも、モニタリングの目的である。

(2)　○　介護支援専門員には、**少なくとも月1回の面接**が義務づけられており、**1か月に1回**はモニタリングの結果を**記録**することになっている。

(3)　✕　介護支援専門員による面接がメインになるが、要介護者に接する機会の多い**サービス提供事業者などからの情報提供**や**利用者・家族からの情報**も、**積極的に利用**しなければならない。

(4)　○　最初に居宅サービス計画を作成するときの課題分析（アセスメント）に対して、**再課題分析（再アセスメント）**という。

(5)　✕　要介護度の変更申請を伴うこともあるが、必ず行うというものではない。要介護度は同じでも、**サービスの種類や頻度を変更する場合**などもある。

正解　(1) (2) (4)

記録の整備

問題208 記録の整備について、正しいものを3つ選べ。

(1) 居宅介護支援の運営に関する基準には、整備と保存が求められている記録の種類と保存の期間が定められている。

(2) アセスメントの記録は、支援の開始に際して作成するものであり、当初のままに保存しておく。

(3) サービス担当者会議の記録は、居宅サービス計画書の第4表「サービス担当者会議の要点」に記録する。

(4) 居宅サービス計画書の第5表「居宅介護支援経過」には、運営基準に定められた支援の手続きを時系列に沿って記録しておく。

(5) 利用者は介護保険サービスの利用に関し苦情を申し立てることができるが、居宅介護支援事業者が提供したサービスとは関係のないものを含めて、記録と保存が義務づけられている。

ポイント解説　　　　　　　　　　　　　　　📖 上－ P.252〜262

(1) ◯　厚生労働省令に定める保存すべき記録の種類と保存期間（問題180参照）は「参酌すべき基準」であり、保険者によっては、条例により整備・保存すべき記録の種類を増やしたり、保存期間を5年としたりしている。

(2) ✕　支援経過が長い場合に、当初から大きく変わった情報がそのまま残されているのは望ましくない。**加筆や修正を行っていく必要がある。**

(3) ◯　会議の出席者、検討した項目、検討内容、結論、残された課題などを記録する。出席できない担当者があった場合には、事前の照会、結果の報告を行いその結果も記録しておく。

(4) ◯　契約の締結、サービス担当者会議の開催、モニタリングの実施、サービス利用票・提供票の説明と同意の署名・捺印等を記録する。長期間にわたる事例や複雑な事例は、別に**要約体記録**に整理しておく。

(5) ✕　**利用者の苦情**は、苦情の内容と介護支援専門員の判断、対処した内容を記録しておかなければならないが、「居宅介護支援事業者が提供したサービスとは**関係のないものを除く**。」とされている。

正解　(1)(3)(4)

介護予防支援の制度(1)

問題209　介護予防支援の制度について、正しいものを3つ選べ。
(1) 指定居宅介護支援事業者は、申請により指定介護予防支援事業者の指定を受けることができるようになり、地域包括支援センターから介護予防支援の業務を受託することはできなくなった。。
(2) 指定介護予防支援事業者の指定は、都道府県知事が行う。
(3) 指定介護予防支援事業者は、事業所ごとに1人以上の指定介護予防支援に関する知識を有する職員を置かなければならない。
(4) 地域包括支援センターの設置者である指定介護予防支援事業所の担当職員は、常勤・専従である必要はない。
(5) 地域包括支援センターの設置者である指定介護予防支援事業所の管理者は、常勤・専従でなければならないが、管理に支障がない場合は、地域包括支援センターの職務に従事することができる。

ポイント解説　　　　　　　　　　　　　　　上－ P.370〜371

(1) ✕　**指定介護予防支援事業者の指定**は、**地域包括支援センターの設置者または指定居宅介護支援事業者の申請**により、事業所ごとに行われることになった（2023年改正）。しかし、指定居宅介護支援事業者は、従来どおり地域包括支援センターから介護予防支援の業務を受託することもできる。

(2) ✕　指定介護予防支援事業者の指定は、**市町村長**が行う。

(3) ◯　指定介護予防支援事業所には、「指定介護予防支援に関する知識を有する職員」を置くものとされ、**保健師・介護支援専門員・社会福祉士・経験ある看護師**・高齢者保健福祉に関する相談業務等に3年以上従事した**社会福祉主事**がこれに当たる（以下「担当職員」という）。

(4) ◯　人員基準では、担当職員に常勤・専従等の要件は付されていない。

(5) ◯　指定介護予防支援事業の職務と地域支援事業を行う地域包括支援センターの職務は重複して行われることも多いので、管理に支障がない限り、**兼務**が認められている。

正解　(3)(4)(5)

※指定介護予防支援事業の基準は、市町村の条例に委任されています。ここではそのもととなる厚生労働省令に沿って記述します。

介護予防支援の制度⑵

問題210 介護予防支援の制度について、正しいものを３つ選べ。

(1) 介護予防支援については、「介護予防のための効果的な支援の方法に関する基準」が定められている。

(2) 担当職員は、課題分析にあたって、利用者の抱える問題点を領域ごとに明らかにし、支援すべき総合的な課題を把握しなければならない。

(3) 担当職員は、指定介護予防サービス事業者に対し、個別サービス計画の作成を指導するとともに、サービスの提供状況や利用者の状態等に関する報告を、少なくとも月に１回は聴取しなければならない。

(4) 担当職員は、少なくとも月に１回、利用者の居宅を訪問してモニタリングを行わなければならない。

(5) 担当職員は、少なくとも３か月に１回、モニタリングの結果を記録しなければならない。

ポイント解説　　　　　　　　　　　　📖 上－ P.370〜374、P.353

(1) ◯　基準の内容の多くは居宅介護支援の基準と同様であるが、介護予防支援に特徴的な規定もある。

(2) ◯　この「**領域**」とは、**運動及び移動、家庭生活を含む日常生活、社会参加並びに対人関係及びコミュニケーション、健康管理**の４つである。

(3) ◯　サービスの実施を開始した後は、少なくとも月に１回、事業者への訪問、電話・ファックス等により、サービスの実施状況、利用者の状況、サービス実施の効果についての**聴取**を行わなければならない。これは、居宅介護支援にはない基準である。

(4) ✕　居宅介護支援の場合と違い、利用者宅を訪問して行う**モニタリング**は、**少なくとも３か月に１回**とされる。ただし、利用者宅を訪問しない月でも、通所系のサービス事業所を訪問しての利用者への面接、利用者への電話などで**確認**を行わなければならない。

(5) ✕　利用者宅を訪問して行うモニタリングは３か月に１回でもよいが、その他の方法のモニタリングを含め、**モニタリングの結果は、少なくとも１か月に１回、記録**しなければならない。

正解　(1) (2) (3)

介護予防支援の制度⑶

問題211　介護予防支援の制度について、正しいものを３つ選べ。

(1)　要支援認定を受けている利用者が要支援更新認定を受けた場合には、サービス担当者会議を開催する必要はない。

(2)　介護予防サービス計画に介護予防短期入所生活介護または介護予防短期入所療養介護を位置づける場合にあっては、利用日数が要支援認定の有効期間のおおむね３分の１を超えないようにしなければならない。

(3)　介護予防サービス計画に介護予防福祉用具貸与や特定介護予防福祉用具販売を位置づける場合には、その利用の妥当性を検討し、必要な理由を介護予防サービス計画に記載しなければならない。

(4)　介護予防サービス計画に介護予防福祉用具貸与を位置づけている場合には、必要に応じて随時、サービス担当者会議を開催し、その継続の必要性について検証しなければならない。

(5)　介護予防サービス計画に介護予防福祉用具貸与を位置づける場合には、市町村から調査票の写しを入手し、利用者の状態像を確認しなければならない。

ポイント解説　　　　　　　　　　　　　　　　📖 上－ P.370～374

(1)　✕　利用者が要支援状態区分の**変更の認定**を受けた場合はもちろん、要支援**更新認定**を受けた場合も、**サービス担当者会議を開催**する。

(2)　✕　計画に**短期入所サービス**を位置づける場合には、利用日数が**認定の有効期間のおおむね半数**を超えないようにしなければならない。

(3)　○　**福祉用具貸与**や**特定福祉用具販売**の導入については、介護予防サービス計画を作成する担当職員の判断の妥当性が問われることになる。

(4)　○　**継続の必要性を検証**したうえで、福祉用具貸与を継続する場合には、その**理由を介護予防サービス計画に記載**しなければならない。

(5)　○　**要支援者**に**福祉用具貸与**を位置づける場合には、利用者が「厚生労働大臣が定める基準に適合する利用者等」に該当することを、**調査票の写しによって確認**しなければならない（**要介護１の場合も同様**）。

正解　(3)(4)(5)

介護予防支援の制度(4)

問題212 介護予防支援の制度について、正しいものを３つ選べ。

(1) 地域包括支援センターの設置者である指定介護予防支援事業者は、指定居宅介護支援事業者に業務の一部を委託することができる。

(2) 地域包括支援センターの設置者である指定介護予防支援事業者が、業務の一部を指定居宅介護支援事業者に委託する際には、地域包括支援センター運営協議会の議を経る必要がある。

(3) 指定居宅介護支援事業者に業務の一部を委託する場合には、委託する件数の上限が定められている。

(4) 指定居宅介護支援事業者に業務の一部を委託した場合、指定介護予防支援に係る責任主体は、受託した指定居宅介護支援事業者にある。

(5) 介護予防支援費は、要支援１、要支援２の別なく、１か月当たりで設定されている。

ポイント解説　　　　　　　　　　　　　📖 上－ P.370〜375

(1) ◯　地域包括支援センターの設置者である指定介護予防支援事業者は、業務の一部を**指定居宅介護支援事業者に委託**することができる。

(2) ◯　業務の一部を委託する際には、公正中立性を確保するため、**地域包括支援センター運営協議会**の議を経る必要がある。

(3) ✕　指定居宅介護支援事業者に業務の一部を委託する場合は、介護支援専門員１人当たりの上限が定められていたが、2012年度から、制限はなくなった。

(4) ✕　業務の一部を委託した場合であっても、指定介護予防支援に係る**責任主体**は、あくまでも**指定介護予防支援事業者**にある。そのため、介護予防サービス計画の原案の内容が妥当かどうかなどについて確認を行うとともに、必要な援助・指導を行わなければならない。

(5) ◯　指定介護予防支援を提供したときに算定される**介護予防支援費**は、１か月当たりの定額報酬とされ、**要支援１、要支援２に差はない**。ほかに、初回加算、委託連携加算がある。

正解　(1)(2)(5)

介護予防サービス・支援計画書の作成⑴

問題213 介護予防ケアマネジメントについて、正しいものを３つ選べ。

(1) 地域包括支援センターでは、介護予防・日常生活支援総合事業の第１号介護予防支援事業と、要支援者対象の介護予防支援を一体的に行う。

(2) 市町村や地域包括支援センターの相談窓口では、要介護認定等を希望する人以外には、基本チェックリストを実施して「事業対象者に該当する基準」に照らして、利用すべきサービスの区分への振り分けを行う。

(3) 要支援１・２に認定された人は、必ず介護予防支援の対象者となる。

(4) 予防給付の利用者も、介護予防・生活支援サービス事業の利用者も、介護予防ケアマネジメントで踏まれるプロセスは同じである。

(5) 介護予防サービス・支援計画書は、介護予防支援で作成されるもので、第１号介護予防支援事業では必ず作成されるものではない。

ポイント解説　　　　　　　　　　　　　　　📖 上－ P.342〜347

(1) **○**　地域包括支援センターは、地域支援事業の実施主体であるとともに、介護予防支援事業者としての役割をもっている。ここにいう「介護予防ケアマネジメント」は、この両者を含むものである。

(2) **○**　一般介護予防事業、介護予防・生活支援サービス事業、または予防給付への振り分けが行われる。

(3) **✕**　要支援に認定されても、**予防給付のサービスを利用しない人**は、**第１号介護予防支援事業の対象**となる。

(4) **✕**　指定事業者による介護予防・生活支援サービス事業を利用する場合は、介護予防支援と同様の原則的なケアマネジメントのプロセス（ケアマネジメントＡ）を行うが、それ以外の場合は**簡略化されたプロセス**（ケアマネジメントＢまたはＣ）が行われる。

(5) **○**　予防給付を利用する要支援者は、市町村に「介護予防サービス計画作成依頼届出書」を届け出ることとされているが、介護予防・生活支援サービス事業利用者は、介護予防ケアマネジメント依頼書を提出して、名簿登録・被保険者証への記載が行われる。

　なお、「介護予防サービス・支援計画書」の書式・記入例に目を通しておくことは、必須である。　　　　　　**正解**　(1)(2)(5)

介護予防サービス・支援計画書の作成⑵

問題214　介護予防ケアマネジメントについて、正しいものを３つ選べ。

(1)　居宅介護支援と同様に、介護予防支援でも、厚生労働省通知で提示された「課題分析標準項目」に沿ってアセスメントを行う。

(2)　利用者の生活機能についてのADLやIADLに係る情報は、利用者基本情報に記載する。

(3)　介護予防サービス・支援計画書では、４つのアセスメント領域のそれぞれについて、現在の状況、本人・家族の意欲・意向、領域における課題（背景・原因）を記述し、総合的課題を抽出し、それに対する目標と具体策を記述して、具体策についての本人・家族の意向を記述する。

(4)　介護予防サービス・支援計画書には、具体的な目標と支援のポイントごとのサービス利用、期間を記載し、利用者から同意を得る。

(5)　設定した期間の終期には、介護予防支援・サービス評価表を作成する。

ポイント解説　　　　　　　　　　上－ P.347〜353、P.366〜369

(1)　✕　介護予防支援では「課題分析標準項目」の**指定はない**。課題分析は、**基本チェックリスト**、**利用者基本情報**、**認定調査票**、**主治医意見書**から得られる情報と、介護予防サービス・支援計画書の**４つのアセスメント領域**の分析を総合して行う。

(2)　✕　**利用者基本情報**には、「今までの生活」、「１日の生活・すごし方」、「趣味・楽しみ・特技」、「友人・地域との関係」などの欄はあるが、**ADLやIADLの項目はない**。生活機能に係る詳細な情報は、**基本チェックリストおよび認定調査票から得る**。

(3)　○　４つの領域とは、運動・移動、日常生活（家庭生活）、社会参加および対人関係・コミュニケーション、健康管理である。

(4)　○　支援計画には、本人等のセルフケアやインフォーマルサービスの利用も取り入れる。

(5)　○　介護予防支援・サービス評価表は、期間が終了する前、支援計画の見直しが必要になったとき、介護給付に移行するとき等に作成する。

正解　(3) (4) (5)

施設介護支援の意義・目的

> **問題215** 施設介護支援の意義・目的について、正しいものを3つ選べ。
>
> (1) 施設介護支援とは、介護保険施設の入所者に対して行うケアマネジメントの提供をいう。
>
> (2) 入所により要介護者の住まいが変わることになるが、住み替えにより生じるダメージは極力抑えられなければならない。
>
> (3) 介護老人福祉施設の要介護3〜5の者の入所判定においては、介護の必要度が高い入所申込者が優先され、家族の状況については勘案されない。
>
> (4) 介護老人福祉施設の入所判定について、関係する自治体には入所に関する指針を作成することが求められるが、この指針は公表されない。
>
> (5) 介護老人保健施設では、定期的に行う入所判定委員会において、入所判定、継続入所判定、退所判定の3つが行われる。

ポイント解説　　　　　　　　　　　　　　📖 上－ P.378〜385

(1) ◯　利用者ごとに**施設サービス計画を作成**して、計画に盛り込まれた内容どおりにサービスが提供されるように**連絡・調整を行う**一連の行為をいう。

(2) ◯　特に「住み慣れた地域で生きる」ことを前提とする地域包括ケアシステムにおいては、これは重要な視点といえる。居宅から介護保険施設等への入所・入居に際しては、利用者の「尊厳の保持」および「自立生活の支援」の視点が必要である。

(3) ✕　入所待機者がある場合の入所判定においては、**介護の必要の程度**および**家族等の状況**を勘案するように努めなければならないとされる。

(4) ✕　**入所判定の指針・基準**は、関係自治体と関係団体が協議して共同で作成し、その内容は**公表されなければならない**。

(5) ◯　在宅復帰の機能が重視される介護老人保健施設では、この検討は、医師、薬剤師、看護・介護職員、支援相談員、介護支援専門員等の協議で行うものとされる。

正解 (1)(2)(5)

施設介護支援の開始と課題分析

> **問題216** 施設介護支援の開始と課題分析について、正しいものを２つ選べ。
> (1) 入所者の入所の意思の確認やインテーク面接は、入所者本人や家族に施設へ来訪してもらって行うのが望ましい。
> (2) 初回面接は、必ず計画担当介護支援専門員が行わなければならない。
> (3) インテーク面接で得られた入所者に関する情報は、アセスメントに活かすことができる。
> (4) 入所に際しては、本人の意向とともに、家族等の意向や状況も十分に把握されなければならない。
> (5) インテーク面接の内容は、全国統一の書式に記録して保管しなければならない。

ポイント解説　　　　　　　　　　　　　　　📖 上－ P.386〜388

(1) ✕　基準上に定めはないが、在宅生活からの継続性を重視し、生活様式を変えることに伴うダメージ（リロケーションダメージ）を軽減するためには、これまでの生活の場である**居宅を訪問**して入所意思の確認、インテーク面接を行うのが望ましい。

(2) ✕　初回面接（インテーク面接）は、**介護支援専門員**が利用者の住まいを訪問するか、できる限り**生活相談員**（介護老人福祉施設）や**支援相談員**（介護老人保健施設）とともに訪問して行うことが望ましい。

(3) ◯　インテークとアセスメントとは別の概念であるが、**インテークの過程でアセスメントが始まっている**とも考えられる。

(4) ◯　入所者本人や家族が、施設でどのような生活を送ることを望んでいるのか、本人の状態が改善すれば在宅復帰が可能なのかどうかも把握しておく。

(5) ✕　インテーク面接の内容は、**施設で定めたインテーク用紙**を用いて記録・保管すればよい。

正解 (3)(4)

施設サービス計画作成のための課題分析

問題217 施設サービス計画作成のための課題分析について、正しいもの
を2つ選べ。
(1) 計画担当介護支援専門員は、インテークで収集した入所者の情報を分
析するだけで、入所者の生活全般にわたる解決すべき課題の把握を行う。
(2) 計画担当介護支援専門員は、インテークとは別に、課題分析標準項目
に準拠した課題分析表を用いて、課題分析を行わなければならない。
(3) 入所者のニーズの収集は、居宅サービス計画の作成の場合と同様に、
計画担当介護支援専門員が、すべてを単独で行うこととされている。
(4) 入所後すぐのサービス提供は暫定的なケアプランによって実施し、継
続して行う課題分析によって施設での生活のイメージの構築を図る。
(5) 施設サービスは施設内で完結するサービスなので、課題分析が施設で
提供されるサービス内容の制約を受けるのは仕方がない。

ポイント解説　　　　　　　　　　　　　　　　　📖上－ P.389〜393

(1) ✕ インテーク時に十分な聞き取りができていない場合、**インテーク
で得られた入所者に関する情報だけでは**、入所者の生活全般にわたる**解
決すべき課題（ニーズ）を十分に明らかにすることはできない**。
(2) ◯ 厚生労働省通知に定められた課題分析標準項目に準拠した数種類
の**課題分析表（アセスメント表）**が開発され使用されている。
(3) ✕ 施設サービスでは、看護職員によるアセスメント、介護職員によ
るアセスメント、栄養士によるアセスメント、理学療法士等によるアセ
スメントなど、**専門職によるアセスメント**が行われ、計画担当介護支援
専門員は、それらを施設サービス計画にまとめていく。
(4) ◯ 専門職によるさまざまな方面からのアセスメントには、ある程度
の時間が必要なので、暫定的なケアプランによってサービス提供を開始
し、引き続きアセスメントを行っていく。
(5) ✕ 課題分析は、**施設で提供されるサービス内容に制約されることな
く**、施設外の**地域の住民の自発的な活動やインフォーマルな支援**もイ
メージして行う。

正解 (2)(4)

施設サービス計画の作成

問題218 施設サービス計画の作成について、正しいものを３つ選べ。

(1) 施設サービス計画は、介護給付等対象サービス以外の地域住民の自発的な活動によるサービス等も含めて、総合的、包括的なものとなるように努める。

(2) 施設サービス計画が包括的に作成されていれば、介護計画、看護計画、個別訓練計画、栄養計画等を作成する必要はなくなる。

(3) 施設サービス計画書の標準様式の第１表には、入所者および家族の生活に対する意向と、それに対応する総合的な援助の方針が記載される。

(4) 施設サービス計画書の標準様式の第２表には、生活全般の解決すべき課題（ニーズ）を、長期目標とその期間、短期目標とその期間に分けて記載し、具体的な援助内容は第３表と第４表に記載する。

(5) 第３表（週間サービス計画表）と第４表（日課計画表）は、入所者によってはいずれかを選択して使用することもできる。

ポイント解説　　　　　　　　　　　　　　上－ P.393〜398

(1) ○　入所者の生活全般を支援する視点から、**総合的、包括的な施設サービス計画**の作成をめざす。

(2) ×　**施設サービス計画は基本計画**であり、個別の援助内容とその具体的な手順は、記述のような**個別サービス計画**によって明らかにされる。居宅サービスにおいて、居宅サービス計画に沿った個別サービス計画が必要とされるのと同様である。

(3) ○　また、被保険者証に介護認定審査会の意見やサービスの種類の指定がある場合には、**第１表**の所定の欄に記載しておく。

(4) ×　入所者のニーズを解決する**目標とそれに対応する援助内容**は、**第２表**に一覧できるように記載する。援助内容は、担当者・頻度・期間を具体的に記載する。

(5) ○　活動性の高い人には**週間サービス計画表**の使用が有効であり、重度の介護を要する人には**日課計画表**の使用の必要性が高いと考えられる。「施設サービス計画」の標準様式に目を通して、ポイントをつかんでおくとよい。

正解　(1)(3)(5)

施設サービス計画の作成とモニタリング

問題219 施設サービス計画の作成とモニタリングについて、正しいものを3つ選べ。

(1) 計画担当介護支援専門員により作成された施設サービス計画の原案は、入所者や家族の出席のもとに、サービス担当者会議で検討される。

(2) サービス担当者会議は、新規入所の場合のほか、入所者の状態に変化のあったとき、更新認定や要介護状態区分の変更認定があったときに開催する。

(3) モニタリングは随時行うものであり、定期的に行うものではない。

(4) モニタリングの結果の記録は、施設サービス計画書の第6表（施設介護支援経過）に実施した年月日とその内容を記載する。

(5) 入所者のADLやIADLに改善がみられる場合には、退所の条件が整ったものとして、退所計画を進める。

ポイント解説　　　　　　　　　　　　　　　　　　　📖 上－ P.398〜405

(1) **○** **サービス担当者会議**には、入所者・家族、援助を行うスタッフの出席が必要であるが、出席できない担当者には照会によって意見を求め、その記録を残しておく。

(2) **○** **サービス担当者会議の記録**は、施設サービス計画書の**第5表（サービス担当者会議の要点）**に記載する。

(3) **✕** **モニタリング**（実施状況の把握）は、特段の事情のない限り、**定期的に入所者に面接して行わなければならない**。通常は、認定の有効期間も考慮した目標の設定期間に合わせて定期的に行い、併せて随時評価も行う。

(4) **○** **第6表（施設介護支援経過）**は支援内容を記載するものであるが、モニタリングの記録ともなる。

(5) **✕** **退所の判断**をするには、単に入所者の自立度が改善されたことだけでなく、住環境や家族の状況、居宅サービスの提供体制などの**環境条件も考慮**に入れなければならない。

正解 (1) (2) (4)

重要事項さくいん

◆本書の内容に関するお問い合わせは、**書面にて**、下記あてに郵便かファクスでお願いします。お電話でのお問い合わせはお受けできませんので、ご了承ください。なお、補充問題や正誤などの情報に関しては、小社ホームページ（https://www.shobunsha.co.jp/）に掲載いたします。

〒162-0811 東京都新宿区水道町4-25
三信ビル1F
印刷クリエート編集部
ケアマネジャー基本問題集 '24 係
FAX. 03-6265-0568

※お問い合わせに際しては、連絡先の郵便番号・住所・氏名・電話番号・ファクス番号を明記してください。

ケアマネジャー 基本問題集 '24
上巻　介護支援分野

2024年1月30日　第1刷発行

監　修	介護支援研究会
編　集	晶文社編集部
発行者	株式会社　晶文社
	〒101-0051　東京都千代田区神田神保町1-11
	電話 (03)3518-4943（編集）
	電話 (03)3518-4940（営業）
	URL https://www.shobunsha.co.jp

装丁：朝倉紀之
編集協力：印刷クリエート編集部
印刷・製本：株式会社堀内印刷所
©Shobun-sha 2024
ISBN978-4-7949-7737-3　C0036